जम्मू-कश्मीर का विस्मृत अध्याय

जम्मू-कश्मीर का विस्मृत अध्याय

कुशोक बकुला रिंपोछे

डॉ. कुलदीप चंद अग्निहोत्री

प्रभात
पेपरबैक्स
www.prabhatbooks.com

प्रकाशक

प्रभात पेपरबैक्स

4/19 आसफ अली रोड, नई दिल्ली–110002

फोन : 23289777 • हेल्पलाइन नं. : 7827007777

इ–मेल : prabhatbooks@gmail.com ❖ वेब ठिकाना : www.prabhatbooks.com

संस्करण

प्रथम, 2018

मूल्य

दो सौ रुपए

अ.मा.पु.स. 978-93-5266-902-8

मुद्रक

आर–टेक ऑफसेट प्रिंटर्स, दिल्ली

★

JAMMU-KASHMIR KA VISMRIT ADHYAYA
by Dr. Kuldeep Chand Agnihotri

Published by **PRABHAT PAPERBACKS**
4/19 Asaf Ali Road, New Delhi-110002

ISBN 978-93-5266-902-8

₹200.00

श्रद्धेय **श्री श्रीकांत जोशीजी**

की पावन

स्मृति को

पुरोवाक्

जम्मू-कश्मीर के आधुनिक काल पर जब भी कुछ लिखा-पढ़ा जाता है तो मोटे तौर पर गुलाब सिंह से शुरू होकर शेख मोहम्मद अब्दुल्ला पर आकर काम निपट जाता है। राज्य की राजनीति और इतिहास को लेकर जिनकी ज्यादा रुचि है, वे यदि शेख अब्दुल्ला से आगे बढ़ते हैं तो उनके परिवार के इर्द-गिर्द घूमते हैं। यह ठीक भी है। अब्दुल्ला परिवार की तीसरी पीढ़ी जम्मू-कश्मीर पर राज कर चुकी है और अभी भी मैदान से बाहर नहीं हुई है। अलबत्ता बीच में कुछ देर तक शेख के दामाद भी राजगद्दी पर विराजमान हो चुके हैं। पी.डी.पी. बनने के कारण अब मुफ्ती मोहम्मद सैयद और उनकी बेटी महबूबा मुफ्ती को भी लेखकों ने लेखन का विषय बनाया है। लेकिन यह हैरानी की बात है कि गुलाब सिंह और उनके उत्तरवर्ती शासकों महाराजा रणवीर सिंह, प्रताप सिंह और महाराजा हरि सिंह पर न्यूनतम लिखा गया है। भारत विभाजन के बाद के जम्मू-कश्मीर के इतिहास को जिन्होंने लगभग उतना ही प्रभावित किया, जितना शेख मोहम्मद अब्दुल्ला ने, ऐसे पंडित प्रेमनाथ डोगरा, बख्शी गुलाम मोहम्मद और कुशोक बकुला रिंपोछे पर बहुत ही कम लिखा गया। दरअसल बकुला रिंपोछे के नेतृत्व में लद्दाख के लोगों ने जम्मू-कश्मीर राज्य की कश्मीर केंद्रित सरकार की भेदमूलक नीतियों और नीयत के खिलाफ अनेक संघर्ष किए। इन संघर्षों में उन्होंने अपने प्राणों की आहुति भी दी। लेकिन जम्मू-कश्मीर के इतिहास का यह संघर्षमय अध्याय एक प्रकार से विस्मृत ही रहा। इसी पृष्ठभूमि में पुस्तक के नामकरण की सार्थकता छिपी है। राज्य के वर्तमान को समझने-बूझने के लिए इस विस्मृत अध्याय का अध्ययन करना

अनिवार्य है। मेरा यह कार्य इसी दिशा में छोटा सा प्रारंभिक प्रयास है।

जम्मू-कश्मीर में व्याप्त वर्तमान समस्याओं को सही परिप्रेक्ष्य में जानने-बूझने के लिए उन्नीसवें कुशोक बकुला रिंपोछे को जानना जरूरी है। वे आधुनिक लद्दाख के निर्माता कहलाते हैं और इसमें कोई अतिशयोक्ति भी नहीं है। रिंपोछे को और राज्य की राजनीति में उनकी भूमिका को जाने बिना जम्मू-कश्मीर को समझने का प्रयास एकांगी ही होगा और शायद निष्कर्ष भी असंतुलित ही हों।

कुशोक बकुला का नाम तीन कारणों से चर्चित रहता है। प्रथम, 1947 में कबाइली घुसपैठ की आड़ में जम्मू-कश्मीर पर पाकिस्तानी आक्रमण के समय लद्दाख के युवा को उसका सामना करने के लिए तैयार किया और सेना को सक्रिय सहयोग दिया। द्वितीय, राज्य के प्रशासन और राजनीति के केवल कश्मीर घाटी केंद्रित हो जाने के कारण विभिन्न संभागों विशेषकर लद्दाख के प्रति में असमानता और भेदभाव की शासकीय नीति के खिलाफ जनांदोलनों का नेतृत्व किया और बहुत हद तक उसमें सफलता भी अर्जित की। तृतीय, भारत-मंगोलिया के सांस्कृतिक संबंधों को आधुनिक युगानुकूल पुख्ता करने में उनकी भूमिका। वे मंगोलिया में दस साल तक भारत के राजदूत के पद पर रहे। वहाँ भगवान् बुद्ध के वचनों की परंपरा को पुनर्स्थापित करना भी व्यापक अर्थों में उनके आध्यात्मिक क्रियाकलापों का हिस्सा था। विश्व की कूटनीति के हिसाब से भी उनकी यह भूमिका बेमिसाल है। उन्होंने आधुनिक काल में भारत-मंगोलिया के सांस्कृतिक संबंधों को जीवंत बनाने में महत्त्वपूर्ण भूमिका निभाई।

बकुला रिंपोछे की सबसे बड़ी शिकायत यही थी कि जम्मू-कश्मीर की चर्चा करते समय कुछ स्वयंभू विशेषज्ञ संबंधित पक्षों में पाकिस्तान और संयुक्त राष्ट्र संघ तक की चर्चा करते रहते हैं, लेकिन लद्दाख का जिक्र नहीं करते। कुछ सीमा तक यह स्थिति अब तक बनी हुई है। 1947 से लेकर अब तक जम्मू-कश्मीर की नियति में जिन लोगों की सर्वाधिक महत्त्वपूर्ण भूमिका रही है, उनमें शेख मोहम्मद अब्दुल्ला का नाम सबसे ऊपर आता है। शेख अब्दुल्ला की भूमिका पर अनेक किताबें विद्यमान हैं। शेख ने स्वयं भी अपनी भूमिका या पक्ष को स्पष्ट करने के लिए उर्दू में 'आतिश-ए-चिनार' नाम से अपनी

आत्मकथा लिखी। शेख को लेकर जो भी लिखा गया, वह सारा कश्मीर केंद्रित ही है। उसके मध्य में कश्मीर घाटी है और सीमांत पर अन्य संभाग। इसका कारण यही है कि शेख की राजनीति कुल जमा कश्मीर घाटी को लेकर ही थी।

कश्मीर घाटी केंद्रित एक दूसरी किताब 'my life my times' राज्य के एक अन्य मुख्यमंत्री सैयद मीर कासिम ने भी लिखी है। यह उनकी स्वयं की आत्मकथा है। नेशनल कॉन्फ्रेंस और कांग्रेस के अलावा किसी दूसरी पार्टी के मुख्यमंत्री बनने वाले मुफ्ती मोहम्मद सैयद की जीवनी उनके अंतरंग मित्र फिरदौस टाक ने 'Remembering MUFTI Mohammad Sayeed' नाम से लिखी। कहा जा सकता है जम्मू-कश्मीर की राजनीति में कश्मीर घाटी का पक्ष तय करनेवाले प्रमुख पात्रों ने अपना-अपना पक्ष और भूमिका बखूबी प्रस्तुत की है। कश्मीर समस्या को समझने के लिए रियासती काल में वहाँ प्रधानमंत्री रहे रामचंद्र काक (1893-1983) का पक्ष जानना भी जरूरी है। काक ने स्वयं अपना पक्ष नहीं रखा। परंतु हाल ही में रामचंद्र काक की सुपुत्री लीला भान से प्राप्त एक विश्लेषणात्मक आलेख, जिसके बारे में कहा गया है कि यह पंडित काक द्वारा स्वयं लिखा गया था, के आधार पर राधा राजन ने 'Jammu and Kashmir Dilemma of Accession : A Historical Analysis and Lesson' लिखकर इस कमी को भी पूरा कर दिया है। यह आलेख पंडित काक ने 1956 में लिखा था। यह पुस्तक रियासत के विलय को लेकर उस समय के प्रधानमंत्री काक का पक्ष तो प्रस्तुत करती ही है, साथ ही कुछ नए तथ्यों को भी उद्घाटित करती है।

जम्मू-कश्मीर में दूसरा नाम जम्मू के प्रेमनाथ डोगरा का है। डोगरा ने शेख की कश्मीर केंद्रित राजनीति को चुनौती दी और उसमें संतुलन बिठाने का प्रयास किया। लेकिन कुछ सीमा तक उनकी राजनीति जम्मू संभाग केंद्रित कही जा सकती है। कश्मीर घाटी द्वारा स्वायत्तता की माँग के उत्तर में डोगरा ने नारा दिया था—'एक देश में दो निशान, दो प्रधान, दो विधान नहीं चलेंगे, नहीं चलेंगे।' इसके लिए पंडित प्रेमनाथ डोगरा के नेतृत्व में जम्मू संभाग में प्रजा परिषद् द्वारा तीव्र आंदोलन भी चलाया गया। लेकिन दुर्भाग्य से जम्मू संभाग के

इस पक्ष और प्रेमनाथ डोगरा की भूमिका का समाज वैज्ञानिकों द्वारा अभी तक उचित मूल्यांकन नहीं हुआ है। छिटपुट आलेखों और शोध पत्रों के अतिरिक्त सन्नाटा व्याप्त है। प्रेमनाथ डोगरा ने स्वयं भी अपना पक्ष रखनेवाली कोई किताब या जीवनी नहीं लिखी। जम्मू के वयोवृद्ध पत्रकार गोपाल सच्चर, जो डोगरा के निकटतम साथी थे, के पास इस संबंधी बहुत सामग्री पड़ी है, लेकिन अभी तक उसका समुचित प्रयोग नहीं हुआ है। जम्मू संभाग के ही एक अन्य सज्जन डी.डी. ठाकुर, जो राज्य के उच्च न्यायालय में न्यायाधीश थे और बाद में शेख अब्दुल्ला के मंत्रिमंडल में मंत्री भी रहे, ने भी अपनी आत्मकथा 'My Life and years in Kashmir Politics' लिखी है। लेकिन वह आत्मकथा जम्मू संभाग में बैठकर कश्मीर केंद्रित राजनीति कैसे की जा सकती है और कश्मीर की राजनीति करनेवाले कश्मीरी नेताओं को क्षेत्रीय संतुलन के लिए जब जम्मू के कुछ लोगों की जरूरत पड़े तो 'तेजी से रिक्त स्थान भरो' का खेल सफलतापूर्वक कैसे खेला जा सकता है, इसका उत्तम उदाहरण प्रस्तुत करती है।

जम्मू-कश्मीर की राजनीति में तीसरा प्रमुख नाम लद्दाख के कुशोक बकुला रिंपोछे का है। ज्यादा स्पष्टता के लिए उन्नीसवें कुशोक बकुला, यह नाम प्रयोग किया जा सकता है। वास्तव में कुशोक बकुला किसी व्यक्ति का नाम न होकर एक परंपरा या गद्दी का नाम है। कुशोक बकुला के निधन के बाद, उनका अवतार जन्म लेता है और वह उस गद्दी या मठ का मठाधीश बनता है। प्रत्येक अवतार को कुशोक बकुला ही कहा जाता है। जबकि प्रत्येक कुशोक बकुला का अपना व्यक्तिगत नाम भी होता है। जिन कुशोक बकुला की हम बात कर रहे हैं, वे उन्नीसवें बकुला हैं। उनका आधुनिक लद्दाख के निर्माण में बहुमूल्य योगदान है। जम्मू-कश्मीर रियासत के संघीय प्रशासनिक व्यवस्था का हिस्सा बनने, जिसे बोलचाल की भाषा में रियासत का भारत में विलय होना कहा जाता है, के प्रश्न को लेकर नेहरू और शेख मोहम्मद अब्दुल्ला की रणनीति के चलते, जो विवाद खड़ा हुआ, उससे स्वाभाविक ही चिंता हुई कि कहीं पूरी रियासत को पाकिस्तान ही न हड़प कर ले। उन दिनों रायशुमारी को लेकर पंडित जवाहरलाल नेहरू के जो बयान आते थे, उनसे यह डर और

भी गहरा होता जाता था। ऐसे समय में कुशोक बकुला के नेतृत्व में लद्दाख बौद्ध परिषद् ने लद्दाख के प्रश्न पर आंदोलन खड़ा किया और लद्दाख को कश्मीर घाटी के रास्ते ले जाने से साफ इनकार कर दिया।

कुशोक बकुला ने स्पष्ट कहा कि यदि लद्दाखियों ने डोगरों के राज से निकलकर कश्मीरियों के जुए के नीचे ही आना था तो उनके लिए भारत के स्वतंत्र होने के क्या मायने हुए? जिस प्रकार रियासत की कश्मीर केंद्रित नीतियों के खिलाफ, जम्मू संभाग के लोगों ने 1947 से लेकर अब तक अनेक जनांदोलन अपने अधिकारों के लिए किए, उसी प्रकार के अनेक आंदोलन, उन्हीं उद्देश्यों की पूर्ति के लिए लद्दाख के लोगों ने भी किए। लेकिन उन आंदोलनों का भी समाज-विज्ञानियों ने गंभीर विश्लेषण नहीं किया। शेख अब्दुल्ला ने छह सौ पृष्ठों की अपनी भारी भरकम आत्मकथा 'आतिश-ए-चिनार' में लद्दाख का जिक्र केवल छह बार किया है। वह भी वहाँ चल रहे आंदोलनों को लेकर नहीं बल्कि यहाँ-वहाँ एक संज्ञा के तौर पर उल्लेख आया है। जम्मू-कश्मीर के पूर्व राज्यपाल जगमोहन ने अपनी पुस्तक 'कश्मीर—समस्या और विश्लेषण' में लद्दाख का कहीं जिक्र नहीं किया, जबकि उनके कार्यकाल में भी लद्दाखी अपने अधिकारों के लिए निरंतर संघर्ष कर रहे थे। जम्मू प्रदेश के उप-मुख्यमंत्री रह चुके स्वर्गीय देवी दास ठाकुर तो लद्दाख के लोगों की समस्याओं और उनका समाधान सुझाने के लिए बनी कैबिनेट सब कमेटी के अध्यक्ष थे, लेकिन उन्होंने भी अपनी भारी-भरकम आत्मकथात्मक पुस्तक 'My Life and years in Kashmir Politics' में लद्दाख का जिक्र चलते चलाते ही किया है। समुद्र तट से लगभग साढ़े तीन किलोमीटर की ऊँचाई पर स्थित लद्दाख के मुट्ठी भर बौद्धों की आवाज सुनने की फुरसत दिल्ली के पास नहीं थी और यहाँ तक श्रीनगर का प्रश्न था, उसकी रुचि इस आवाज को दबाने में ज्यादा, सुनने में कम थी। लेकिन फिर भी लद्दाखियों ने हिम्मत नहीं हारी। उनके आंदोलन बंद नहीं हुए। इन अनेक आंदोलनों के केंद्र में सदा कुशोक बकुला रिंपोछे ही थे। कभी प्रत्यक्ष रूप में और कभी अप्रत्यक्ष रूप में।

कुशोक बकुला ने 2001 में अपनी आत्मकथा लिखी, लेकिन भोटी भाषा

में होने के कारण इस दस्तावेज का उपयोग जम्मू-कश्मीर को लेकर लिखने वाले ज्यादा नहीं कर पाए। माया जोशी ने कुशोक बकुला के जीवन की कुछ प्रमुख घटनाओं को लेकर भोटी से अंग्रेजी में अनुवाद कर उनकी लघु आत्मकथा प्रकाशित की है, लेकिन वह भोटी में लिखी उनकी आत्मकथा का विकल्प नहीं है। जम्मू-कश्मीर के सामाजिक-राजनैतिक विश्लेषणों में कुशोक बकुला की बात तो दूर, लद्दाख के इन आंदोलनों का जिक्र चलते चलते हाशिए पर लकीर मात्र खींच देने से ज्यादा कुछ नहीं है। अक्तूबर 2016 में भारतीय सांस्कृतिक संबंध परिषद् ने लेह में कुशोक बकुला रिंपोछे पर एक महत्त्वपूर्ण अंतरराष्ट्रीय सेमीनार आयोजित किया था। लेकिन दुर्भाग्य से अभी तक वहाँ पढ़े गए शोध-पत्र और सेमीनार की काररवाई प्रकाशित नहीं हुई है। कुशोक बकुला रिंपोछे के लंबे अरसे तक सचिव रह चुके सोनम वांगचुक शकपो ने बकुला को लेकर अंग्रेजी भाषा में दो महत्त्वपूर्ण ग्रंथ 'Bakula Rinpoche—A visionary Lama and Statesman' और 'KushokBakula Rinpoche—The Architect of modern ladakh' लिखे हैं। इनमें से दूसरा ग्रंथ काफी विस्तार से लिखा गया है। रिंपोछे के जीवन और उनकी उपलब्धियों का इति वृत्तात्मक विवरण उपलब्ध कराया गया है। सोनम वांगचुक, क्योंकि रिंपोछे के सचिव होने के अलावा उनके परिवार के सदस्य की तरह ही हो गए थे, इसलिए उनका विवरण प्रामाणिक ही माना जाएगा। अपने इस ग्रंथ में उन्होंने बीस से ज्यादा परिशिष्ट के रूप में मूल दस्तावेज भी नत्थी किए हैं। सोनम वांगचुक के पास रिंपोछे द्वारा लिखे पत्र और उनको प्राप्त पत्र काफी संख्या में सुरक्षित हैं। वे भी प्रकाशित हो जाए तो बकुला रिंपोछे के योगदान का समीक्षात्मक अध्ययन किया जा सकता है। आशा की जानी चाहिए, यह सामग्री निकट भविष्य में प्रकाशित होगी। रिंपोछे के बहुत ही अंतरंग रहे श्रीधर कौल और उनके सुपुत्र एच.एन. कौल ने अपनी पुस्तक 'Ladakh Through the Ages, Towards a New Identity' में जम्मू-कश्मीर खासकर लद्दाख में उनकी भूमिका का यत्र-तत्र उल्लेख किया है। इस कौल परिवार के रिंपोछे के साथ जिस प्रकार के आत्मीय संबंध थे, उससे सहज ही अनुमान लगाया जा

सकता है कि इनके पास भी उनसे ताल्लुक रखनेवाली पर्याप्त सामग्री होगी। इस सामग्री का प्रकाशित होना भी जरूरी है। दरअसल जम्मू-कश्मीर को सही तरीके से समझने के लिए लद्दाख को समझ लेना अनिवार्य है। इसके लिए कुशोक बकुला से बेहतर जननायक और कोई नहीं हो सकता। 2017 की विजयदशमी के दिन नागपुर में अपने उद्बोधन में राष्ट्रीय स्वयंसेवक संघ के सरसंघचालक डॉ. मोहनराव भागवत ने कुशोक बकुला रिंपोछे के इसी योगदान को रेखांकित करते हुए कहा, "स्वामी विवेकानंद ने अपने शिकागो उद्बोधन में वैश्विक मानवता के लिए भारत के जिस दायित्व की चर्चा की थी, आचार्य कुशोक बकुला रिंपोछे ने अपने व्यक्तिगत और सामाजिक आचरण से भारत के उसी राष्ट्रीय बोध को प्रकट किया।" इसी पृष्ठभूमि में यह पुस्तक कुशोक बकुला रिंपोछे के भारतीय राजनीति में योगदान का अध्ययन करने के लिए किया गया प्रारंभिक प्रयास है। लेकिन उनके समग्र योगदान का आकलन व विश्लेषण करनेवाले ग्रंथ की आवश्यकता हिंदीजगत् में बनी रहेगी। आशा करनी चाहिए, कभी-न-कभी उसकी पूर्ति भी होगी।

अध्ययन की सुविधा के लिए मैंने इस अध्ययन को पाँच खंडों में विभाजित किया है। प्रथम खंड में तीन अध्याय रखे हैं। प्रथम, भगवान् बुद्ध के सोलह अर्हत और लद्दाख का संदर्भ; द्वितीय, उन्नीसवें कशुक बकुला लोबजंग थुबतन छोगनोर का प्रारंभिक जीवन और शिक्षा; तृतीय, 1940 में जब वे लद्दाख वापस आ गए तो 1947 तक लद्दाख के विकास में रिंपोछे के प्रयासों का लेखा-जोखा प्रस्तुत किया है। इस खंड में व्यावहारिक रूप में रिंपोछे के जीवन के प्रथम तीन दशकों को मूल्यांकित किया गया है। दूसरे खंड में चार अध्याय हैं—जम्मू-कश्मीर का भारत में विलय, पाकिस्तानी आक्रमण और लद्दाख का प्रश्न, नेहरू का लद्दाख से पहला आमना-सामना, बकुला रिंपोछे की प्रादेशिक और राष्ट्रीय राजनीति में भूमिका और लद्दाख के अधिकारों का जंग। इस कालखंड में मोटे तौर पर कबाइलियों के नाम पर 1947 में जम्मू-कश्मीर पर पाकिस्तानी हमले कारण लद्दाख को हड़पने के प्रयासों के विरोध से लेकर लद्दाख के अधिकारों को लेकर किए गए संघर्षों का आकलन किया गया

है। चतुर्थ खंड में चार अध्याय हैं—तिब्बत के सरोकार, सोवियत रूस व चीन में बौद्ध जागरण और अंत में मंगोलिया व रूस में बौद्ध जागरण। तिब्बत से बकुला रिंपोछे का गहरा नाता था। चीन द्वारा तिब्बत पर कब्जा कर लेने के बाद उपजी समस्याओं को सुझाने को लेकर रिंपोछे के प्रयत्नों को इसमें समेटा गया है। इसके साथ ही दो अध्यायों में बकुला रिंपोछे द्वारा सोवियत रूस, चीन और मंगोलिया में भगवान् बुद्ध की वाणी के प्रचार-प्रसार हेतु किए गए उपक्रमों की समीक्षा की गई है। अंतिम अध्याय में विभिन्न मतों के बीच उनकी सामाजिक समरसता की दूरदृष्टि को परखा गया है। पंचम खंड में उनके जीवन की अंतिम यात्रा और उनके समग्र कार्यकलापों को मूल्यांकित किया गया है।

मैंने पुस्तक के अंत में कुछ परिशिष्टों को भी शामिल किया है। पहला परिशिष्ट बकुला रिंपोछे के उस ऐतिहासिक भाषण का है, जो उन्होंने 15 मई, 1952 को जम्मू-कश्मीर संविधान सभा में दिया था। इसी भाषण ने उन्हें राज्य में न्याय के लिए लड़ने वाले एक योद्धा के रूप में स्थापित किया था। बकुला रिंपोछे ने तिब्बत में चीन की दखलंदाजी के बाद तिब्बत की तीन महत्त्वपूर्ण यात्राएँ की थीं। इन तीनों यात्राओं की उन्होंने रपट तैयार की थी और भारत सरकार को भी दी थी। यह रपट तिब्बत की स्थिति और चीन की मानसिकता को समझने के लिए बहुत महत्त्वपूर्ण स्थान रखती है। इन रपटों की सामग्री का उपयोग पुस्तक में यथास्थान किया गया है। रिंपोछे मंगोलिया में राजदूत नियुक्त होने से पहले भारत सरकार के राष्ट्रीय अल्पसंख्यक आयोग के सदस्य थे। इस काल में उन्होंने जम्मू-कश्मीर के लद्दाख संभाग को लेकर महत्त्वपूर्ण रपटें तैयार की थीं। इनमें से एक रपट मूल रूप में परिशिष्ट में ले ली गई है। इन से जम्मू-कश्मीर में बौद्धों की स्थिति का पता चलता है और सरकार की सांप्रदायिक नीति की परतें भी खुलती हैं। यह सामग्री रिंपोछे के सचिव रहे सोनम वांगचुक शकपो के पास सुरक्षित है। वहीं से मैंने इसका उपयोग किया है। उन्होंने इसकी अनुमति दी, अत: उनका आभारी हूँ। जम्मू-कश्मीर अध्ययन केंद्र के निदेशक आशुतोष भटनागर ने भी पुस्तक में बहुत सहायता की है। उनकी सहायता के बिना शायद यह पुस्तक पूरी हो ही न पाती। देवेश खंडेलवाल ने

दिल्ली स्थित राष्ट्रीय अभिलेखागार, नेहरू पुस्तकालय व म्यूजियम से कुछ सामग्री निकाल कर दी। उनका भी आभारी हूँ। जम्मू-कश्मीर को समझ पाने में बकुला रिंपोछे के योगदान को लेकर यदि यह पुस्तक अध्येताओं में थोड़ी सी भी जिज्ञासा पैदा कर सके तो में समझूँगा कि मेरा परिश्रम सार्थक हो गया।

30 अप्रैल, 2018, बुद्ध पूर्णिमा

—डॉ. कुलदीप चंद अग्निहोत्री
कुलपति
हिमाचल प्रदेश केंद्रीय विश्वविद्यालय
धर्मशाला (हिमाचल प्रदेश)

अनुक्रम

1

भगवान् बुद्ध के सोलह अर्हत और लद्दाख का संदर्भ

1. बकुला का नाम—भगवान् बुद्ध के सोलह अर्हतों में बकुला का उल्लेख है। बकुला का मूल नाम क्या था, इसके बारे में बता पाना तो कठिन है। बौद्ध जगत् में वे बकुला के नाम से ही प्रसिद्ध हैं। उनके नाम को लेकर एक कथा प्रचलित है। कहा जाता है कि बकुला प्रार्थना और ध्यान-साधना में निमग्न रहते थे। उन्होंने सभी सांसारिक संपत्तियों और एषणाओं का त्याग कर दिया था। वे सोने और बिछाने के लिए केवल पकुला घास का ही उपयोग करते थे। पकुला का प्रयोग करने के कारण वे धीरे-धीरे सामान्य जन में पकुला या बकुला के नाम से ही पुकारे जाने लगे।

लेकिन उनके नाम के संबंध में प्रचलित एक दूसरी कथा ज्यादा रुचिकर है। आज से लगभग 2500 वर्ष पहले कौशांबी नगर में एक साधन-संपन्न ब्राह्मण दंपती के घर एक बालक ने जन्म लिया। एक दिन धाय बालक को नहलाने के लिए नदी पर ले गई। नहलाते समय बालक धाय के हाथ से फिसल गया और नदी की लहरों में बह गया। वहाँ एक बड़ी मछली ने उसे निगल लिया। स्वाभाविक ही माता-पिता इससे बहुत दुःखी हुए। परंतु अब किया ही क्या जा सकता था! कुछ दूर जाकर वह मछली एक मछुआरे के जाल में फँस गई। मछली इतनी भारी थी कि इसका दाम चुकाने की हिम्मत किसी आम आदमी में कहाँ! मछुआरे ने मछली नगर में आकर एक धनाढ्य व्यापारी को बेच दी। जब रसोईघर में पाचक ने मछली को चीरा तो उसमें से एक जीवित बालक निकल आया। व्यापारी दंपती

संतानहीन था। उसने बालक का लालन-पालन पुत्रवत् शुरू कर दिया। जैसे ही बालक के जीवित होने का समाचार फैला तो बालक के असली माता-पिता को भी इसकी खबर हुई। उन्होंने बच्चे को प्राप्त करने के लिए राजा के पास फरियाद की। राजा ने सारा माजरा सुनकर निर्णय किया कि बालक पर दोनों परिवारों का समान अधिकार रहेगा। दोनों परिवारों का अधिकार हो जाने के कारण बालक 'द्विकुल' कहलाया। द्विकुल यानी दो कुलों का बालक। इससे ही उसका बकुला नाम प्रसिद्ध हो गया। बकुला दोनों परिवारों के लाड़-प्यार में पलने लगा। उसे जीवन के सारे सुख प्राप्त थे। उसने सब प्रकार की विद्याओं का अर्जन किया। समय आने पर उसका विवाह हुआ। बकुला का जीवन-रथ सामान्य प्रकार से आगे बढ़ रहा था। बकुला अपने क्षेत्र में विलक्षण प्रतिभा के स्वामी माने जाते थे। उनकी आयु भी अस्सी साल की हो गई थी। उनका स्वास्थ्य चमत्कारी था। किसी प्रकार का रोग नहीं था। परंतु संसार के समस्त सुख भोगने के बाद भी वे बेचैन थे। धीरे-धीरे वे संसार से उपराम होते गए। पर्वतों व अरण्यों में घूमते रहते थे। हृदय में एक प्रकार की बेचैनी घर कर गई थी।

2. भगवान् बुद्ध का शिष्य हो जाना—उन्हीं दिनों कपिलवस्तु के सिद्धार्थ, जो अपनी साधना और तपस्या के कारण अब बुद्ध के नाम से प्रसिद्ध हो गए थे, की ख्याति चारों ओर फैल रही थी। बुद्ध के उपदेशों और उनके वचनों को लेकर स्थान-स्थान पर चर्चा होने लगी थी। इस परिपक्व आयु में बकुला की रुचि शाक्यमुनि बुद्ध के वचनों की ओर हुई। एक बार बकुला पर्वत पर बैठे थे। नीचे से भगवान् बुद्ध जा रहे थे। शाक्यमुनि को देखकर उनके मन में उनसे मिलने की तीव्र इच्छा जाग्रत् हुई। लेकिन यदि वे सामान्य मार्ग से नीचे उतरना शुरू करते तो शाक्यमुनि बुद्ध तब तक बहुत दूर जा चुके होते, क्योंकि रास्ता लंबा था। बुद्ध से मिलने की तीव्र इच्छा के चलते बकुला ने पर्वत शिखर से छलाँग लगा दी और बुद्ध के सामने जा पहुँचे। बुद्ध ने बकुला को अपने संघ में दीक्षित कर लिया। अन्य भिक्षु बकुला की विलक्षण प्रतिभा से आश्चर्यचकित थे। बकुला को अपने पिछले अनेक जन्मों की कथा स्मरण थी। स्वास्थ्य तो उनका किसी युवा को भी मात करता था। उनकी तर्कशक्ति सभी को अभिभूत करती थी। बुद्ध शाक्यमुनि ने अपने अनेक शिष्यों में से कुछ विशिष्ट शिष्यों

का चयन किया था। संघ में दीक्षित होने के आठ दिन बाद ही शाक्यमुनि ने बकुला को अपने इन चुने गए शिष्यों में शामिल कर लिया। इनकी संख्या सोलह थी। ये सभी सोलह शिष्य 'स्थविर' या 'अर्हत' कहलाए। संस्कृत में इन्हें 'अरिहंत' भी कहा गया। अरिहंत, यानी जिसने अपने शत्रुओं का नाश कर दिया हो और उन पर विजय प्राप्त कर ली हो। लेकिन शत्रु से अभिप्राय सांसारिक शत्रु नहीं, बल्कि इच्छाओं और वासनाओं रूपी शत्रुओं पर विजय प्राप्त करना ही था। इस प्रकार बकुला संघ में दीक्षित होते ही भगवान् बुद्ध के षोड्श अरिहंत समुदाय का हिस्सा बने।

3. पुनर्जन्म का संकल्प और अर्हत—और फिर एक दिन शाक्यमुनि बुद्ध ने यह संसार छोड़ने का निर्णय कर लिया। उनके परिनिर्वाण का समय आ पहुँचा था। भगवान् बुद्ध का अंतिम समय आया तो ये सभी सोलह स्थविर उनके पास उपस्थित थे। उन्होंने बुद्ध शाक्यमुनि के सम्मुख प्रतिज्ञा की—"हम धर्म की रक्षा के लिए तब तक संसार नहीं त्यागेंगे, जब तक लोग आपकी शिक्षाओं से लाभान्वित होकर दुःखों से मुक्ति प्राप्त नहीं कर लेते। हम तब तक इस संसार में धर्म का प्रचार करते रहेंगे, जब तक आप बुद्ध मैत्रेय के रूप में पुनः संसार में नहीं आ जाते।" ये सभी अरिहंत योग्यतम माने गए थे। ये निर्वाण के रास्ते पर जा सकते थे। आवागमन के बंधन से मुक्त थे। लेकिन इन्होंने 'बहुजन सुखाय बहुजन हिताय' इसका त्याग किया। भगवान् बुद्ध ने कहा कि ये सोलह अर्हत बुद्ध वचनों के संरक्षक होंगे। ये सोलह अर्हत या स्थविर निम्न थे—

1. अंगज Angaja (Tib. Yenlag Chung)
2. अजीत Ajita (Tib. Ma Phampa)
3. वनवासी Vanavasin (Tib. Nagnanepa)
4. महाकालिका Mahakalika (Tib. Duden Chenpo)
5. वज्रीपुत्र Vajriputra (Tib. Dorje Mubu)
6. श्रीभद्र Shribhadra (Tib. Pal Zangpo)
7. कनकवत्स Kanakavatsa (Tib. Sergyi Be'u)
8. कनक Kanaka (Tib. Serchen)
9. बकुला Bakula (Tib. Bakula)

10. राहुल Rahula, the Buddha's son (Tib. Drachen Dzin)
11. शूलपंथका Chulapanthaka (Tib. Lamtren Ten)
12. पिंडोल भारद्वाज Pindola Bharadvaja (Tib. Bharadodza Sonyom Len)
13. पंथक Panthaka (Tib. Lamchenten)
14. नागसेन Nagasena (Tib. Lude)
15. गोपक Gopaka (Tib. Bechepa)
16. अभेद्य Abhedya (Tib. Michepa)

धर्म की रक्षा हेतु, प्राणिमात्र के दुःखों का नाश करने के लिए, इस मृत्युलोक में ही बने रहने का यह भीषण संकल्प लेने वाले इन सोलह स्थविरों में से एक स्थविर बकुल या बकुला भी थे। बौद्ध भित्तिचित्रों में बकुला अपने हाथ में भूरे रंग का नेवला थामे हुए हैं, जो मणि-माणिक्य उगल रहा है। भगवान् बुद्ध के परिनिर्वाण के बाद अर्हत बकुला उत्तर दिशा, यानी उत्तरकुरु की ओर बुद्ध वचनों का प्रचार करने के लिए निकले। सभी प्राणियों के प्रति करुणा, प्यार और दया का भाव रखना, छह परामिता की प्राप्ति, शून्यता का ज्ञान, पाँच इंद्रियों पर नियंत्रण, इन सब का प्रचार वे करते थे। इस प्रकार अस्सी साल तक वे बुद्ध-वचनों का प्रचार करते रहे। परंतु जैसा कि कहा गया है, जो भी व्यक्ति इस संसार में शरीर धारण करता है, उसके शरीर का एक दिन नाश होना निश्चित है। समय आने पर इन अर्हतों के शरीर का भी नाश हुआ। लेकिन अपनी प्रतिज्ञा के अनुरूप नए शरीर में वे फिर वापस आने या अवतार धारण करने लगे। अर्हत बकुला ने भी यही किया। कहा जाता है कि देहांत के अस्सी साल बाद बकुला ने इस संसार में फिर अवतार धारण किया। शाक्यमुनि बुद्ध के चले जाने के बाद अब तक अर्हत बकुला ने विभिन्न समय व स्थान पर अब तक बीस बार बोद्धिसत्त्व के रूप में शरीर धारण किया। ये बीस अवतार निम्न हैं—

पहला अवतार — बकुला

दूसरा अवतार — तिलोपा

तीसरा अवतार — लुईपा

चौथा अवतार — राजा देपा तेनपा, जिसका जिक्र Kadam

Buchos'.नामक पुस्तक में मिलता है।

पाँचवाँ अवतार — आर्य सुरु, जो नागार्जुन का शिष्य था।

छठा अवतार — ग्यालवा चोग्यांग, जो लोपोन पद्म के पच्चीस शिष्यों में से एक था।

सातवाँ अवतार — रत्न उदाम, जो कासदुप कयूंगपो का शिष्य था।

आठवाँ अवतार — येशे दजिन, जो राजा गेदुन बांग का धर्मगुरु था।

नौवाँ अवतार — लोचावा रिंचेन सांगपो आचार्य रत्नभद्र (954-1055)

दसवाँ अवतार — गेशे चागपा थ्रिचोगई, जो कदमपा परंपरा के थे।

ग्यारहवाँ अवतार — रेचुंग दोर्जे द्राकपा (1083/4-1161)

बारहवाँ अवतार — स्थविर लोडरोज छोक्युंग

तेरहवाँ अवतार — महासिद्ध धर्मवज्र

चौदहवाँ अवतार — लोबजंग जिनपा, जो छटे पंचेन लामा के शिष्य थे।

पंद्रहवाँ अवतार — योंदजिन येशे ग्यलछान, जो आठवें दलाई लामा के अध्यापक थे।

सोलहवाँ अवतार — जेतसुन नवांग जेमपेक येशे ग्याछो

सत्रहवाँ अवतार — कोंगचोग रंगद्रोल नईमा, जो लद्दाख के लामायुरु मठ में प्रकट हुए।

अठारहवाँ अवतार — येशे स्तनबा ग्यलछान

उन्नीसवाँ अवतार — लोबजंग थुपतन छोगनोर (1917-2003)

बीसवाँ अवतार — तेनजिंग नवांग जिगमेत वांगचुक (2005- ?)

अर्हत बकुला के बारे में ज्यादा जानकारियाँ तो नहीं मिलतीं, लेकिन एक भोटी ग्रंथ में बकुला का स्पष्ट उल्लेख इस प्रकार है—

उत्तर कुरु के उत्तरी संभाग में
नौ सौ अर्हतों की सभा के बीच
हाथों में नेवला थामे
आर्य स्थविर बकुला शोभायमान हैं।[1]

4. बकुला रिंपोछे और लद्दाख—अर्हत बकुला का पहला अवतार कब पहचाना गया, यह निश्चित नहीं है। यह भी माना जाता है कि सबसे पहले बकुला के अवतार की पहचान नौवें बकुला के रूप में ही की गई थी। उससे पहले के अवतार भूतकाल में हो चुके सिद्ध पुरुषों में से निश्चित किए गए। इसे संयोग ही कहना चाहिए कि सत्रहवें कुशोक बकुला से लेकर बीसवें कुशोक बकुला तक के अवतार जम्मू-कश्मीर में ही हुए। कुशोक बकुला लद्दाख की बौद्ध परंपरा के गेलुग्पा संप्रदाय से आते हैं। इस संप्रदाय को लद्दाख में पीतांबर या पीत संप्रदाय भी कहा जाता है, अर्थात् पीला चीवर धारण करनेवालों का संप्रदाय। इस संप्रदाय का लद्दाख में प्रमुख स्थान पेथुप मठ है, जिसे स्पितुक मठ भी कहा जाता है। यह मठ लेह से लगभग आठ किलोमीटर की दूरी पर सिंधु नदी के समीप एक पहाड़ी पर स्थित है। पेथुप मठ की कहानी भी काफी मजेदार है। लहा लामा चांचुब ओद के बड़े भाई ओद दे एक बार मारयुल आए थे, तब उन्होंने पेथुप मठ का निर्माण किया था। यह घटना ग्यारहवीं शताब्दी की है। लेकिन मठ के निर्माण से पूर्व अर्हत नयीमागुंग ने इस स्थान को अपना आशीर्वाद दिया था। तभी यहाँ भिक्षुओं का रहना शुरू हो गया था। इस मठ के नामकरण की कहानी भी काफी रोचक है। लोचावा रिंचेन जांगपो यानी आचार्य रत्नभद्र एक बार घूमते हुए यहाँ आए और कहा, 'यहाँ का भिक्षु संघ स्पितुक होगा।' भोटी भाषा के इस स्पितुक शब्द का अर्थ है—अनुकरणीय। आचार्य रत्नभद्र का अभिप्राय तो यह था कि इस मठ के भिक्षुओं का ज्ञान, साधना, आचरण और अनुशासन दूसरों के लिए भी अनुकरणीय होगा। उसी दिन से मठ का नाम ही स्पितुक पड़ गया। यह नाम सचमुच इस मठ पर स्टीक बैठता है। दरअसल स्पितुक यहाँ के गाँव का नाम भी है। इस गाँव से लेह और उसके आसपास का विहंगम दृश्य बड़ा मनमोहक लगता है। प्रारंभ में यह विहार वज्रयान मत की निंगमापा शाखा का केंद्र था, लेकिन पंद्रहवीं शताब्दी तक आते-आते यह गेलुग्पा शाखा का केंद्र बन गया। धर्म राजा गरासपा बुम इदे के कार्यकाल में लामा ल्हावांग लोडोस द्वारा मठ का पुनरुद्धार किया गया।

इस मठ में भोट पंचांग के ग्याहरवें महीने की 26 और 27 तारीख को धार्मिक नृत्य का आयोजन होता है। मठ का मुख्य मंदिर जोखांग है, जो भोट

शैली में निर्मित है। हाल में दोनों ओर आसन लगे हुए हैं, जो ऊँचे मंच तक चले गए हैं। मंच पर एक सिंहासन है, जो दलाई लामा के लिए सुरक्षित रहता है। इसके बाईं ओर वज्र भैरव की मूर्ति स्थापित है और दाईं ओर ग्यारह सिर वाली अवलोकितेश्वर की मूर्ति विराजमान है। सिंहासन के पीछे एक सँकरा मार्ग अँधेरे प्रकोष्ठ की ओर जाता है, जहाँ गुरु चोंगखापा और उनके दो पिंड विद्यमान हैं। शाक्यमुनि की एक कलात्मक मूर्ति भी शोभायमान है। ऊपर के कमरों में कई छोटे-छोटे मंदिर हैं, जिनमें से एक में छोरतेन के साथ तीन तांत्रिक मूर्तियाँ वज्र भैरव, संबर और गुह्यासम्जा रखी हैं। दाईं ओर दीपंकर अतिशा की मूर्ति रखी है। एक और मंदिर है, जिसमें देवी तारा के इक्कीस शक्ति-रूप विद्यमान हैं। इस मठ का सबसे बड़ा आकर्षण काली की विशाल मूर्ति है, जिसकी पूजा के लिए प्रदेश भर से उपासक आते हैं। कुछ श्रद्धालु काली की इस मूर्ति को वज्र भैरव के रूप में भी पूजते हैं। इस मूर्ति के साथ-साथ महाकाल और तीन अन्य तांत्रिक देवताओं की मूर्तियाँ विद्यमान हैं। एक मूर्ति घोड़े पर सवार लामो देवी की है, जिसे शक्ति की अवतार दुर्गा की मूर्ति भी कहा जाता है। बाद में इसी पेथुप मठ की अनेक शाखाएँ पूरे लद्दाख में खुलती गईं। इनमें से तीन तो काफी प्रसिद्ध हैं—संकर, स्तोक और साबू।

अब संकर गोंपा, स्पितुक विहार की शाखा संकर विहार है, जिसे बकुला के प्रथम अवतार ने स्थापित किया था। यह गोंपा कुशोक बकुला का निवास-स्थान है। इसके मुख्य मंदिर के एक कोने में सिंहासन स्थापित है। मंदिर में लगभग वही मूर्तियाँ हैं, जो पेथुप मठ में हैं। भीतर की भित्तियों को देवी-देवताओं की मूर्तियों से सजाया गया है। द्वार पर रक्षक देवताओं की मूर्तियाँ हैं। इस मंदिर के खुले आँगन में सभाएँ भी आयोजित की जाती हैं। संकर मठ अपने वर्तमान स्वरूप में अठारहवें बकुला ने 1860 में बनाया था। और अब स्तोक मठ। यह मठ भी पेथुप मठ की ही शाखा है। स्तोक लद्दाख के शाही परिवार नमग्याल की राजधानी रहा है। इसलिए हर हमलावर का ध्यान स्तोक की ओर ही जाता रहा और सबसे ज्यादा लूटपाट तथा विध्वंस भी यहीं हुआ। यही कारण है कि स्तोक के गोंपा धीरे-धीरे अँधेरों में गुम होते चले गए।[2]

5. बकुला रिंपोछे और स्पितुक मठ—लेकिन अठारहवें कुशोक बकुला

पेथुप मठ में कैसे आए और कालांतर में किस प्रकार यह प्राचीन मठ कुशोक बकुला परंपरा का प्रमुख केंद्र बन गया, इसकी भी एक रोचक कथा है। पेथुप मठ में सौ के लगभग भिक्षु थे, लेकिन मठ के मठाधीश का पद सँभालने वाला कोई टुलकु लामा नहीं था। यह बात मठ के सभी भिक्षुओं को सालती थी। जिस मठ के बारे में कभी लोचावा रत्नभद्र ने कहा था कि यह मठ अनुकरणीय होगा, उस मठ का नेतृत्व करनेवाला कोई विख्यात या टुलकु लामा न हो तो कैसे चलेगा? लेकिन ऐसे टुलकु लामा की तलाश कौन करे? पेथुप मठ की ही शाखा संकर मठ के लामा काचेन जिगतेनपा ने यह जिम्मेदारी अपने ऊपर ली। अपनी खोज में काचेन लामा साधना की चरम अवस्था में चले गए। इसी अवस्था में उन्हें ज्ञात हुआ कि पेथुप मठ के मठाधिपति बकुला ही हो सकते हैं। लामा का मन आह्लादित हो गया। वह तुरंत तिब्बत की ओर प्रस्थान कर गए, ताकि वहाँ के सिद्धपुरुषों से पता कर सकें कि इस कलियुग में बकुला कहाँ और कैसे मिल सकते हैं। ऐसे ही एक तांत्रिक ने उन्हें बताया कि जम्मू-कश्मीर में जंस्कार घाटी में जांगला राजप्रासाद में जाकर खोजो। बकुला का अवतार वहीं मिलेगा। तब काचेन जिगतेनपा के पेथुप मठ के कुछ लामा अनेक प्रकार के उपहार देकर जांगला में राजा के पास भेजे। उन्होंने ऐसा ही किया। राजा ने राजकुमार को, जो बकुला का अवतार था, पेथुप मठ में भेजना स्वीकार कर लिया। इस प्रकार अठारहवें कुशोक बकुला पेथुप मठ आए। वहीं से वे पढ़ने के लिए तिब्बत गए। इस कथा का उल्लेख नवांग छौक्योंग शकपो ने किया है।[3]

अठारहवें कुशोक बकुला भी लद्दाख के पूर्व राजपरिवार से ही ताल्लुक रखते थे। कहा जाता है कि उन्हें जम्मू-कश्मीर के महाराजा प्रताप सिंह ने राजकाज की समस्याओं पर बातचीत करने के लिए श्रीनगर आमंत्रित किया था। वहाँ वे एक सप्ताह राजमहल में ही रहे और प्रताप सिंह उनके साथ राज प्रबंध को लेकर परामर्श लेते थे। इस छोटी सी भेंट में ही महाराजा प्रताप सिंह बकुला रिंपोछे के प्रति इतने श्रद्धावान हुए कि जब उनसे मिलने के लिए जाते तो अपना राजमुकुट उतारकर जाते। प्रताप सिंह ने बकुला रिंपोछे से पूछा कि मैं लद्दाख की क्या सहायता कर सकता हूँ तो उन्होंने कहा कि सभी मठों पर लगाया गया राजकीय कर मुआफ कर देना चाहिए। प्रताप सिंह अचकचा

गए। उन्हें लगा, इससे तो राजकोष को बहुत घाटा होगा। इसलिए प्रताप सिंह ने कहा कि आपके पेथुप मठ को राजकीय कर से मुक्त किया जा सकता है। रिंपोछे ने इस प्रस्ताव को अस्वीकार कर दिया। उन्होंने कहा, या तो सभी मठों का कर मुआफ किया जाए या फिर किसी का भी नहीं। अंत में महाराजा ने लद्दाख के सभी मठों को राजकीय कर से मुक्त कर दिया। यह भी कहा जाता है कि प्रताप सिंह के भाई राजा अमर सिंह के घर हरि सिंह का जन्म अठारहवें कुशोक बकुला के आशीर्वाद से ही हुआ था। यही हरि सिंह बाद में जम्मू-कश्मीर के महाराजा बने।[4]

6. अठारहवें कुशोक बकुला की कश्मीर यात्रा—अठारहवें कुशोक बकुला के श्रीनगर आने का जिक्र अहमद शाह ने भी किया है, जो एक ईसाई पादरी था और ईसाई संप्रदाय का प्रचार करने के लिए लेह जा रहा था। वह 1894 की अप्रैल के अंतिम सप्ताह में श्रीनगर में था। वहाँ बसंत बाग में उसकी भेंट कुशोक बकुला से हुई। अहमद शाह के अनुसार, "लद्दाख में कुशोक बकुला बहुत ही महत्त्वपूर्ण व्यक्ति है। वह बकुला के नाम से जाना जाता है और लेह के स्पितुक मठ का मठाधीश है। यह कुशोक बकुला जंस्कार के राजा का बेटा है। बकुला ने कैप्टन रेमजे की पश्चिमी तिब्बत की बोली का शब्दकोश तैयार करने में बहुत सहायता की थी। बकुला की शिक्षा तिब्बत में हुई थी और पूरे क्षेत्र में बौद्ध दर्शन के विद्वान् के नाते उनकी ख्याति है। वे इस दिशा में परम पावन दलाई लामा के सिवाय अपने क्षेत्र में किसी ऊँचाई को छू सकते हैं। निचले तिब्बत में उनकी गणना बौद्ध दर्शन के सर्वोत्तम विद्वानों में होती है। चीवर पहने हुए कुशोक बकुला का चित्र मैंने ऑक्सफोर्ड के अजायबघर में भी देखा था। कुशोक बकुला अनेक बार कश्मीर आए थे। जम्मू भी गए। उन्होंने पंजाब के मुख्य शहरों का भ्रमण भी किया था। इसलिए वे आधुनिक तौर-तरीकों से परिचित थे। कुशोक बकुला पच्चीस वर्ष के सुंदर युवा थे। उनका चौड़ा माथा उनकी मेधा और बुद्धिमत्ता का प्रतीक था। वे शीत ऋतु में जंस्कार में रहते थे और ग्रीष्म ऋतु स्पितुक में बिताते थे। वे एक बहुत ही सुंदर और कीमती कालीन पर कुरसी डालकर बैठे थे। पास ही पहरेदार के रूप में एक तिब्बती कुत्ता बँधा था। मुझ जैसे एक अजनबी को देखकर उसने भौंकना शुरू कर

दिया। कुशोक बकुला ने उसे शांत किया, मुझसे हाथ मिलाया और बैठने के लिए कुरसी दी। जब ये सारी औपचारिकताएँ पूरी हो गईं तो मैंने जाना कि वे पंजाबी मिश्रित उर्दू बोल रहे थे। अब मेरे पास अवसर था। बकुला संवादशील थे और मुझे ज्यादा-से-ज्यादा जानकारी इकट्ठी करनी थी। मैंने उनसे पूछा कि क्या वे ईसा मसीह के बारे में जानते हैं? यदि जानते हैं तो कितना? क्या ईसा मसीह के जीवन, उनके कामों या उपदेशों के बारे में तिब्बती या पाली भाषा में कोई पुस्तक मिलती है। कुशोक बकुला ने ईमानदारी और खुले मन से इन सब का उत्तर दिया। उन्होंने कहा, ईसा के बारे में हमें उतना ही पता है, जितना मिशनरियाँ बौद्ध मठों में होनेवाले उत्सवों में आकर प्रचार में बताती हैं। यहाँ तक मुझे पता है, पूरे लद्दाख में भोटी या पाली में ईसा पर कोई पुस्तक उपलब्ध नहीं है। मैंने उनसे मठों के पुस्तकालयों और वहाँ की पुस्तकों के बारे में पूछा। उन्होंने कहा कि प्रत्येक मठ के पुस्तकालय में दो तरह की पुस्तकें हैं। प्रथम तो वे, जो सभी मठों में हैं, जैसे भगवान् बुद्ध की जीवनी और अन्य धार्मिक पुस्तकें। दूसरी पुस्तकें वे हैं, जो प्रत्येक मठ के पास अलग-अलग होती हैं। जैसे मठ से ताल्लुक रखनेवाले लामाओं की जीवनियाँ और उनके उपदेश इत्यादि। बकुला ने बताया कि वे श्रीनगर महाराजा प्रताप सिंह से मिलने के लिए आए हैं।"[5] इससे अठारहवें कुशोक बकुला के श्रीनगर व अन्य स्थानों पर जाने की जानकारी तो मिलती ही है और साथ ही स्पष्ट है कि वे आधुनिक युग के साथ कदम मिलाकर भी चलते थे। कुशोक बकुला की परंपरा ने लद्दाख के इतिहास को एक नई करवट देने में महत्त्वपूर्ण भूमिका निभाई।

संदर्भ—

1. Nawang Tsering Shakspo and Henry M Vyner (ed) Kushak Bakula Rinpoche, saint and statesman, page 4-5
2. तीनों मठों का यह विवरण जम्मू-कश्मीर एकेडमी ऑफ आर्ट, लैंगुएज एंड कल्चर द्वारा प्रकाशित हमारा साहित्य के लद्दाख विशेषांक, 2002 के आधार पर किया गया है, पृष्ठ 22-23

3. Ladakh Review, issue-2, 2016, page 22-30
4. Nawang Tsering Shakspo and Henry M Vyner (ed) Kushak Bakula Rinpoche, saint and statesman, page 12-13
5. Ahmad Shah, Four years in Tibet, page 6-7

□

2

उन्नीसवें कुशोक बकुला लोबजंग थुपतन छोगनोर का प्रारंभिक जीवन और शिक्षा

1. लद्दाख के दो राजपरिवार—जम्मू-कश्मीर के लद्दाख संभाग में दो राजपरिवार जाने-पहचाने हैं—माथो का राजपरिवार और जंस्कार घाटी का जांगला राजपरिवार। माथो राजपरिवार के राजा ताशी ल्हावांग के घर छह संतानों ने जन्म लिया। उनमें से एक थे—नांगवा थायास। थोड़ा और पीछे जाएँ तो नांगवा थायास लद्दाख के अंतिम राजा छेपाल तोंडुप नमग्याल के प्रपौत्र का बेटा था। इन नांगवा थायास का विवाह जंस्कार के जांगला राजपरिवार की राजकुमारी ऐशे वांगमो से हुआ था। ऐशे वांगमो अठारहवें कुशोक बकुला की भानजी थी। नङवा थाये और येशे वङमो की तीन संतानें थीं। ताशी फुंछोक नम्गयाल सबसे बड़े थे। ये लद्दाख में 'राजा' के नाम से जाने जाते थे। राजा बाद में घरबार त्यागकर संन्यासी हो गए और हिमाचल प्रदेश के मनाली में एक गुफा में रहने लगे थे। दूसरी पुत्री रिगजिन वांगमो का विवाह हिमाचल प्रदेश में लाहौल स्पिति में हुआ था। तीसरी पुत्री नोरजिन वांगमो का विवाह लद्दाख में ही शेय लोनपो परिवार में हुआ था! इनका जीवन लद्दाख के सांस्कृतिक-सामाजिक परिवेश में ठीक चल रहा था। चौथी संतान लोबजंग थुपतन छोगनोर थे। लेकिन उसके जन्म की कहानी साधारण नहीं है। उनके जन्म से कुछ समय पहले ही 1917 में अठारहवें बकुला लोबजंग येशे स्तनपयी ग्यलछान का अस्सी वर्ष की आयु में जंस्कार के छोगदेय गोंपा में निधन हो गया था। अठारहवें कुशोक बकुला के परिनिर्वाण की खबर जैसे ही लेह के पेथुप मठ पहुँची, वहाँ गहरा शोक छा गया। मठ में पूजा की गई।

मठ के सभी लामाओं ने सभा करके निर्णय लिया कि परम पावन दलाई लामा से पूछा जाए कि उन्नीसवें कुशोक बकुला के भावी अवतार के समय और स्थान के बारे मार्गदर्शन करें। इसके साथ ही पेथुप मठ ने अपने प्रतिनिधि शेय मठ के लहा दोर्जे चेनमो से और तिब्बती तांत्रिकों से मिलने के लिए भेजे। तेरहवें दलाई लामा थुपतेन ग्याछो ने यह बता दिया कि उन्नीसवें कुशोक बकुला का जन्म हो चुका है। उन्होंने एक लद्दाखी मानचित्र की सहायता से जन्म के संभावित स्थानों और दिशाओं के बारे में भी बताया। वैसे अठारहवें कुशोक बकुला स्वयं भी अपने पुनर्जन्म के बारे में संकेत कर गए थे। उन्होंने कहा था कि मैं अपनी बहन की चार पुत्रियों में से किसी एक की कोख से जन्म लूँगा। अठारहवें कुशोक बकुला के देहांत के कुछ मास बाद ही ऐशे वांगमो के गर्भवती होने की पुष्टि हुई और बुद्ध पूर्णिमा के दिन 25 मई, 1918 को मङठो गाँव में उन्होंने एक सुंदर बालक को जन्म दिया।[1]

2. बकुला के अवतार की पहचान—इधर नए बालक के आने से राजमहल में खुशियाँ मनाई जा रही थीं, उधर अठारहवें कुशोक बकुला के अवतार को ढूँढ़ने के लिए पेथुप मठ के लामा अपने प्रयासों में लगे हुए थे। दलाई लामा द्वारा किया गया मार्गदर्शन और दिवंगत बकुला द्वारा छोड़े गए संकेतों के आधार पर ही वे इस खोज में लगे हुए थे। पाँच साल बीत गए थे। लेकिन कोई भी नवजात बालक अवतार को पहचान लेने की पद्धति पर खरा नहीं उतर रहा था। संकेतों का एक बार फिर गहराई से विश्लेषण किया गया। सभी संकेत माथो गाँव की ओर इंगित कर रहे थे। माथो जाकर वहाँ के मठ के देव नारांग से मिले। उसने मङठो गाँव में नङवा थाये के घर पैदा हुए इस बच्चे के बारे में बताया। देव ने उनको परामर्श दिया कि वे राजमहल में जाकर राजा और रानी को मक्खन और थुपा के उपहार भेंट करें। उन्होंने ऐसा ही किया और वे पिछले बकुला की कुछ चीजें मसलन माला और वे कपड़े, जो उन्हें बहुत प्रिय थे, अपने साथ ले गए थे। वैसे भी इन भिक्षुओं में से एक भिक्षु पिछले बकुला का सेवक रह चुका था। नन्हे बालक ने जैसे ही अपने पुराने सेवक को देखा तो वह हँसता और चिल्लाता हुआ उसकी ओर दौड़ा। नन्हे बालक ने पेथुप मठ से लाई गई अपनी अन्य चीजें भी पहचान लीं और कहा, ये सब मेरी हैं। जब लामाओं को यह विश्वास हो गया कि

यही बालक पिछले बकुला का अवतार है तो उन्होंने यह सूचना राजा, रानी और सारे शाही परिवार को दी। यद्यपि परिनिर्वाण के एक साल के बाद ही अठारहवें बकुला रिंपोछे ने अवतार धारण कर लिया था, तब भी इस खोज में पूरे पाँच साल लगे।[2] कालांतर में उन्नीसवें कुशोक बकुला ने स्वयं भी इस पूरे प्रकरण के बारे में लिखा। उनके अनुसार, "ऐसा विश्वास किया जाता है कि अपनी मृत्यु से पूर्व अठारहवें बकुला ने अपने आगामी जन्म के बारे में संकेत दे दिए थे। उन्होंने मेरी माँ को वरिष्ठ लामा के सिर पर धारण करने के लिए उपयुक्त आभूषण उलाब, दीवार पर लगाने वाला परदा गयाब योल और एक रेशमी कालीन दिया था। उन्होंने मेरी माँ से इन नियामतों को सँभालकर रखने के लिए कहा, क्योंकि भविष्य में इनकी जरूरत पड़ेगी। कहा जाता है, मैंने पूर्व बकुला के रसोइए को भी पहचान लिया और उसका नाम लेकर उसको पुकारा।[3] उन्नीसवें कुशोक बकुला के रूप में पहचान हो जाने के समय इस बालक की आयु छह साल थी। ईसवी सन् 1922 चल रहा था। परंपरा के अनुसार पेठुप मठ के भिक्षुओं ने बालक से संबंधित, ये सभी जानकारियाँ तेरहवें दलाई लामा को भेज दीं। जल्दी ल्हासा से उत्तर आ गया। यह बालक उन्नीसवीं बकुला रिंपोछे था। दलाई लामा ने उन्नीसवें बकुला के अभिनंदन के लिए खतक भेजा था। दलाई लामा ने इस बालक को नया नाम दिया था—नवांग लोबजंग थुपतेन ग्यालछेन।

3. उन्नीसवें बकुला अपने मठ में—एक बार अवतार के रूप में पहचान स्थापित हो जाने के बाद अब इस बालक का माता-पिता के साथ परिवार में रहना संभव नहीं था। परिवार और गाँव दोनों को ही त्यागकर अपने मठ में जाना होगा। माता-पिता के लिए यद्यपि अपने बेटे से इस प्रकार का वियोग असह्य ही कहा जाएगा, लेकिन वे अपने आपको सौभाग्यशाली भी मान रहे थे कि उनके घर में एक अवतारी महापुरुष ने जन्म लिया है। लेकिन अब इस अवतारी बालक का घर से चले जाने का समय आ चुका था। 1922 में एक शुभ दिन देखकर पेथुप मठ के भिक्षु छह साल के इस बालक को लेकर चल पड़े। घोड़ों पर यात्रा शुरू हुई। गाँव के लोग कुछ दूर तक साथ-साथ चले। यह यात्रा लेह में पेथुप मठ में जाकर समाप्त हुई। मठ में दूर-दूर से श्रद्धालु एकत्र हुए था। जम्मू-कश्मीर नरेश महाराजा प्रताप सिंह के शासन के प्रतिनिधि, बौद्ध संप्रदायों और इतर संप्रदायों

के प्रतिनिधि सब उपस्थित थे। पूरे विधि-विधान से बालक कुशोक बकुला को सिंह-आसन पर बिठाया गया। एक लंबी नई यात्रा की शुरुआत।

अब बालक की शिक्षा-दीक्षा का उत्तरदायित्व मठ पर ही था। अब यह बालक बकुला के हजारों साल से चले आ रहे व्यास पीठ के उन्नीसवें कुशोक बकुला थे। उनके सबसे पहले अध्यापक रिजोंग सरस रिंपोछे लोबजंग छुलतरिम छोसफेल थे। "उसके बाद काचेन मेरे अध्यापक बने। उन्होंने मुझे बुद्धमत की पुस्तकें पढ़ाईं। तिब्बत के ताशी लहुनपो मठ के समस्त कर्मकांड मुझे सिखाए। अभिसमय और माध्यमिका की पाठ्य-पुस्तकों को मैंने उसी समय कंठस्थ किया।"[4] बकुला रिंपोछे ने अपने बचपन के बारे में स्वयं लिखा है, "मैं एक शरारती बच्चा था। उस समय पेथुप मठ की प्रार्थना-सभा में जो चाय दी जाती थी, वह चाय सुबह-सुबह मेरे कमरे में मठ का कोई-न-कोई नौसिखिया भिक्षु लेकर आता था। मैं शरारतवश उसको चाबुक से मारता था। धीरे-धीरे सभी नौसिखिए भिक्षु मेरे कमरे में आने से डरने लगे। एक दिन जो नौसिखिया मेरे कमरे में चाय लेकर आया और मैंने चाबुक से उसे मारा तो उसने मेरे अध्यापक के पास जाकर मेरे बुरे व्यवहार की शिकायत कर दी। काचेन ला रिगदरोल आए और उन्होंने वह चाबुक मुझसे ले ली और उससे मुझे बुरी तरह पीटा। इससे मैंने बाल-भिक्षुओं को पीटना तो बंद कर दिया, लेकिन अब जैसे ही मैं रिगदरोल को कहीं भी देखता तो बहुत डर जाता।"[5]

4. उच्च शिक्षा के लिए तिब्बत को प्रस्थान—उन दिनों लद्दाख के अधिकांश बौद्ध भिक्षु उच्च शिक्षा के लिए तिब्बत की राजधानी ल्हासा में जाते थे। चीन ने तब तक तिब्बत पर अधिकार नहीं किया था। ल्हासा के तीन विश्वविद्यालयों सेरा, गांदेन और द्रेपुंग की बौद्ध जगत् में बहुत प्रसिद्धि थी। इन विश्वविद्यालयों में अनेक बौद्ध देशों से भिक्षु विद्याध्ययन के लिए आते थे। प्रारंभिक शिक्षा स्थानीय मठ में हो जाने के बाद कुशोक बकुला को भी आगे की शिक्षा के लिए ल्हासा जाना ही था। उनको पेथुप मठ में रहते हुए चार साल हो गए थे। वे 1922 में माथो गाँव छोड़कर आए थे, अब 1926 चल रहा था। अब उनको आगे की पढ़ाई के लिए ल्हासा जाना था। आखिर वह दिन आ गया, जब उनको तिब्बत की ओर प्रस्थान करना था। बहुत से लोग

उनको लेह से बाहर तक छोड़ने आए। इनमें उनके अपने पिता भी थे। लेकिन ये सभी भला कितनी दूर तक कुशोक बकुला के साथ जा सकते थे? लेह से लगभग बीस मील दूर नईमो गाँव से वे सब वापस लौटने लगे। उनके पिता की आँखों में आँसू थे। वे बार-बार उन्हें पोंछ रहे थे। लेकिन उस समय न कुशोक बकुला को और न ही उनके पिता को यह पता था कि यह पिता पुत्र की अंतिम भेंट है। उसके बाद वे कभी मिल नहीं पाएँगे। जब कुशोक बकुला तिब्बत में विद्यार्थी थे, तभी उनके पिता की मृत्यु हो गई। पिता के देहांत की खबर भी उनको बहुत समय बाद मिली। कुशोक बकुला की यह तिब्बत यात्रा बहुत लंबी थी। उनके कारवाँ ने जोजीला को पार कर कश्मीर घाटी में प्रवेश किया। श्रीनगर से रावलपिंडी और रावलपिंडी से रेलगाड़ी द्वारा सिलीगुड़ी। कुशोक बकुला लद्दाख से पहली बार बाहर निकले थे। उन्होंने एक नए संसार में प्रवेश किया था, जो उनकी कल्पना से भी परे था। सिलीगुड़ी से कालिंपोंग होते हुए वे शिगास्ते पहुँचे। यहाँ पंचेन लामा का ताशिलहुनपो मठ है। कुछ दिन वहाँ रुककर अंत में ल्हासा पहुँचे। यह यात्रा-वृत्तांत 1926 का है। ल्हासा के द्रेपुंग विश्वविद्यालय में उनके आने की खबर पहले ही पहुँच चुकी थी। इसलिए जैसे ही वे विश्वविद्यालय में पहुँचे, वहाँ लोजलिंग द्राछांग महाविद्यालय के भिक्षु उनका स्वागत करने के लिए खड़े थे।

द्रेपुंग विश्वविद्यालय ल्हासा के उस समय के तीनों विश्वविद्यालयों में से सबसे बड़ा था। इसकी स्थापना 1416 में जाम्यांग चोजे ताशी पालदेन ने की थी। यह मठ या विश्वविद्यालय जे छोंखपा को समर्पित है। तिब्बत में तो यह सबसे बड़ा विश्वविद्यालय या बौद्ध शब्दावली में मठ था ही, लेकिन कुछ लोग यह भी मानते हैं कि यह विश्व का सबसे बड़ा मठ था। द्रेपुंग को तिब्बत का नालंदा भी कहा जाता था। चीन द्वारा तिब्बत पर कब्जा कर लेने के बाद इसे नष्ट किया गया। यह मठ गेलुग्पा संप्रदाय से ताल्लुक रखता था और पोताला के निर्माण से पहले दलाई लामाओं का निवास-स्थान भी यही मठ था। चापमान एफ. स्पेंसर के अनुसार उस समय 1930 में द्रेपुंग विश्वविद्यालय को चार महाविद्यालयों में विभक्त किया गया था। अलग-अलग स्थानों के विद्यार्थियों के लिए अलग-अलग महाविद्यालय निश्चित थे। प्रत्येक महाविद्यालय का अलग-

अलग अध्यक्ष अथवा मठाधीश था, जिनकी नियुक्ति तेरहवें दलाई लामा करते थे।[6]

कुशोक बकुला को विश्वविद्यालय के लोजलिंग ड्राजंग यानी महाविद्यालय और पेथुप खंगछेन यानी छात्रावास में प्रवेश दिया गया। दरअसल इसी छात्रावास में लद्दाख से आनेवाले ज्यादातर छात्र भिक्षु ठहरते थे। पूर्व बकुला भी इसी छात्रावास में रहते थे। अब प्रश्न कुशोक बकुला के लिए एक योग्य गुरु या अध्यापक की तलाश थी। इसके लिए एक समिति का गठन किया गया। समिति ने पाँच योग्य अध्यापकों के नाम की संस्तुति की। अंतत: निर्णय करने की जिम्मेदारी तेरहवें दलाई लामा पर आ पड़ी। उन्होंने अत्यंत विचार करके ग्या छात्रावास के गेशे लोबजंग जुंगने को यह उत्तरदायित्व सौंपा। कुशोक बकुला ने द्रेपुंग की परंपरा के अनुसार अपने गुरु की विधिवत् पूजा-अर्चना की। मक्खन में पकाए चावल, उबले हुए मीठे आलू, नमकीन चाय का सभी भिक्षुओं को भोज और गुरुजी के लिए श्रद्धा से अर्पित खतक। यह विधान पूरा हुआ तो अगले चौदह साल चलने वाली लंबी साधना का श्रीगणेश हुआ। तिब्बती विश्वविद्यालयों में बौद्ध दर्शन का एक लंबा और कठिनसाध्य पाठ्यक्रम है। पहले दो साल प्रमाणशास्त्र का अध्ययन करना होता है। उसके उपरांत अगले छह साल के लिए प्रज्ञापारमिता का अध्ययन शुरू होता है। प्रज्ञापारमिता के बाद दो साल के लिए माध्यमिकशास्त्र की बारी आती है। उससे अगले दो वर्ष विनयशास्त्र के अध्ययन के लिए सुरक्षित हैं। प्रत्येक साल के अंत में सार्वजनिक परीक्षा होती है। इन चौदह सालों का अध्ययन सफलतापूर्वक उत्तीर्ण कर लेने के पश्चात् विद्यार्थी तांत्रिक मठ में प्रवेश लेने का अधिकारी मान लिया जाता है। कुशोक बकुला रिंपोछे अब अपने गुरु की छत्रच्छाया में इसी सरस्वती साधना में जुट गए थे। वैसे भी इस साधना के पथ पर आगे बढ़ते-बढ़ते कुशोक बकुला और गेशे लोबजंग जुंगने का संबंध केवल गुरु शिष्य का न रहकर पिता-पुत्र का ही हो गया था।

5. बकुला रिंपोछे गेशे की उपाधि से विभूषित—बकुला रिंपोछे ने यहाँ चौदह वर्षों तक बौद्ध दर्शन और अन्य विषयों का गहन अध्ययन किया। धर्मकीर्ति की प्रमाणवार्तिका, मैत्रेय की अभिसम अलंकार प्रज्ञापारमिता, चंद्रकीर्ति की माध्यमिकवार्त्ता, आचार्य वसुबंधु का अभिधर्मकोश और गुणप्रभा का विनयसूत्र,

इन सभी को उन्होंने पढ़ा और कंठस्थ ही नहीं किया, बल्कि उनके अनुकूल अपने आचरण को ढालने का प्रयास भी किया। वे त्रिपिटिका को आत्मसात् करने का प्रयास कर रहे थे। 1928 में तेरहवें दलाई लामा ने उन्हें विधिवत् भिक्षु संघ में दीक्षित किया। अब वे राजबुंग हुए। अब उन्हें आयु-पर्यंत संघ के नियमों और आचरण का पालन करना होगा। शील और विनय ही उनका आभूषण होगा।

अंततः 22 फरवरी, 1940 का वह दिन आ गया, जिस दिन चौदह साल के अध्ययन के उपरांत कुशोक बकुला रिंपोछे को गेशे की उपाधि के लिए सार्वजनिक परीक्षा देनी होगी। यह संयोग ही था कि इसी दिन ल्हासा का सबसे बड़ा उत्सव 'मोनलम चेनमो' भी था। इसी दिन चौदहवें दलाई लामा तेनजिंग ग्याछो पोताला प्रासाद के स्वर्ण सिंहासन पर अभिषिक्त होनेवाले थे। कुशोक बकुला भी पच्चीस साल के हो गए थे। तिब्बती विश्वविद्यालयों में गेशे की उपाधि के लिए जो परीक्षा ली जाती है, उसका विश्व के अन्य विश्वविद्यालयों में कोई साम्य नहीं है। ल्हासा के तीनों विश्वविद्यालयों सेरा, गांदेन और द्रेपुंग के अध्ययनशील लामा एकत्र होते हैं। अपने अपने विषयों के विद्वान् भिक्षु तो होते ही हैं। मंच पर विभिन्न विषयों को लेकर वाद-विवाद होता है। प्रश्नों की बौछार होती है। विद्यार्थी को हर शंका का समाधान करना होता है। केवल भाषा के माध्यम से ही नहीं अपनी भाव भंगिमाओं के माध्यम से भी। उत्तर के साथ, उत्तर में निहित भाव भी उत्तर देने वाले के चेहरे पर अभिलक्षित होना चाहिए। यह अभिनय और विद्वत्ता का मणिकांचन संयोग होता है। उससे भी बड़ी बात यह कि विजेता के चेहरे पर विजय का अभिमान परिलक्षित नहीं होना चाहिए। यही विनयशास्त्र का मूल मंत्र है। यह ज्ञान की आंतरिक यात्रा है, सांसारिक विजय पराजय की प्राप्ति नहीं।

परीक्षा के लिए निर्णायक मंडल की नियुक्ति हो गई थी। सभी परीक्षक अपने-अपने विषय के दिग्गज विद्वान् थे। कभी गांदेन ट्रिपा रह चुके रेटिंग रिंपोछे के अध्यापक अमीर रिंपोछे, शारपा चोईजे, तोंगदुल रिंपोछे, जंगछे चोईजे ल्होंडुप छोंदयु। पोताला प्रसाद के सिशी फुंछोक भवन में परीक्षा की सभी तैयारियाँ मुकम्मल हो गई थीं। विभिन्न मठों और विश्वविद्यालयों से लगभग दस हजार भिक्षु, लामा, छात्र और बौद्ध दर्शन के प्रकांड पंडित उपस्थित थे। द्रेपुंग

विश्वविद्यालय के पेथुप छात्रावास के छात्रों के लिए सम्मान का प्रश्न था। ड्रेपुंग विश्वविद्यालय के कुशोक बकुला को वाद-विवाद में गांदेन विश्वविद्यालय के गेदुन कलयंग का सामना करना था। तर्कों के घात-प्रतिघात शुरू हो गए थे। प्रश्नों की बौछार हो रही थी। लगता था कुशोक बकुला बदबहास हो जाएँगे, लेकिन जिस प्रकार तेज पवन देखते-देखते काले बादलों को छिन्न-भिन्न कर देता है, उसी प्रकार बकुला अपने उत्तरों से प्रश्नों की बौछार को छिन्न-भिन्न कर रहे थे। बकुला केवल प्रश्नों का उत्तर ही नहीं दे रहे थे। उन्हें परंपरा के अनुसार उत्तर के भाव के अनुरूप अभिन्य भी करना था। उनके चेहरे की भाव भंगिमा क्षण क्षण में बदल रही थीं। कुशोक बकुला ने अपने उत्तरों से हर संशय का निराकरण किया था। कुशोक बकुला ने विजय प्राप्त की थी। आधिभौतिक शास्त्र में वे गेशे की उपाधि के लिए उपयुक्त घोषित किए गए। बहुत बाद में उन्होंने अपनी आत्मकथा में इस क्षण का उल्लेख करते हुए लिखा, "मैंने गेशे उपाधि के लिए परीक्षा पूरी कर ली थी। यह उसी प्रकार था कि गर्दभ को सिंह कहा जाने लगा था। मुझे प्रथम श्रेणी में गेशे ल्हारमापा की उपाधि से निवाजा गया।"[7] सूत्र, अगम और तंत्र अब उनकी रुचि के विषय से थे। राजबुंग होने के बारह साल बाद उस समय के रीजैंट रेटिंग रिंपोछे ने 1940 में कुशोक बकुला को गीलोंग के रूप में दीक्षित किया। राजबुंग से गीलोंग तक की उनकी यात्रा पूरी हुई। बकुला रिंपोछे की इच्छा आगे गयुदमेद तांत्रिक मठ में प्रवेश लेने की थी। गेशे की परीक्षा के उपरांत वे इस प्रवेश के पात्र भी हो गए थे। लेकिन उधर लद्दाख से बार-बार संदेश आने लगे। ये संदेश बकुला रिंपोछे को वापस लौट आने के लिए थे। जम्मू-कश्मीर में स्थिति पल-प्रतिपल बदल रही थी। जम्मू-कश्मीर की राजनीति का धरातल नित्य प्रति तपना शुरू हो गया था। सैकड़ों वर्षों से शांत लद्दाख मानो अंगारों पर चलना सीख रहा हो।

6. बकुला रिंपोछे और सरस रिंपोछे के संबंध—बकुला रिंपोछे की अवतार परंपरा और बौद्ध दीक्षा को सरस रिंपोछे की परंपरा को जाने बिना नहीं समझा जा सकता। तिब्बत में जो संबंध दलाई लामा की परंपरा और पंचेन लामा की परंपरा में हैं, लद्दाख में वही संबंध बकुला रिंपोछे और सरस रिंपोछे

की परंपरा में हैं। जब दलाई लामा अल्प वय के होते हैं, तब पंचेन लामा लगभग प्रौढ़ वय के होते हैं। इसलिए दलाई लामा को बौद्ध दर्शन की शिक्षा पंचेन लामा देते हैं और अपनी देख-रेख में उनका बौद्धिक विकास करते हैं। धीरे-धीरे दलाई लामा की उमर बढ़ती जाती है और पंचेन लामा वृद्धावस्था में प्रवेश कर अंततः संसार त्याग देते हैं। दो-तीन साल के भीतर जब पंचेन लामा का अवतार फिर पृथ्वी पर जन्म लेता है, तब तक दलाई लामा प्रौढ़ अवस्था को प्राप्त होते हैं। इसलिए नए अवतारी पंचेन लामा की शिक्षा-दीक्षा का उत्तरदायित्व दलाई लामा पर आ जाता है।

लगभग इसी से मिलती-जुलती व्यवस्था लद्दाख में बकुला रिंपोछे और सरस रिंपोछे के बीच विद्यमान है। जब उन्नीसवें बकुला रिंपोछे की आयु लगभग दस साल की थी तो सरस रिंपोछे लोबजंग छुलतिम छोसफेल ने उनका बौद्ध दर्शन से परिचय करवाया। धीरे-धीरे उन्नीसवें बकुला रिंपोछे की वय बढ़ने लगी और तीसरे सरस रिंपोछे अवसान की ओर चल पड़े। सरस रिंपोछे के निर्वाण के बाद उनके चौथे अवतार के रूप में लद्दाख के ही थुपतेन नयीमा तेनजिंग की पहचान की गई। 1940 में उन्नीसवें बकुला अपना अध्ययन पूरा करके तिब्बत से वापस भारत आ गए और उन्होंने चतुर्थ सरस रिंपोछे की देखभाल और उसे बौद्ध दर्शन का प्रारंभिक ज्ञान देना शुरू कर दिया। इस प्रकार चौथे सरस रिंपोछे उन्नीसवें बकुला रिंपोछे की देख-रेख में साधना रत हुए। 1945 को बकुला रिंपोछे ने सरस रिंपोछे को ल्हासा में उच्च अध्ययन के लिए भेज दिया। जब उन्नीसवें बकुला रिंपोछे पकी वय के हो गए तो उनका ध्यान चौथे सरस रिंपोछे रखने लगे। 2003 में उन्नीसवें बकुला रिंपोछे का देहांत हो गया। "चतुर्थ सरस रिंपोछे ने बकुला के अगले अवतार के आने के लिए एक विशेष प्रार्थना लिखी, जो लद्दाख में गाई जाती थी।"[8] 2006 में बीसवें बकुला रिंपोछे के अवतार ने जन्म लिया। इस समय उनकी आयु बारह साल की हो गई है। चौथे सरस रिंपोछे की आयु इस समय नब्बे साल की है। जब सरस रिंपोछे का पाँचवाँ अवतार दुनिया में आएगा तो बीसवें बकुला रिंपोछे, उसकी देखभाल करने की उम्र तक पहुँच जाएँगे। इस प्रकार यह परंपरा चलती रहेगी।

संदर्भ—

1. सरकारी रिकॉर्ड में यह जन्मतिथि 19 मई, 1917 दर्ज है। उन्नीसवें किशोक बकुला रिंपोछे के लंबे अरसे तक सचिव रहे सोनम वांगचुक के अनुसार लद्दाख में उन दिनों जन्मतिथि का ध्यान रखने का रिवाज नहीं था। बाद में जब सरकारी रिकॉर्ड में जन्मतिथि बताने की जरूरत पड़ी तो उन्होंने 19 मई, 1917 लिखवा दी और बाद में यही तिथि प्रचलित हो गई। Sonam Wangchuk Shakspo, Kushok Bakula Rinpoche–The Architect of modern ladakh, page-7
2. नवांग छेरिंग शकपो सेंट एंड स्टेटसमैन, 13-14
3. Kushok Bakula, Maya Jodhi(ed), My life My times, page-6
4. Kushok Bakula, Maya Jodhi(ed), My life My times, page-7
5. Kushok Bakula, Maya Jodhi(ed), My life My times, page-7
6. Chapman reported that in the late 1930s Drepung was divided into four colleges, each housing monks from a different locality: "one being favoured by Khampas, another by Mongolians, and so on." Each college was presided over by an abbot who had been appointed by the late 13th Dalai Lama. (Chapman F. Spencer,Lhasa the Holy City, page-198
7. Sonam Wangchuk Shakspo, Kushok Bakula Rinpoche–The Architect of modern ladakh, page-17
8. Sonam Wangchuk Shakspo, Bakula Rinpoche : A Visionary Lama and Statesman, page-98

□

3

वापस लद्दाख में (1940-1947)

1. तिब्बत से वापसी—बकुला रिंपोछे को मन मारकर वापस लद्दाख आना ही था। उन्होंने तिब्बत के उस समय के रीजेंट रेटिंग रिंपोछे से तीन साल के लिए वापस लद्दाख जाने की अनुमति माँगी, क्योंकि उन्हें अपना अध्ययन बीच में छोड़कर आना पड़ रहा था। तब शायद कुशोक बकुला को अनुमान नहीं रहा होगा कि अब वे अपनी तांत्रिक साधना पूरी करने के लिए कभी तिब्बत वापस नहीं लौट पाएँगे। रेटिंग रिंपोछे ने उनकी प्रार्थना स्वीकार करते हुए उन्हें वापस जाने की अनुमति प्रदान कर दी। रिंपोछे ने उन्हें छोगचेन टुलकु की उपाधि भी प्रदान की। तिब्बत सरकार ने उन्हें सम्मान प्रदान करते हुए उनके साथ कुछ लोग लद्दाख की सीमा तक भेजे। वापसी में उन्होंने एक बार फिर शिगास्ते में दसवें पांचेन लामा से भेंट की। लेकिन इस बार बकुला रिंपोछे सिलीगुड़ी, रावलपिंडी और श्रीनगर होते हुए लद्दाख नहीं पहुँचे। बल्कि इस बार कैलाश पर्वत, यानी खंग रिंपोछे की परिक्रमा करते हुए मानसरोवर झील में डुबकी लगाकर, चांगटांग के पठारों को लाँघते हुए लगभग छह महीने की यात्रा कर सितंबर 1940 को वापस पेथुप मठ में पहुँचे। लद्दाख की सीमा पर पहुँचने पर उनका स्वागत करने के लिए लामा, भिक्षु, सामान्य जन, अनेक मठों के अध्यक्षों के अतिरिक्त जम्मू-कश्मीर के महाराजा हरि सिंह के प्रशासन के स्थानीय अधिकारी भी मौजूद थे। पूरे विधि-विधान और स्थानीय रीति-रिवाजों के अनुसार उनको पेथुप मठ में लाया गया। अंततः वे अपने घर आ गए। अपना घर यानी अपना लद्दाख।

2. बकुला रिंपोछे की श्रीधर कौल से भेंट—लद्दाख में हो रहे परिवर्तनों

और उसमें कुशोक बकुला रिंपोछे की भूमिका को समझने के लिए पंडित श्रीधर कौल उर्फ दुल्लु (1892–1967) को जान लेना जरूरी है। कौल पूरे लद्दाख में मास्टरजी के नाम से जाने जाते थे। जम्मू-कश्मीर के महाराजा हरि सिंह ने अपने राज्य में महिलाओं को शिक्षा प्रदान करने के लिए विशेष अभियान चलाया था। उसी के अंतर्गत शिक्षा के प्रचार-प्रसार के लिए 1939 में महाराजा ने श्रीधर कौल की नियुक्ति शिक्षा अधिकारी के पद पर लद्दाख क्षेत्र में की। कौल थियोसोफिस आंदोलन से प्रभावित थे और पुरानी रूढ़ियों और अंधविश्वासों की कारा तोड़कर नए भारत के निर्माण का सहना देखते थे। उन्होंने कश्मीर घाटी में लड़कियों की शिक्षा हेतु बहुत काम किया था। लद्दाख में आकर भी वे उसी तेजी से अपने काम में जुट गए और एक साल के भीतर ही उनकी कीर्ति पूरे प्रदेश में फैल गई। श्रीधर कौल के लद्दाख में आने के एक साल बाद ही 1940 में बकुला रिंपोछे तिब्बत में चौदह साल रहकर वापस आए। उनके मन में भी लद्दाख के कायाकल्प के सुनहरी सपने थे। लेकिन उन सपनों को यथार्थ के धरातल पर उतारने का व्यावहारिक रास्ता क्या हो सकता था? वे एक ऐसे समाज को आंदोलित करने का सपना देख रहे थे, जहाँ शायद समय की गति भी ठहर जाती है। तभी उन्हें मास्टरजी के बारे में पता चला। उस समय बकुला रिंपोछे की उम्र चौबीस वर्ष थी और मास्टरजी पचास को छूने वाले थे। एक के पास उत्साह था, दूसरे के पास अनुभव था। लद्दाख में एक नया प्रयोग होने जा रहा था। रिंपोछे के सचिव रहे सोनम वांगचुक के शब्दों में, "अनेक वर्षों तक ल्हासा में बौद्ध दर्शन का अध्ययन करने के बाद जब बकुला रिंपोछे वापस लेह आए तो उन्हें विश्व भर में हो रहे परिवर्तनों का मामूली सा ही आभास था। लेकिन इतना तो वे भी समझ गए थे कि भविष्य में तेजी से परिवर्तन होनेवाले हैं। वे समझ गए थे कि समय की गति के साथ-साथ चलने के लिए जरूरी है कि अब लद्दाखी भी आधुनिक शिक्षा व विज्ञान की ओर मुड़ें। जब उन्होंने सुना कि शहर में कोई मास्टरजी आए हुए हैं तो वे तुरंत उनसे मिले और अल्पकाल में ही दोनों में खासी निकटता हो गई। वे आपस में घंटों चर्चा करते रहते। केवल सामयिक विषयों और भारत की आजादी के बारे में ही नहीं बल्कि बौद्ध मत के इतिहास, इसलाम के आगमन से पूर्व शताब्दियों पहले बौद्ध मत व तांत्रिक शैवमत के विकास में

कश्मीर की महत्त्वपूर्ण भूमिका के बारे में भी लंबी चर्चाएँ करते।"[1] इसमें कोई शक नहीं कि कुशोक बकुला रिंपोछे ने लद्दाख में जो अभूतपूर्व परिवर्तन किए उसमें श्रीधर कौल की भी अविस्मरणीय भूमिका है।

3. पेथुप मठ का कार्यभार—बकुला रिंपोछे ने अपने परंपरागत पेथुप मठ का कार्यभार सँभाला। उन्होंने "उचित अध्यापन, तपस्या और साधना पद्धति के माध्यम से लद्दाख में बौद्ध मत के संस्थानों की पुनर्स्थापना और विश्वास व आस्था के सशक्तीकरण के लिए स्वयं को समर्पित कर दिया। परंपरागत कला माध्यमों, सांस्कृतिक दर्शनशास्त्र व धार्मिक साहित्य की सुरक्षा हेतु कार्य किया।" (पाँचवीं लोकसभा के सदस्यों की परिचयात्मक पुस्तक में कुशोक बकुला रिंपोछे द्वारा लिखा गया स्व वक्तव्य) उन्होंने मठ में अनुशासन स्थापित करने और अध्ययन अध्यापन में कुछ परिवर्तन करने की ओर ध्यान दिया। कुछ नई परंपराएँ चालू कीं। मठ की मरम्मत का कार्य भी शेष था। रिंपोछे ने वह कार्य शुरू करवाया। उन्होंने उत्सवों के अवसर पर मठ में मांस पकाना बंद करवा दिया। मठ के छात्रावासों में भी मांस परोसना बंद कर दिया। उनकी प्राथमिकता लद्दाख के विशाल क्षेत्र में बौद्ध मठों का पुनरुद्धार करना व आम लद्दाखी को बौद्ध शिक्षा के संस्कार देना था। लोगों की गरीबी के चलते मठों और विहारों में भिक्षुओं की व्यवस्था गड़बड़ रही थी। सैकड़ों साल पहले के बने इन मठों का सौंदर्य धूमिल होता जा रहा था। आर्थिक स्थिति खराब हो जाने पर काफी अरसे से इनकी मरम्मत करवाना भी मुश्किल हो रहा था। लोगों के पास पेट भरने लायक साधन ही मुश्किल से थे तो मठों और भिक्षुओं को हाथ खोलकर दान कौन दे? अब पुराने विद्वान् लामा भी कहाँ थे? राहुल सांकृत्यायन 1933 में लद्दाख आए थे। उन्होंने लद्दाख में बौद्ध मठों, लामाओं और प्रदेश की सामान्य स्थिति के बारे में कहा था—"गाँव से लौटकर हम लामायुरु पहुँचे। मैं लामाओं से बात करना चाहता था, किंतु सभी अशिक्षित उजड्ड थे। वास्तव में लद्दाख में बौद्ध दर्शन का लोप इन्हीं अयोग्य साधुओं के कारण हो रहा है। हर जगह गोंपा के पास खेत हैं। खाना और छंग-शराब पीना, बस इतने में ही ये लोग अपने कर्तव्य की इतिश्री समझ लेते हैं।"[2] लेकिन राहुल ने इसके बावजूद आम लद्दाखी के मौलिक गुणों की प्रशंसा भी की—"हर एक धर्म का मूल्य इसी से तौला जा

सकता है कि वह अपने अनुयायियों में नैतिक बल कितना लाता है। इस कसौटी पर कसने से मालूम होता है कि लद्दाखी लोग मुसलमान बनकर अपने कई अच्छे गुणों को छोड़ बैठे हैं। लद्दाखी बौद्ध स्वभावतः झूठ बोलना, चोरी करना नहीं जानते।"[3] इससे तीन साल पहले भी महापंडित राहुल सांकृत्यायन लेह आए थे। मठों की हालत देखकर तब भी उन्होंने चेताया था—"लद्दाख की स्थिति इतनी निराशाजनक है कि यदि इसका सामना किसी बड़ी हलचल से न हुआ तो लद्दाख में से बौद्धमत समाप्ति के कगार पर पहुँच जाएगा, क्योंकि लद्दाख की जनसंख्या बहुपति प्रथा के चलते घटती जा रही थी।"[4] लद्दाख में बुद्धमत को बचाने के लिए यह बड़ी हलचल अब कुशोक बकुला को ही करनी थी। अरसा पहले स्थिर हो चुके जलकुंडों को पुनः गतिमान करना था। रिंपोछे को एक साथ कई मोर्चों पर जूझना था। मठों का पुनरुद्धार, सामाजिक कुरीतियों का उन्मूलन, आधुनिक शिक्षा का प्रचलन। 1940 से लेकर 1947 तक प्रकारांतर से कुशोक बकुला ने पूरे लद्दाख में घूम-घूमकर इसी की पूर्वपीठिका तैयार की। कुशोक बकुल रिंपोछे ने अनेक कष्ट उठाकर लद्दाख के हर एक गाँव की यात्रा की। अपनी यात्राओं के दौरान वे लोगों को सामाजिक बुराइयों यथा बहुपति प्रथा, पशु-बलि, लोगों के बीच ऊँच-नीच के जातीय भेदभाव आदि को समाप्त करने के लिए कहते थे।

4. सामाजिक कुरीतियों का उन्मूलन—बकुला ने लद्दाख में आने के बाद स्वयं को इस पर्वतीय क्षेत्र के लोगों की सेवा में समर्पित कर दिया। लद्दाख की स्थिति ऐसी बन गई थी, मानो समय वहाँ आकर ठहर गया हो। लद्दाख को इस जड़ता में से निकालना था। बकुला रिंपोछे ने इन्हीं कुरीतियों से लड़ने का संकल्प लिया था। उनका कर्मक्षेत्र अब केवल अपने पेथुप गोंपा तक ही सीमित नहीं रह गया था। अब सारा लद्दाख ही उनकी कर्मभूमि था। वे सच्चे अर्थों में बोधिसत्व थे। लद्दाख में दो कुरीतियाँ मद्यपान/छंगपान और बहुपति प्रथा इतनी व्यापक थी कि लद्दाखी संस्कृति के अस्तित्व पर ही प्रश्न लग गया था। मद्यपान से बौद्धों का नैतिक पतन हो रहा था और बहुपति प्रथा से उनकी जनसंख्या का ह्रास हो रहा था। उन्होंने लद्दाखी समाज में से बहुपति प्रथा, पशुबलि प्रथा तथा मद्य-सेवन इत्यादि कुप्रथाओं की समाप्ति के लिए

जन जागरण अभियान चलाया। रिंपोछे ने जाति प्रथा की भी आलोचना की। वे इस बात को स्वीकार नहीं कर सकते थे कि किसी को केवल जन्म के आधार पर छोटा या बड़ा माना जाए।[5] बहुपति प्रथा के कारण किसी परिवार के सभी भाइयों में से केवल बड़े भाई की ही शादी होती है। उसकी पत्नी शेष भाइयों की भी साँझी पत्नी मानी जाती है। इसके कारण बहुत से लड़के भिक्षु बनने का विकल्प तलाशते हैं। लड़कियाँ मुसलिम लड़कों से शादी कर मुसलमान बन जाती हैं या फिर मठ में चोमो यानी भिक्षुणी बन जाती हैं। बहुपत्नी प्रथा का यह छिपा हुआ नुक़सान है। इसका संकेत राहुल सांकृत्यायन ने किया ही है। लद्दाखियों का मतांतरण होने से उनकी जनसंख्या कम होती जा रही है। इसका एक ही समाधान हो सकता था कि परिवार के प्रत्येक लड़के की अलग-अलग शादी हो और बहुपति प्रथा को समाप्त किया जाए। यह प्रथा इसलिए शुरू हुई थी, ताकि परिवार की जमीन आगे विभाजित न हो सके। लेकिन वर्तमान युग में लद्दाख की आर्थिकी बदल रही है, इसलिए इस प्रथा की जरूरत भी नहीं रही। वैसे भी इस प्रथा से लद्दाख का जनसांख्यिकी अनुपात बदल रहा था। रिंपोछे लद्दाख में इन्हीं कुरीतियों से लड़ रहे थे।

5. मांसाहार का निषेध—सामूहिक पूजा के अवसर पर रिंपोछे ने मांसाहार का निषेध किया। उन्होंने स्वयं भी मांस न खाने और शाकाहारी हो जाने का संकल्प ले लिया। इसके पीछे एक ऐसी घटना थी, जिसने रिंपोछे के मानस को झकझोरकर रख दिया था। तिब्बत से वापस आने पर रिंपोछे लद्दाख के अनेक ग्रामों की यात्रा पर गए। 1945 की घटना है। कशुक बकुला लद्दाख में ड्रोकपा समुदाय के एक ग्राम की यात्रा पर थे। वहाँ उनके स्वागत की विशेष व्यवस्था की गई थी। इसमें उनके भोजन के लिए भी विविध व्यंजन बनाए गए थे। समय आने पर भोजन परोस दिया गया। लेकिन बकुला रिंपोछे को भूख नहीं थी। उन्होंने आयोजकों का मन रखने के लिए नाममात्र के लिए थोड़ा सा भोजन खा लिया। उससे आयोजकों को भला कहाँ संतोष होनेवाला था! वे बार-बार ज्यादा खाने के लिए आग्रह कर रहे थे। ड्रोकपा लोगों की मेहमाननवाजी वैसे भी प्रसिद्ध है। लेकिन जब रिंपोछे ने फिर भी नहीं खाया तो गाँववालों में से एक ने कहा कि हमने तो दोपहर को आपके भोजन के लिए ही विशेष रूप से एक भेड़ को मारा

था। अब आप खा भी नहीं रहे। इस बात ने कुशोक बकुला के मन-मस्तिष्क को हिलाकर रख दिया। एक जीव की हत्या केवल उनके जीभ-स्वाद के लिए की गई थी। इससे उनको काफी दुःख हुआ और उन्होंने उस भेड़ के लिए विशेष प्रार्थना की। शाकाहारी होने का फैसला किया, जिसका पालन उन्होंने लंबे अरसे तक किया। वे जीवन भर शाकाहार का प्रचार भी करते रहे। उनका स्वयं का आचरण इसमें सबसे बड़ा प्रेरक तत्त्व था।[6]

6. स्वाध्याय की साधना—इसके साथ-साथ उन्होंने बौद्ध ग्रंथों का अपना स्वाध्याय भी जारी रखा। आयुर्वेद में भी उनकी रुचि थी। ज्योतिष विज्ञान का भी वे अभ्यास कर रहे थे। "बकुला रिंपोछे ने ज्योतिष शास्त्र द्राथोग मठ के पद्म रिंपोछे से सीखना शुरू किया था। वे तिब्बती आयुर्वेद छुलतरिम नवांग चिपरापा से सीख रहे थे। उन्होंने औषधीय पौधों की पहचान और उनसे औषधि निर्माण के ढंग भी सीखे। नाड़ी देखकर रोग का पता लगाने का अभ्यास भी किया। एक्युपंक्चर का अभ्यास किया। अपने इसी ज्ञान के आधार पर बाद में रोगियों का इलाज भी करते रहे।"[7] कहना न होगा, उनमें ज्ञानप्राप्ति और जिज्ञासा की अदम्य भावना विद्यमान थी। लेकिन वे ज्ञानपथ के एकाकी पंथिक नहीं थे। वे लद्दाखी समाज को भी साथ लेकर चलना चाहते थे। परंपरागत बौद्ध शिक्षा के अतिरिक्त वे लद्दाखी समाज के लिए आधुनिक शिक्षा के महत्त्व को भी भलीभाँति समझते थे। इसलिए स्वयं भी नित्य नए आधुनिक विषयों का अभ्यास करते रहते थे। हिंदी बोलने का अभ्यास उन्होंने इन्हीं दिनों शुरू किया था। इस अभ्यास में श्रीधर कौल उनके मास्टरजी थे। उन दिनों लद्दाख में गाँवों में जाने के रास्ते नाममात्र की पगडंडियाँ ही थीं। गाँवों में जाने के लिए या तो लंबी पैदल यात्रा करनी होती थी या फिर इस यात्रा के लिए टट्टू का सहारा लिया जाता था। रिंपोछे ने इन शारीरिक कष्टों की चिंता न करते हुए लद्दाख के अधिकांश गाँवों में स्वयं पहुँचकर लोकसंवाद की परंपरा को नया रूप दिया। इधर कुशोक बकुला लद्दाखी समाज के उत्थान के सपनों को मूर्त रूप देने का प्रयास कर रहे थे और उधर राष्ट्रीय स्तर पर भारत की समग्र राजनीति में भयंकर उथल-पुथल हो रही थी।

संदर्भ—

1. Sonam Wangchuk Shakspo, Kushok Bakula Rinpoche—The Architect of modern ladakh, page-21
2. राहुल सांकृत्यायन, मेरी जीवनयात्रा, भाग दो, पृष्ठ-123
3. राहुल सांकृत्यायन, मेरी जीवनयात्रा, भाग दो, पृष्ठ-123
4. ICCR, International conference on kushok bakula Rinpoche -Saint and statesman, page-32
5. Sonam Wangchuk Shakspo, Kushok Bakula Rinpoche—The Architect of modern ladakh, page-19
6. बत्तीस साल बाद 1977 में एक बार वे काफी बीमार हो गए थे। तब डॉक्टरों ने ठीक होने के लिए उन्हें गोश्त लेने की सलाह दी। रिंपोछे ने अत्यंत अनिच्छा से गोश्त लेना स्वीकार किया।
7. Sonam Wangchuk Shakspo, Kushok Bakula Rinpoche—The Architect of modern ladakh, page-20

□

4

जम्मू-कश्मीर का भारत में विलय और पाकिस्तानी आक्रमण

1. ब्रिटिश काल का भारत—द्वितीय विश्वयुद्ध के कारण दम तोड़ चुकी अर्थव्यवस्था के चलते ब्रिटिश सरकार हिंदुस्तान में से अपना बोरिया-बिस्तर समेटने की तैयारियाँ कर रही थी। उस समय भारत में अनेक प्रशासनिक व्यवस्थाएँ थीं। ब्रिटिश इंडिया, यानी भारत का वह हिस्सा, जहाँ ब्रिटेन सरकार का राज था और उन्हीं की बनाई कानून व्यवस्था लागू थी। फ्रेंच इंडिया और पुर्तगाली इंडिया में अलग प्रशासनिक व्यवस्था थी। इन स्थानों पर फ्रांस सरकार और पुर्तगाल सरकार का कब्जा था। कोंकण प्रदेश मोटे तौर पर पुर्तगाल सरकार के कब्जे में ही था और उसने यह कब्जा भारत में अंग्रेजों के आने से पूर्व ही जमा रखा था। इसी प्रकार लगभग 550 से भी ज्यादा रियासतों में अपनी अलग-अलग प्रशासनिक व्यवस्थाएँ प्रचलित थीं और वहाँ भारतीय नरेशों का ही शासन था। अधिकांश रियासतों में भारतीय मूल के शासक थे। कुछ रियासतों, मसलन भोपाल, हैदराबाद में विदेशी मूल के नवाब भी थे। लेकिन इन सभी रियासतों की प्रशासनिक व्यवस्था कम-से-कम लोकतांत्रिक तो नहीं थी। अंग्रेजों के चले जाने के बाद पूरे देश के लिए एक ही प्रशासनिक व्यवस्था स्थापित होगी, ऐसी चर्चा शुरू हो गई थी। वैसे तो इसके संकेत भारत सरकार अधिनियम 1935 से ही मिलने शुरू हो गए थे। लेकिन इसके साथ ही यह चर्चा भी जोर पकड़ने लगी थी कि अंग्रेज यहाँ से जाने से पहले ब्रिटिश इंडिया का एक भूखंड निकालकर वहाँ एक नए देश की स्थापना करेंगे। यही देश भविष्य का पाकिस्तान बनने

वाला था। जहाँ तक भारतीय रियासतों का संबंध था, उनको साथ लेकर ही संघीय सांविधानिक व्यवस्था के बारे में चर्चा हो रही थी। जम्मू-कश्मीर रियासत इन सभी भारतीय रियासतों से बड़ी थी। जम्मू-कश्मीर रियासत में भी लद्दाख का स्टेटस चर्चा का विषय था। लद्दाख जम्मू रियासत में 1836 में शामिल किया गया था। उससे पहले वह भी देश की अन्य रियासतों की तरह एक अलग रियासत था। 1846 में अमृतसर की संधि के फलस्वरूप इसमें कश्मीर घाटी को भी शामिल कर लिया गया और रियासत का नाम भी जम्मू-कश्मीर हो गया। 15 अगस्त, 1947 को इस संधि की क्या स्थिति होगी और क्या लद्दाख फिर देश की 550 रियासतों[1] में एक अलग रियासत की हैसियत से शामिल हो जाएगा? लेकिन ये सब चिमगोइयाँ थीं। समय भाग रहा था। लार्ड माउंटबेटन के कार्यालय में लटके कलंडर में से एक-एक दिन गिर रहा था। उसके गिरने की आवाज श्रीनगर में आती थी और वहाँ से गूँजती हुई लद्दाख के पठार तक पहुँचती थी। उसी पठार पर कुशोक बकुला रिंपोछे नए लद्दाख के सपने देख रहे थे।

2. जम्मू-कश्मीर पर पाकिस्तान का आक्रमण—15 अगस्त, 1947 को अंग्रेज भारत को खंडित कर वापस अपने देश चले गए। पूरे देश के लिए एक समान सांविधानिक व्यवस्था की तैयारी होने लगी। अन्य रियासतों की तरह जम्मू-कश्मीर ने भी देश में स्थापित हो रही नई संघीय सांविधानिक व्यवस्था का हिस्सा बनने का निर्णय किया। पाकिस्तान जम्मू-कश्मीर पर बलपूर्वक कब्जा करना चाहता था, इसलिए अक्तूबर 1947 में उसने राज्य पर आक्रमण कर दिया। इसे कबायली आक्रमण का नाम दिया गया। कश्मीर और जम्मू संभाग के अतिरिक्त वह लद्दाख पर भी कब्जा करना चाहता था। सामरिक लिहाज से लद्दाख[2] अत्यंत महत्त्वपूर्ण था। लद्दाख बौद्ध प्रधान क्षेत्र था। पाकिस्तान के कब्जे में चले जाने के बाद बौद्धों की वहाँ क्या हालत हो सकती है, इसका सहज अनुमान किया जा सकता था। उन्हीं दिनों 1 नवंबर, 1947 को मेजर ब्राऊन की सहायता से गिलगित पर पाकिस्तान ने कब्जा कर लिया था।[3] वहाँ हिंदू-सिक्खों को या तो मार दिया गया या फिर उनको बलपूर्वक मुसलमान बना लिया गया। राज्य का सिविल प्रशासन शेख मोहम्मद अब्दुल्ला की नेशनल कॉन्फ्रेंस के हाथों में था। शेख अब्दुल्ला का कश्मीर घाटी के प्रशासन पर पूरा वर्चस्व था,

लेकिन वे लद्दाख खासकर जंस्कार में आक्रमणकारी क्या कर रहे हैं, इस सबसे बेखबर थे या फिर खबरदार होना नहीं चाहते थे। शेख के बारे में लद्दाख में आम भावना थी कि संकट की इस घड़ी में राज्य सरकार के सिविल प्रशासन ने उन्हें भगवान् भरोसे छोड़ दिया है। लद्दाख की जनता स्वयं को असहाय महसूस कर रही थी। उधर कुछ स्थानों पर स्थानीय लोग, जिनके पुरखे कभी इसलाम में मतांतरित हो गए थे, आक्रमणकारियों के साथ मिल गए थे।

मध्य एशिया के सब देशों में इसलाम की हमलावर सेनाओं ने बौद्ध वचनों में विश्वास रखनेवाले जन समुदाय को मुसलमान बना लिया था, लेकिन किसी तरह लद्दाख बचा हुआ था। लगता था कि जो मध्यकाल में नहीं हुआ था, वह आधुनिक काल की बीसवीं शताब्दी के मध्य में होने जा रहा था। इससे भी बड़ा दुर्भाग्य कि अबकी बार हमलावर मध्य एशिया के तुर्क या मुगल नहीं थे, बल्कि अपने ही घर के लोग थे, जिनके पुरखे कुछ सौ साल पहले तुर्कों की तलवार के भय से मुसलमान हो गए थे। लद्दाख के पास इन आततायियों का मुकाबला करने का साहस तो था, लेकिन साधन और प्रशिक्षण नहीं था। गिलगित के पतन का अर्थ था कि दुश्मन का अगला निशाना बल्तीस्तान और लद्दाख ही होगा। इस आशंका के चलते लद्दाख के बौद्ध समाज में आशंका और भय व्याप्त हो गया था। बल्तीस्तान का केंद्र स्कर्दू था। स्कर्दू पर कब्जा होने का अर्थ था कि खालपू के रास्ते लेह पर आधिपत्य जमाने के रास्ते का खुल जाना। और फिर सचमुच लद्दाख के बौद्धों की यह आशंका सत्य सिद्ध हुई। नए साल के शुरू में ही "पाकिस्तानी कबायली आक्रमणकारियों ने गिलगित बल्तीस्तान के जिला केंद्र स्कर्दू पर कब्जा कर लिया।"[4] लद्दाख में भारतीय सेना की सहायता पहुँचने की बात तो दूर, जो सैन्य टुकड़ी पहले से ही वहाँ थी, वह भी खतरे में पड़ गई थी। पाकिस्तानी हमलावर पिछले कुछ महीने से लेह के आसपास के इलाकों में अपनी स्थिति मजबूत कर रहे थे।

3. रिंपोछे को पकड़ न पाना—कुशोक बकुला रिंपोछे उन दिनों जंस्कार घाटी के अंदरूनी क्षेत्र लुंगनाग में प्रवचनों के लिए गए हुए थे। यह क्षेत्र अभी तक अपेक्षाकृत शांत था। लेकिन शत्रु को बकुला रिंपोछे की इस क्षेत्र में होने की भनक शायद लग चुकी थी। वे तेजी से इस ओर बढ़ रहे थे। पद्म गाँव तक

पहुँचने में वे सफल हो गए थे। "इसी समय ताशी नोदुप नाम का एक युवा भिक्षु रिंपोछे को आसन्न खतरे के बारे में सूचित करने के लिए बदहवासी की हालत में भागता हुआ लुंगनाग पहुँचा। यह भिक्षु रिंपोछे का परिचित था, उसने हमलावरों द्वारा अमानवीय अत्याचारों के बारे में बताया। उसने बताया कि वहाँ के जेलदार और गाँव मुखिया सोनम सताजिन को किस प्रकार मारकर, उसके शव को घोड़े पर बाँधकर उसके गाँव भेज दिया गया, ताकि लोगों को संदेश दिया जा सके कि या तो आत्मसमर्पण कर दो या फिर परिणाम भुगतने के लिए तैयार रहे। उसने यह भी बताया कि हमलावरों को लुंगनाग में रिंपोछे की उपस्थिति के बारे में पता है, इसलिए उन्हें जल्दी यहाँ से चले जाना चाहिए।"[5] जाहिर था, पाकिस्तानी किसी भी प्रकार से कुशोक बकुला रिंपोछे को पकड़ लेना चाहते थे, ताकि लद्दाख नेतृत्व विहीन हो जाए और बौद्ध समाज हतोत्साहित हो जाए। लेकिन जिस प्रकार अक्तूबर 1947 को पाकिस्तानी हमले के समय सरदार पटेल के सचिव वी.पी. मेनन ने महाराजा हरि सिंह को तुरंत श्रीनगर छोड़ देने के लिए कहा था, ताकि वे दुश्मनों के कब्जे में न पड़ जाएँ, उसी प्रकार बुद्ध उपासक सोनम सताजिन ने मानो भगवान् बुद्ध का संदेश ही रिंपोछे को दिया कि जंस्कार छोड़कर तुरंत यहाँ से चले जाएँ। बकुला रिंपोछे समय पर संदेश मिल जाने के कारण तुरंत वहाँ से चल दिए और लिंगती व चांगटांग को पार करते हुए सुरक्षित लेह पहुँच गए। बाद में "पाकिस्तानी हमलावरों ने कुछ स्थानीय लोगों को इस शक में पकड़ लिया कि उन्होंने रिंपोछे को यहाँ से सही-सलामत निकालने में सहायता की थी।"[6] "गिलगित में हुए विद्रोह के चलते जो नरसंहार हुआ था, उसकी आशंका नजदीक देखकर बौद्ध समाज ने भी अपनी सुरक्षा और उसमें स्वयं की भागीदारी की योजनाओं पर विचार करना शुरू किया। सबसे उपयुक्त विकल्प यही था कि स्थानीय प्रतिरोध को प्रभावी बनाने के लिए नेशनल गार्डस का गठन किया जाए, ताकि वे समय आने पर नियमित सेना की सहायता कर सकें।"[7] बकुला रिंपोछे ने मास्टरजी श्रीधर कौल को तुरंत दिल्ली जाकर केंद्रीय सरकार को स्थिति से अवगत करवाने और त्वरित सैन्य सहायता हेतु अनुरोध करने के लिए कहा। पाकिस्तानी सेना ने जोजीला दर्रे पर कब्जा कर लेने के बाद कारगिल पर अधिकार जमा लिया था। जोजीला और कारगिल पर कब्जे का

अर्थ था—कश्मीर घाटी का लद्दाख से संबंध स्थल मार्ग से कट जाना। लद्दाख बुरी तरह घिर रहा था। लद्दाख बौद्ध बहुल इलाका था और यहाँ के लोग हिंसा और मारकाट से दूर रहनेवाले शांतिप्रिय लोग हैं। लद्दाखी लोग परिश्रमी और जाने-माने पर्वतारोही हैं। लेकिन इस क्षेत्र में सड़कों और पंगडंडियों की संख्या लगभग नगण्य है। इसलिए यह दुर्गम क्षेत्रों में शुमार है। जोजीला और कारगिल शत्रु के हाथ में चले जाने से लेह तक पहुँचने का जमीनी रास्ता भी बंद हो गया था। वैसे भी नवंबर में लद्दाख में हिमपात होता है। भारत के अन्य क्षेत्रों से आनेवाले अनेक सैनिक ऐसे थे, जिन्होंने हिमपात जिंदगी में पहली बार लद्दाख में ही देखा था। हवाई मार्ग से ही सेना आ सकती थी, लेकिन उस समय लद्दाख में कोई हवाई पट्टी नहीं थी।

सेना ने स्थानीय लोगों की सहायता से लेह और पेथुप मठ के बीच की खुली जमीन पर येन-केन एक हवाई पट्टी बना ली थी, लेकिन 3256 मीटर, यानी समुद्र तल से तीन किलोमीटर से भी ज्यादा ऊँचाई पर स्थित इस हवाई पट्टी पर कोई जहाज उतर भी सकेगा, इसके बारे में निश्चय से कोई भी नहीं कह सकता था। मई 1948 में सूचनाएँ मिलनी शुरू हो गईं कि लेह के समीप खालाछे में पाकिस्तानी हमलावरों का जमावड़ा हो रहा है। यहाँ से हमलावर चौबीस घंटे में लेह पहुँच सकते थे। 22 मई, 1948 को मेजर पृथ्वी चंद ने संदेश भिजवाया कि यदि चौबीस घंटे में सैन्य सहायता न पहुँची तो लेह किसी भी क्षण शत्रु के हाथ जा सकता है। और फिर चमत्कार हो गया। एयर कमांडर मेहर सिंह ने 24 मई को लेह की इसी ऊबड़-खाबड़ हवाई पट्टी पर डेकोटा विमान उतार दिया। "बकुला रिंपोछे के साथ सैकड़ों लद्दाखी आसमान से उतरे इस धातु पक्षी का स्वागत करने के लिए खड़े थे। डेकोटा से उतरे जनरल थिमैया का रिंपोछे ने आभार प्रकट किया कि उन्होंने लद्दाख को पाकिस्तान के कब्जे में चले जाने से बचा लिया।"[8] इधर कुल्लू-मनाली के रास्ते मेजर हरि चंद के नेतृत्व में फिरोजपुर से एक सैन्य टुकड़ी लेह के लिए चल पड़ी थी।

4. नेशनल गार्डस का गठन—लद्दाख पर आया भीषण संकट फिलहाल टल गया लगता था। कुछ समय बाद 5 जुलाई, 1948 को कुल्लू-मनाली से चली सैन्य टुकड़ी भी लेह पहुँच गई। ऐसी भीषण परिस्थितियों में भारतीय सेना और

जम्मू-कश्मीर स्टेट फोर्सेज के जवान लद्दाख में लोहा ले रहे थे। वैसे भी अब यह लड़ाई सेना और जनता को मिलकर ही लड़नी थी। जाहिर है, इस अभियान में स्थानीय लोगों की सहायता अनिवार्य थी। ऐसे नौजवानों की भी जरूरत थी, जो सैन्य प्रशिक्षण लें और सेना के साथ कंधे-से-कंधा मिलाकर चल सकें। स्थिति की गंभीरता को देखते हुए बकुला रिंपोछे ने "युवकों का आह्वान किया कि वे स्वयंसेवक के नाते सेना के साथ मिलकर काम करें। ये युवक सैन्य दृष्टि से चाहे प्रशिक्षित नहीं थे, लेकिन वे अपनी मातृभूमि के रक्षा के लिए उत्साहपूर्वक आगे आए।"[9] लेकिन इस घाटी में बकुला रिंपोछे को सूबेदार छेवांग रिंचन[10] के रूप में एक बहुत ही जुझारू युवक मिल गया, जिसने घाटी के युवाओं को प्रशिक्षित किया। ऐसा सैन्य प्रशिक्षण प्राप्त दल नुबरा गार्ड के नाम से प्रसिद्ध हुआ। उन्होंने युवकों से आह्वान किया कि वे मठों से बाहर आकर देश की रक्षा के लिए कमर कसें। नुबरा गार्ड भारतीय सेना के लिए अत्यंत सहायक सिद्ध हुए। स्थानीय होने के कारण वे वहाँ के भूगोल से परिचित थे। उन्हें पर्वतीय क्षेत्रों में डटे रहने का अभ्यास तो था ही। इसी नुबरा गार्ड ने पाकिस्तानी सेना की तोपें नष्ट करने में महत्त्वपूर्ण भूमिका निभाई। नुबरा गार्ड ने शत्रु सेना को नुबरा घाटी में आगे बढ़ने से रोके रखा। परंतु लेह में इस प्रकार के प्रशिक्षण में समस्याएँ दरपेश थीं। "दुर्भाग्य से लद्दाख का तहसीलदार अब्दुल खालिक, जो स्कर्दू का रहनेवाला था, पाकिस्तान समर्थक था और वह बौद्ध समाज के युवकों को सैन्य प्रशिक्षण देने के पक्ष में नहीं था। यह मन से मुसलिम लीगी था और कारगिल के शिया समाज के भी खिलाफ था।"[11] सैन्य प्रशिक्षण में यह बाधा तो थी ही, उधर लद्दाख भर के बौद्ध युवकों को सैन्य प्रशिक्षण के लिए तैयार भी करना था। कुशोक बकुला रिंपोछे ने बौद्ध समाज को इसके लिए मानसिक रूप से तैयार किया। इसमें यंगमैन बुद्धिस्ट एसोसिएशन ने बहुत ही सक्रिय काम किया। बकुला रिंपोछे के एक प्रकार से मार्गदर्शक रहे श्रीधर कौल, जो मास्टरजी के नाम से जाने जाते थे, वे नेशनल गार्डस के संयोजक बने। सर्दियों में लद्दाख के लगभग सभी मठों में अपने अपने स्थानीय उत्सव होते हैं, उनमें कुशोक बकुला रिंपोछे स्वयं गए और युवकों को स्थिति की भयंकरता के बारे में बताया और उन्हें नेशनल गार्डस में शामिल होकर सैन्य प्रशिक्षण लेने के लिए प्रेरित किया।

उन्होंने स्थान-स्थान पर जाकर युवकों का संगठन तैयार किया। लगभग पाँच सौ स्वयंसेवकों का एक दल प्रशिक्षण के लिए तैयार हो गया था, लेकिन उनको प्रशिक्षण देने वालों और हथियारों की समस्या भी थी। इसे लद्दाख का सौभाग्य ही कहना चाहिए कि उसी समय "कर्नल पृथ्वी चंद अपने सहायक जमादार भीमचंद के साथ, सर्दी से जम चुके रास्तों को चीरते हुए, श्रीनगर से लेह के चार सौ किलोमीटर के फासले को फलाँगते हुए प्रशिक्षण देने के लिए लेह आ पहुँचे। वे अपने साथ कारगिल से बीस बंदूकें भी ले आए।"[12] प्रशिक्षण का काम तेजी से शुरू हो गया। इस प्रकार से प्रशिक्षित नेशनल गार्डस के पचास स्वयंसेवकों ने कंधों पर राइफलें लेकर पहली बार लेह में मार्च पास्ट किया तो आम लोगों में आत्मविश्वास जाग्रत् हुआ। लेकिन शेख मोहम्मद अब्दुल्ला की टिप्पणी इस पूरे प्रसंग में मजेदार है। उनका कहना है कि "यह प्रशिक्षण मुसलमानों को नहीं दिया जा रहा था। पूछने पर बताया गया कि मुसलमान पाकिस्तान के पक्ष में हो सकते हैं। तब मैंने कहा कि यदि आपको उन पर विश्वास ही नहीं है तो उन्हें हिंदुस्तान में बने रहने के लिए किस अधिकार से कह रहे हैं?"[13] लगता है, शेख जानते थे कि जम्मू-कश्मीर में बहुत से पाकिस्तान समर्थक बैठे हैं। उनकी अपनी पार्टी नेशनल कॉन्फ्रेंस में भी ऐसे लोगों की कमी नहीं थी। लेकिन वे जानबूझकर अपने राजनैतिक फायदे के लिए सारे प्रसंग को सांप्रदायिक रंग दे रहे थे।

भारतीय सेना और उनके सहायक इन स्वयंसेवकों ने शत्रु को बाहर निकालने का ऐतिहासिक कार्य शुरू किया। भारतीय वायुसेना भी शत्रु के ठिकानों पर हमला कर रही थी। परंतु इस लड़ाई में अनेक सैनिक और स्वयंसेवक घायल हो रहे थे। उनको तुरंत चिकिस्सीय सहायता की जरूरत होती थी। बकुला रिंपोछे ने अपने पेथुप मठ के एक हिस्से में ही सैनिक हस्पताल स्थापित करने की अनुमति सेना को दे दी, ताकि घायल सैनिकों की समय पर चिकित्सा की जा सके। शत्रु को लद्दाख से निकालने के इस पूरे अभियान में मेजर हरि चंद की गुरिल्ला युद्ध टुकड़ी ने बहुत ही अहम भूमिका ने अदा की। अंततः भारतीय सेना शत्रु को लद्दाख से निकालने में सफल हुई।[14] इस संकट काल में कुशोक बकुला ने जिस साहस से युवकों का नेतृत्व किया और लद्दाखियों में आत्मबल

और साहस का संचार किया, उसकी सर्वत्र प्रशंसा हुई। आक्रमणकारियों को बल्तीस्तान और गिलगित से भी बाहर निकालने का भारतीय सेना का अभियान अभी जारी था कि 1 जनवरी, 1949 को संयुक्त राष्ट्र संघ के कहने पर युद्ध विराम की घोषणा कर दी गई। लड़ाई रुक गई। बकुला रिंपोछे ने मार्च 1949 को भारतीय सेना के शौर्य और उनके लद्दाख को बचा लेने के कारनामे की प्रशंसा करते हुए पं. जवाहरलाल नेहरू को एक पत्र भी लिखा। 29 मार्च को नेहरू ने रिंपोछे को लिखा—"आपके सुंदर और पवित्र देश में आने की मेरी बड़ी इच्छा है। आशा है, अवकाश मिलने पर मेरी यह इच्छा पूरी हो सकेगी।"[15]

5. अनिश्चितता का वातावरण—पं. जवाहरलाल नेहरू आक्रमणकारियों से भारत का भू-भाग छुड़वा लेने की बजाय इस प्रश्न को लार्ड माउंटबेटन और लेडी माउंटबेटन के चक्रव्यूह में फँसकर संयुक्त राष्ट्र संघ में ले गए। उसके बाद वे युद्ध विराम की ओर चल पड़े। जिस दिन युद्ध विराम की घोषणा हुई, उस दिन बल्ती प्रदेश के कारगिल को छोड़कर सारा बल्ती प्रदेश पाकिस्तान के कब्जे में था। गिलगित की ओर तो दिल्ली ने ध्यान ही नहीं दिया। इसके साथ ही पं. जवाहरलाल ने जनमत संग्रह की एक नई बेसुरी रागनी छेड़ दी, जिसके भोंड़े स्वरों ने सारे लद्दाख में अनिश्चितता का वातावरण बना दिया। इस अनिश्चितता के वातावरण से लड़ने और लद्दाख को इस भँवर से निकालने का दायित्व कुशोक बकुला रिंपोछे पर ही आया था। जम्मू में यह लड़ाई प्रजा परिषद् ने पंडित प्रेमनाथ डोगरा के नेतृत्व में सत्ता से बाहर रहकर लड़ी और उतनी ही शिद्दत से कुशोक बकुला ने यह लड़ाई सत्ता केंद्र के भीतर रहकर लड़ी। बकुला ने स्पष्ट किया कि लद्दाख पूरी तरह से भारत माँ का अंग है। कश्मीर घाटी में जिन मुट्ठी भर लोगों की दृष्टि में यह प्रश्न अभी अनिर्णीत है, उन्हें कश्मीर के इतिहास की न तो सही जानकारी है और न ही जनहित की उन्हें रत्ती भर की प्रवाह है।

संदर्भ—

1. पं. जवाहरलाल नेहरू ने अपनी पुस्तक डिस्कवरी ऑफ इंडिया में इन रियासतों की संख्या 601 लिखी है।

2. 1949 को युद्ध-विराम के समय लद्दाख में तीन तहसीलें थीं—लेह, कारगिल और स्कर्दू, और इसका क्षेत्रफल लगभग 97000 वर्ग किलोमीटर था। जब युद्ध विराम घोषित किया गया तो पूरी स्कर्दू तहसील और कारगिल का कुछ हिस्सा पाकिस्तान के कब्जे में रह गया। Shri Dhar Kaul & H.N. Kaul, Ladakh Through the Ages, Towards a New Identity, page-19
3. पूरे विवरण के लिए पाठक मेजर William Brown की अंग्रेजी पुस्तक Gilgit Rebellion देख सकते हैं। लेकिन पुस्तक को पढ़ते समय ध्यान रखना होगा कि मेजर ने इसमें केवल एक पक्षीय विवरण दिया है।
4. Sonam Wangchuk Shakspo, Kushok Bakula Rinpoche, The Architect of modern ladakh page-35
5. Sonam Wangchuk Shakspo, Kushok Bakula Rinpoche, The Architect of modern ladakh page-37
6. Sonam Wangchuk Shakspo, Kushok Bakula Rinpoche, The Architect of modern ladakh page-37
7. Shri Dhar Kaul & H.N. Kaul, Ladakh Through the Ages, Towards a New Identity.page-169
8. Sonam Wangchuk Shakspo, Kushok Bakula Rinpoche, The Architect of modern ladakh, page-39
9. Sonam Wangchuk Shakspo, Kushok Bakula Rinpoche, The Architect of modern ladakh, page-40
10. रिंचन बाद में लेफ्टिनेंट कर्नल के पद से सेवानिवृत्त हुआ और उसे दोहरा 'महावीर चक्र' प्राप्त मिला था।
11. Shri Dhar Kaul & H.N. Kaul, Ladakh Through the Ages, Towards a New Identity, page-170
12. Shri Dhar Kaul & H.N. Kaul, Ladakh Through the Ages, Towards a New Identity, page-172
13. Sheikh Moh ammad Abdullah, The blazing chinar, page-389

14. लद्दाख अभियान का विस्तृत अध्ययन करने के लिए एस.एन. प्रसाद और धर्मपाल लिखित Opretions in Jammu and Kashmir देखें।
15. Sonam Wangchuk Shakspo, Kushok Bakula Rinpoche, The Architect of modern ladakh, page-369

□

5

नेहरू का लद्दाख से पहला आमना-सामना

1. नेहरू का लद्दाखियों से पहला आमना-सामना—लद्दाख से पाकिस्तानी सेना के निकल जाने के बाद लद्दाखियों का शेख मोहम्मद अब्दुल्ला के नए सिविल प्रशासन से पहली बार वास्ता पड़ा। यह प्रशासन कैसा था, इसके बारे में राज्य के तत्कालीन प्रधानमंत्री मेहरचंद महाजन पहले ही सचेत कर चुके थे। उन्होंने दिल्ली में रियासती मंत्रालय को लिखा—"राज्य सरकार तमाम विधि-विधानों को दरकिनार करते हुए तानाशाही ढंग से सत्ता का दुरुपयोग कर रही है। जिस डिक्टेटराना शैली में प्रशासन चलाया जा रहा है, मैं स्वयं को किसी भी तरह उससे संबंधित नहीं कर सकता।"[1] जब राज्य का प्रधानमंत्री ही शेख के प्रशासन के बारे में यह राय रखता हो तो लद्दाख के बौद्धों की क्या हालत हो रही होगी, इसका सहज ही अनुमान लगाया जा सकता है। एक ओर शेख अब्दुल्ला का लद्दाख के बौद्धों से सौतेला व्यवहार और दूसरी ओर लार्ड माउंटबेटन के जाल में फँसकर नेहरू द्वारा रोज-रोज रियासत में जनमत संग्रह करवाने का आलाप। इस आलाप से अनिश्चितता का माहौल तो बना ही, साथ ही बौद्धों में भय व्याप्त हो गया कि कहीं सरकार लद्दाख को जबरदस्ती पाकिस्तान के साथ ही न नत्थी कर दे। इसी पृष्ठभूमि में लद्दाख बौद्ध परिषद् के अध्यक्ष छेवांग रिगजिन की अध्यक्षता में एक प्रतिनिधिमंडल 4 मई, 1949 को दिल्ली में प्रधानमंत्री पं. जवाहरलाल नेहरू से मिला। कश्मीर समस्या पैदा करने और फिर सुरक्षा परिषद् के माध्यम से सुलझाने में लगे नेहरू का यह लद्दाखियों से

पहला आमना-सामना था। प्रतिनिधिमंडल ने लद्दाख के लिए केंद्र शासित प्रदेश का दर्जा माँगते हुए अपने ज्ञापन में कहा, "रायशुमारी का परिणाम जो भी हो, लद्दाख किसी भी हालत में पाकिस्तान में नहीं जाएगा। हम भारत माँ की गोदी में ही रहना चाहते हैं, ताकि हमारा हर लिहाज से पूर्ण विकास हो सके। भारतमाता ने हमें वह संस्कृति और धर्म दिया है, जो हमारे लिए अमूल्य है। भारत के ध्वज में अशोक चक्र संपूर्ण मानवता के कल्याण का प्रतीक है। भारतमाता का अपनी सांस्कृतिक संतानों के प्रति जो दायित्व है, उसके कारण हम माँ से गुहार लगा रहे हैं। क्या भारत माँ अपनी निर्बल, दबी-कुचली अनाथ संतानों को अपनी बाँहों में लेने से इनकार कर देगी ?[2] उधर देहली में लद्दाख की संतानें भारतमाता की आरती उतार रही थीं, इधर श्रीनगर में शेख मोहम्मद अब्दुल्ला लद्दाख के बौद्ध मठ मंदिरों को श्रीविहीन करने की पटकथा लिख रहे थे।

2. लद्दाख के प्रतिनिधिमंडल की दिल्ली में पं. नेहरू से भेंट— इसलिए बकुला रिंपोछे ने लद्दाख के एक प्रतिनिधिमंडल समेत दिल्ली जाकर पं. जवाहरलाल नेहरू से मिलने का निर्णय लिया। दिल्ली में लद्दाख बौद्ध परिषद् के अध्यक्ष छेवांग रिगजिन 4 मई, 1949 को अपना ज्ञापन लेकर पहले ही नेहरू से मिल चुके थे। अब कुशोक बकुला रिंपोछे के नेतृत्व में यह दूसरा प्रतिनिधिमंडल भी दिल्ली पहुँच गया था। नेहरू से मिलने से पहले बकुला रिंपोछे ने लद्दाख बौद्ध परिषद् के सदस्यों से गहन विचार-विमर्श करते हुए उन कुछ प्रमुख मुद्दों को भी अपने ज्ञापन में शामिल कर लिया, जिन पर छेवांग रिगजिन की पहले ही नेहरू से बात हो चुकी थी। 20 मई को कुशोक बकुला रिंपोछे के नेतृत्व में इस लद्दाखी प्रतिनिधिमंडल की पं. नेहरू से भेंट हुई।

प्रतिनिधिमंडल ने लद्दाख के भारतमाता का अंग बन जाने पर प्रसन्नता प्रकट की और कहा, "जम्मू-कश्मीर रियासत की, जिसका लद्दाख भी एक भाग है, भौगोलिक सीमाओं की हर हालत में रक्षा की जानी चाहिए और रियासत अपनी इसी भौगोलिक समग्रता में भारत का हिस्सा बनी रहनी चाहिए। भविष्य में भी लद्दाख का विकास और सुरक्षा भारत में ही सुरक्षित है।"[3] कुशोक बकुला के नेतृत्व में यह प्रतिनिधिमंडल, लद्दाख बौद्ध परिषद् के प्रतिनिधिमंडल का एक प्रकार से विस्तार ही था। फिर बकुला रिंपोछे ने लद्दाख को केंद्र शासित राज्य

का दर्जा देने की बात न कहकर, लद्दाख को जम्मू-कश्मीर रियासत का अभिन्न हिस्सा मानते हुए सुरक्षा की बात क्यों कही? इसका परोक्ष उत्तर श्रीधर कौल ने दिया है। कौल छेवांग रिगजिन वाले प्रतिनिधिमंडल का हिस्सा थे। उनके अनुसार, "लद्दाख को केंद्र शासित राज्य का दर्जा देने के प्रश्न पर नेहरू ने कहा था कि जम्मू-कश्मीर का प्रश्न सुरक्षा परिषद् में लंबित होने के कारण यदि रियासत की वर्तमान स्थिति में कोई सांविधानिक या प्रशासनिक परिवर्तन किया जाता है तो इससे सुरक्षा परिषद् में भारत का पक्ष कमजोर होगा। इसलिए प्रतिनिधिमंडल ने यह माँग त्याग दी।"[4] यही कारण था कि उस समय बकुला रिंपोछे ने भी यह मुद्दा नहीं उठाया। लेकिन रिंपोछे ने एक अत्यंत महत्त्वपूर्ण मुद्दा अवश्य उठाया। उन्होंने कहा, "अब कश्मीर सरकार लद्दाख पर किस अधिकार से राज कर रही है? लद्दाख का रिश्ता जम्मू के डोगरों के साथ 1834 की संधि के कारण है, न कि 1846 की अमृतसर संधि के कारण, जो ईस्ट इंडिया कंपनी और लाहौर दरबार के साथ हुई थी। अब चूँकि जम्मू-कश्मीर का भारत के साथ विलय हो चुका है, इसलिए 1834 की संधि के कारण लद्दाख का जम्मू के साथ प्रशासनिक संबंध भी समाप्त हो गया है।"[5] रिंपोछे का अभिप्राय स्पष्ट था कि जम्मू-कश्मीर के विलय के बाद लद्दाख, कश्मीरियों द्वारा लिये गए किसी निर्णय से बँधा नहीं है। वह अपना निर्णय स्वयं करने के लिए स्वतंत्र हो गया है और उसने यह निर्णय भारत में अभिन्न रूप से शामिल होने के पक्ष में ले लिया है। बकुला रिंपोछे की इस व्याख्या ने लद्दाख बौद्ध परिषद् के ज्ञापन पर मोहर लगा दी। इस ज्ञापन में कहा गया था—"लद्दाख के लोगों ने अपना भाग्य भारत के साथ बाँध दिया है और अब वह मुसलिम बहुल कश्मीर की किसी रायशुमारी के परिणामों से बँधा हुआ नहीं है। यदि ऐसी किसी रायशुमारी में पाकिस्तान में शामिल होने का निर्णय किया जाता है तो लद्दाख को हिंदू बहुल जम्मू के साथ जाने की अनुमति होनी चाहिए। यदि यह भी संभव न हो तो उसे पूर्वी पंजाब के साथ जाने की अनुमति होनी चाहिए, ताकि वह कम-से-कम भारत का हिस्सा तो बना रहे।"[6] पं. नेहरू ने कुशोक बकुला रिंपोछे को विश्वास दिलाया कि वे लद्दाख में उत्पन्न समस्याओं को सुलझाने का पूरा प्रयास करेंगे। रिंपोछे ने नेहरू को लेह में आने का निमंत्रण दिया, ताकि वे वहाँ की स्थिति को स्वयं देख सकें। नेहरू ने यह निमंत्रण सहर्ष

स्वीकार किया और जल्दी ही लेह आने का आश्वासन दिया।

3. बकुला रिंपोछे की जनरल करिअप्पा से भेंट—जिन दिनों लद्दाख पाकिस्तानी हमलावरों से जूझ रहा था, तब जनरल करिअप्पा लेह आए थे। वहाँ उन्हें पता चला कि बकुला रिंपोछे ने सेना की सहायता में स्थानीय नागरिकों को लगाने और लद्दाखी युवकों को सैन्य प्रशिक्षण हेतु तैयार करने में प्रमुख भूमिका निभाई थी। बाद में करिअप्पा ने बकुला रिंपोछे को दिल्ली निमंत्रित किया था। रिंपोछे दिल्ली में उनके घर उनको मिलने गए। करिअप्पा ने लद्दाखी प्रतिनिधिमंडल के लिए तीर्थयात्रा की व्यवस्था की। इस प्रकार यह प्रतिनिधिमंडल बौद्धगया, राजगीर और सारनाथ-वाराणसी में तीर्थ स्थलों की यात्रा करने के बाद पठानकोट से होता हुआ श्रीनगर पहुँचा। "श्रीनगर में कुछ दिन डाउनटाउन में खालसा होटल में रुककर वे शेख अब्दुल्ला समेत अन्य कश्मीरी नेताओं से मिले।"[7] प्रसिद्ध पत्रकार सतपाल साहनी का कहना है कि 29 मई, 1949 को बकुला रिंपोछे आर.आई.ए.एफ. डी.सी.-3 डेकोटा विमान द्वारा लेह से श्रीनगर पहुँचे और दूसरे दिन मुझे साथ लेकर शेख मोहम्मद अब्दुल्ला से मिले।[8] यदि यह स्वीकार कर लिया जाए तो दो शंकाएँ पैदा होती हैं। 20 मई को बकुला रिंपोछे दिल्ली में थे और नेहरू को मिले थे। उसके बाद जनरल करिअप्पा द्वारा सहायता प्रदत्त तीर्थयात्रा पर निकल गए। तीर्थयात्रा से वापस वे पठानकोट से होते हुए श्रीनगर पहुँचे और वहाँ भी शेख अब्दुल्ला से मिले। शेख से मिलने की यह संभावित तिथि 28-29 मई हो सकती है। लेकिन साहनी का कहना है कि रिंपोछे 29 को लेह से श्रीनगर वायुसेना के विमान से आए। साहनी यह भी कहते हैं कि यह रिंपोछे का लेह से बाहर निकलने का पहला अवसर था। यह तो ठीक है कि साहनी उन्हें हवाई अड्डे पर जहाज से उतरते समय मिले होंगे, परंतु तिथि का प्रसंग सही नहीं बैठता प्रतीत होता। हो सकता है कि जब पं. नेहरू का लेह आने का कार्यक्रम 4 जुलाई का तय हो गया हो, तो जून में किसी दिन रिंपोछे शेख अब्दुल्ला से मिलने श्रीनगर आए हों। साहनी उसी प्रसंग का जिक्र कर रहे हों।

4. नेहरू का लेह आगमन—4 जुलाई, 1949 को पं. जवाहरलाल नेहरू लेह पधारे। उनके साथ राज्य के प्रशासक शेख अब्दुल्ला भी थे। उनका स्वागत कहने के लिए हवाई पट्टी पर युवा कुशोक बकुला भी मौजूद थे। उन्हीं के

निमंत्रण पर तो नेहरू लेह पहुँचे थे। नेहरूजी ने बकुला रिंपोछे के उत्साह और सक्रियता देखकर उन्हें प्रदेश की राजनीति में सक्रिय हिस्सा लेने के लिए सुझाव दिया। यह जानना भी रुचिकर होगा कि "पं. नेहरू को यह सुझाव कि बकुला रिंपोछे को लद्दाख का नेतृत्व करने का काम दिया जाए, देने वालों में कारगिल के स्वतंत्रता सेनानी मुंशी अब्दुल सत्तार भी थे।"[7] दरअसल लद्दाख में बकुला रिंपोछे के समर्थक बौद्ध और मुसलमान दोनों ही थे। इसके अतिरिक्त कारगिल के बल्ती और शिया समाज भी उनका समर्थक था। नेहरू इतना तो समझ ही गए थे कि लद्दाख क्षेत्र से यदि कोई प्रभावी व्यक्तित्व जम्मू-कश्मीर की राजनीति में उभर सकता है, तो आगे जाकर कहीं-न-कहीं प्रदेश में संतुलन बनाने में सहायता मिल सकती थी। कुशोक बकुला चाहे आध्यात्मिक क्षेत्र के व्यक्ति थे, लेकिन राष्ट्रहित में उन्होंने नेहरू का यह सुझाव स्वीकार कर लिया और नेशनल कॉन्फ्रेंस की लद्दाख शाखा के अध्यक्ष बन गए। उन दिनों जम्मू-कश्मीर ने कांग्रेस ने अपनी शाखा नहीं खोली थी, क्योंकि पं. नेहरू मानते थे कि नेशनल कॉन्फ्रेंस और भारतीय राष्ट्रीय कांग्रेस वैचारिक लिहाज से एक ही हैं। इसलिए राज्य में कांग्रेस की अलग से शाखा की आवश्यकता नहीं है। इससे जम्मू-कश्मीर की राजनीति में एक नए अध्याय का सूत्रपात हुआ।

यह भी संयोग ही कहा जाएगा कि 1936 में शेख मोहम्मद अब्दुल्ला से लाहौर में अपनी पहली मुलाकात में ही नेहरू ने रियासत की राजनीति में उसकी पीठ ठोकना शुरू कर दी थी, जबकि कांग्रेस की घोषित नीति रियासतों की राजनीति में दखलंदाजी न करने की थी। 1949 तक आते-आते शेख मोहम्मद अब्दुल्ला ने कश्मीर घाटी में भारत और नेहरू दोनों के लिए ही समस्याएँ उलझानी शुरू कर दी थीं। यह भी संयोग ही कहा जाएगा कि उन समस्याओं का कुछ सीमा तक ही सही, हल तलाशने के लिए नेहरू ने कुशोक बकुला को सक्रिय राजनीति में आने के लिए जाने-अनजाने प्रेरित किया। बकुला लद्दाख में राज्य चला रही नेशनल कॉन्फ्रेंस के अध्यक्ष हो चुके थे, लेकिन शेख की उपस्थिति में ही उन्होंने नेहरू को लद्दाखियों की समस्याओं और उनके समाधान के बारे में माँग पत्र देने से गुरेज नहीं किया। बकुला रिंपोछे नेशनल कॉन्फ्रेंस में कब तक रहे, इसके बारे में रिंपोछे ने पाँचवीं लोकसभा के सदस्यों की परिचय पुस्तक में स्वयं दिया है। इस

परिचय पुस्तक में वे लिखते हैं कि 1949 से लेकर 1953 तक मैं लेह नेशनल कॉन्फ्रेंस का अध्यक्ष रहा। 1953 में ही शेख अब्दुल्ला रियासत के प्रधानमंत्री पद से बर्खास्त हुए थे। इससे यह भी संकेत मिलता है कि 1953 के बाद यदि वे नेकां में रहे भी तो मानसिक रूप से उससे जुड़े नहीं रह पाए। वैसे भी कुशोक बकुला 1947 में ही लद्दाख में नुबरा गार्डस का गठन करके अपनी रुचि व स्वभाव का परिचय दे चुके थे।

5. लद्दाख में बौद्ध अवशेषों को लाना—सारनाथ में मूलगंधकुटी नाम से एक बौद्ध विहार है। इस विहार में भगवान् बुद्ध और उनके दो शिष्यों सारिपुत्र और मौद्गल्यायन के अस्थि अवशेष सुरक्षित रखे गए हैं। कुशोक बकुला का विश्वास था कि इन अवशेषों को यदि लद्दाख में श्रद्धालुओं के दर्शन हेतु रखा जाए तो सारा लद्दाख अपने मतभेद भुलाकर एकजुट हो जाएगा। लेकिन उन बौद्ध अवशेषों को सुदूर लेह तक ले आना क्या सरल था? इसी बीच प्रधानमंत्री पं. जवाहरलाल नेहरू का लद्दाख आने का कार्यक्रम तय हो गया। वे जुलाई 1949 को लेह में आए। तब बकुला रिंपोछे ने अपनी यह इच्छा पं. जवाहरलाल नेहरू को अत्यंत संकुचित भाव से बताई।[10] पंडितजी ने उन्हें आश्वासन दिया था कि वे इस संभावना पर विचार करेंगे। परंतु यह विहार और अवशेष महाबोधि सोसाइटी के संरक्षण में थे। महाबोधि सोसाइटी ही इस पर कोई निर्णय ले सकती थी। वैसे भी यह मामला इतिहास और संप्रदाय से जुड़ा था, इसलिए संवेदनशील तो था ही। डॉ. श्यामाप्रसाद मुखर्जी उस समय (1942-1953) महाबोधि सोसाइटी के अध्यक्ष थे। जैसे ही यह प्रस्ताव उनके सामने आया, उन्होंने उसे तुरंत स्वीकार कर लिया। उनके प्रयासों से 26 मई, 1950 को पवित्र अस्थि-अवशेष को महाबोधि सभा के संरक्षण में लेह लाया गया। इस प्रकार की पवित्र एवं दुर्लभ स्मृति को लद्दाख में इससे पूर्व नहीं लाया गया था। इसे लेह में ढाई महीने तक रखा गया, जहाँ दूर-दूर से श्रद्धालुजन आकर दर्शन करते थे। बाद में इन्हें लद्दाख के बड़े गोंपाओं में भी ले जाया गया, जिससे अधिक-से-अधिक संख्या में श्रद्धालु दर्शन कर सके। भगवान् बौद्ध के अस्थि अवशेषों ने पूरे लद्दाख में मानो जन-ज्वार ला दिया हो। सारा लद्दाख एक ही भाव से अभिपूरित था। साधारण लद्दाखी अपने जीवन ने इन अवशेषों को सारनाथ जाकर देखने की कल्पना तक नहीं कर सकता

था। अब मानो साक्षात् भगवान् बुद्ध स्वयं चलकर उनके द्वार पर पहुँच गए हों।

6. लद्दाख के बौद्ध मठों को उजाड़ने की साजिश और बकुला रिंपोछे का राजनीति में प्रवेश—जम्मू-कश्मीर का घटनाचक्र तेजी से घूमने लगा था। अब सत्ता कश्मीर घाटी के शेख मोहम्मद अब्दुल्ला के हाथ में आ गई थी और महाराजा हरि सिंह, शासक होते हुए भी शक्तिहीन थे। 1 जनवरी, 1949 को युद्ध विराम लागू हो जाने के कारण लड़ाई भी रुक गई थी। अब शेख मोहम्मद अब्दुल्ला ने 13 जुलाई, 1950 को भू सुधार के नाम पर Big Estates Land Act, यानी बड़ी जोत भूमि अधिनियम राज्य भर में लागू किया। इस अधिनियम के प्रावधानों के अनुसार प्रदेश भर में किसी एक व्यक्ति के अधिकार क्षेत्र में भूमि की सीमा 22 एकड़, यानी 182 कनाल निश्चित कर दी। जिस व्यक्ति या संस्था के पास निश्चित भू सीमा से ज्यादा भूमि थी, सरकार उसपर अपना कब्जा कर रही थी। निजी संपत्ति अधिग्रहण करने पर मुआवजा भी नहीं दिया जा रहा था। अब्दुल्ला की यह नीति जम्मू संभाग और कश्मीर संभाग में किसको लाभ दे रही थी और किसके मौलिक अधिकारों का हनन कर रही थी, इस पर तो राज्य में बहस हो ही रही थी, लेकिन लद्दाख में यह नीति गजब ढा रही थी, उसकी ओर ध्यान देने का समय किसी के पास नहीं था। लद्दाख का प्रत्येक परिवार किसी-न-किसी मठ से संबंधित रहता है। ये मठ/मंदिर केवल पांथिक चर्चाओं के लिए नहीं होते, बल्कि एक प्रकार से लद्दाख के सामुदायिक केंद्र का काम करते हैं। इन विहारों की सभी प्रकार की गतिविधियों को संचालित करने के लिए समाज या शासन ने इन्हें समय समय पर जमीन दी हुई है, ताकि इस आय से विहार समुचित प्रकार से अपने कार्यकलाप चला सकें। इस कारण लद्दाख के मठों/विहारों/गोंपाओं के पास अच्छी खासी जमीन रहती है। मठों के रख-रखाव का आधार यही जमीन और उससे प्राप्त आय ही है। लेकिन अब मठों की इस जमीन पर समाजवाद के नाम पर सरकारी कब्जा हो रहा था।

लद्दाख की भूमि, जम्मू संभाग व कश्मीर संभाग की भूमि की तरह उपजाऊ भी नहीं थी। यदि गोंपाओं की 22 एकड़ से ज्यादा भूमि पर सरकार कब्जा कर ले तो जाहिर है लद्दाख के बौद्ध मठों की सारी अर्थव्यवस्था नष्ट हो जाती और वहाँ बौद्ध समाज का सारा आधार ही अस्त-व्यस्त हो जाता है। लद्दाख की भौगोलिक

स्थिति न जम्मू जैसी थी और न ही कश्मीर घाटी जैसी थी। "लद्दाख का क्षेत्रफल 36000 वर्ग मील था, जो कश्मीर घाटी के क्षेत्रफल से पाँच-छह गुना ज्यादा था। लेकिन उसकी कुल आबादी तीस हजार थी। यानी जनसंख्या का घनत्व प्रति वर्ग मील एक व्यक्ति। इस तीस हजार आबादी में से भी कुल मिलाकर 21 ऐसे लोग थे, जिनके पास निर्धारित मात्रा से ज्यादा जमीन थी। सीमा से ज्यादा जमीन बौद्ध मठों के पास थी, लेकिन गुणवत्ता के लिहाज से लद्दाख की जमीन जम्मू और श्रीनगर की जमीन के बराबर नहीं ठहरती थी। लद्दाख में बौद्ध समाज का आधार मठ और गोंपा ही हैं और प्रदेश सरकार एक गहरे षड्यंत्र के अंतर्गत इन मठों को ही समाप्त करना चाहती थी। बौद्ध मठ लद्दाख की जीवनरेखा हैं। उसकी जमीन पर कब्जा करना किसी भी लद्दाखी की दृष्टि में कुफ्र से कम नहीं है।"[11]

कुशोक बकुला से ज्यादा अच्छी तरह इसको कौन समझ सकता था? पाकिस्तानी हमलावरों से तो लद्दाख के बौद्ध मठ किसी-न-किसी तरह बच गए थे, लेकिन अब शेख मोहम्मद अब्दुल्ला के इस घातक हमले से उन्हें कैसे बचाया जाए? वैसे भी शेख यह हमला समाजवाद के आवरण में लपेटकर कर रहा था। श्रीनगर में कम्युनिस्ट इसका डटकर समर्थन कर रहे थे और दिल्ली में पं. नेहरू इस मामले पर शेख मोहम्मद अब्दुल्ला के साथ खड़े थे। उच्चतम न्यायालय का अधिकार क्षेत्र जम्मू-कश्मीर में फिलहाल लागू नहीं होनेवाला था, क्योंकि नेहरू की नजर में यह प्रदेश खास था। पाकिस्तानी हमले के समय बकुला रिंपोछे लद्दाख के युवाओं को नेशनल गार्डस में भरती होने के लिए प्रेरित करने हेतु घूमे थे और अब उन्हें ही इस नए आक्रमण का मुकाबला करने के लिए आगे की सफों में मोर्चा सँभालना होगा। लद्दाख के मठ/मंदिर राज्य और केंद्र सरकार को इस अन्याय के खिलाफ लिखते रहे, लेकिन किसी के कानों पर जूँ न रेंगी। तब बकुला रिंपोछे ने 1949 में ही लद्दाख के सभी मठों के प्रतिनिधियों को एकत्र किया और 'अखिल लद्दाख गोंपा समिति' का गठन किया। गोंपाओं के प्रतिनिधियों ने उन्हें सर्वसम्मति से इस समिति का अध्यक्ष चुना। उन्होंने शेख मोहम्मद अब्दुल्ला की इस नीति से लद्दाख को भविष्य में होनेवाले नुकसान से आगाह किया। सब की सहमति से तय हुआ कि एक बार श्रीनगर जाकर शेख अब्दुल्ला से मिला जाए।

7. लद्दाख का प्रतिनिधिमंडल शेख अब्दुल्ला को मिला—कुशोक बकुला के नेतृत्व में मठों का एक प्रतिनिधिमंडल शेख अब्दुल्ला से मिलने और उन्हें मठों की जमीन को सरकारी नियंत्रण में लेने से उत्पन्न स्थिति से अवगत करवाने के लिए 10 सितंबर, 1950 को लेह से चल पड़ा। उनके साथ इस प्रतिनिधिमंडल में पेथुप मठ के व्यवस्थापक रिगदोल, हेमिस मठ के व्यवस्थापक पद्म छेरिंग, फायांग मठ के कुंछोक सोनम और बकुला रिंपोछे के व्यक्तिगत सहायक सोनम वांग्याल थे।[12] लेकिन शेख अब्दुल्ला इस प्रतिनिधिमंडल की माँगें मानने की बात तो दूर, इनसे मिलने के लिए तैयार नहीं थे। प्रतिनिधिमंडल भी डेरा डालकर श्रीनगर में ही डटा रहा। सभी प्रतिनिधि एक बार शेख अब्दुल्ला से आमने-सामने बात करना चाहते थे। कुशोक बकुला केवल लद्दाख के बौद्धों के ही प्रतिनिधि नहीं थे, बल्कि शेख अब्दुल्ला की अपनी ही पार्टी नेशनल कॉन्फ्रेंस की लद्दाख शाखा के अध्यक्ष भी थे। इसके बावजूद शेख बकुला रिंपोछे से मिलने से टालमटोल कर रहे थे। इससे सहज ही अनुमान लगाया जा सकता है कि नेशनल कॉन्फ्रेंस कितनी लोकतांत्रिक और कितनी पंथ-निरपेक्ष थी। लेकिन बीस दिनों के बाद अंततः शेख अब्दुल्ला को इस प्रतिनिधिमंडल से मिलना ही पड़ा। शेख अब्दुल्ला ने लद्दाख की आवाज को तो क्या सुनना था, इसके विपरीत "उन्होंने बकुला रिंपोछे से अपनी अप्रसन्नता जाहिर करते हुए उनकी भर्त्सना की कि वे बार-बार इस प्रकार के ज्ञापन लेकर सरकार के पास क्यों चले रहते हैं?"[13] यहाँ तक बौद्ध मठों को राहत देने का प्रश्न था, शेख अपनी नीति पर टस-से-मस नहीं हुए। अब बकुला रिंपोछे को भी विश्वास हो गया कि प्रदेश सरकार यह सब लद्दाख में से बौद्ध समाज को समाप्त करने के लिए कर रही है।

शेख भी अपनी इस नीति से एक साथ कई निशाने साध रहे थे। उधर जम्मू में भी प्रजा परिषद् ने बिना मुआवजा दिए व्यक्तिगत संपत्ति पर कब्जा करने की इस कश्मीरी नीति के खिलाफ मोर्चा खोला हुआ था। जम्मू वालों के लिए तो यह केवल आर्थिक प्रश्न था, लेकिन लद्दाख के लिए तो उनके सांस्कृतिक अस्तित्व का प्रश्न था। शेख अब्दुल्ला ने भी सारे प्रश्न को वैचारिक रंग देने के लिए कश्मीर घाटी के साम्यवादी तत्त्वों को ढाल की तरह आगे किया हुआ था। लेकिन जब लद्दाखी अपनी माँग पर अडे रहे तो नेशनल कॉन्फ्रेंस के लोगों ने

कुशोक बकुला रिंपोछे को धमकाना शुरू कर दिया। "स्थानीय प्रशासन रिंपोछे को एक साथ ही प्रतिक्रियावादी और साम्यवादी, विश्वासघाती ठहराकर गिरफ्तार करने के बहाने ढूँढ़ने लगा।"[14] शेख अब्दुल्ला का कहना था कि इस प्रश्न पर अब प्रदेश में संविधान सभा के गठन के बाद ही विचार किया जा सकता है। लेकिन कुशोक बकुला के पास इतना लंबा इंतजार करने का समय नहीं था। तब तक तो शेख मोहम्मद अब्दुल्ला लद्दाख के बौद्ध मठों की आधार भूमि को छीन कर पचा भी चुके होते। साँप निकल जाने के बाद लकीर पीटने जैसा मामला बन जाता। इसलिए प्रतिनिधिमंडल दिल्ली की ओर चला, ताकि प्रधानमंत्री नेहरू से फरियाद की जा सके।

8. नेहरू से पुनः मुलाकात—प्रतिनिधिमंडल ने दिल्ली आकर प्रधानमंत्री नेहरू से मुलाकात की और उन्हें शेख अब्दुल्ला के प्रशासन की विभेदकारी नीति के कारण लद्दाख में मठों/विहारों/मंदिरों पर आए इस गंभीर संकट के बारे में बताया। लद्दाखियों की शिकायत के और भी कई कारण थे। शेख अब्दुल्ला की सरकार की कार्यप्रणाली से बकुला खुश नहीं थे। लद्दाख में आगे बढ़ती पाकिस्तानी सेना को तो भारतीय सेना ने रोक लिया था, लेकिन नेहरूजी के अत्यंत विश्वासपात्र शेख मोहम्मद अब्दुल्ला की तेजी से बढ़ती हुई महत्त्वाकांक्षाओं को रोकना अब शायद नेहरू के लिए भी मुश्किल होता जा रहा था। लद्दाखी मान रहे थे कि इस पूरे संकट काल में शेख मोहम्मद अब्दुल्ला के सिविल प्रशासन ने लद्दाख की ओर कोई ध्यान नहीं दिया और उन्हें भाग्य भरोसे छोड़ दिया। इतना ही नहीं, युद्धविराम हो जाने के बाद, सिविल प्रशासन घायल लद्दाख की महरम पट्टी करने के स्थान पर उससे उपेक्षा का व्यवहार कर रहा था। कुशोक बकुला शेख अब्दुल्ला के लद्दाख के प्रति अवहेलनापूर्ण व्यवहार से आहत थे। इसका आभास शायद नेहरू को भी किसी-न-किसी रूप में होने ही लगा था। वे रिंपोछे के तर्कों और व्याख्या से प्रभावित दिखे और सहमत भी। स्वाभाविक ही लद्दाख और कश्मीर घाटी में बढ़ते वैमनस्य और अविश्वास से नेहरू की चिंता बढ़ रही थी।

दिल्ली में रिंपोछे, नेहरू के अतिरिक्त तात्कालिक विधिमंत्री भीमराव रामजी आंबेडकर से भी मिले। इसके अतिरिक्त उन्होंने डॉ. राजेंद्र प्रसाद और सरदार पटेल से भी भेंट की और उन्हें जम्मू-कश्मीर की स्थिति से अवगत करवाया। नेहरू

की दखलंदाजी से जम्मू-कश्मीर सरकार ने अंतत: लद्दाख के मठों/मंदिरों को अधिकतम भूमि सीमा के प्रावधानों से मुक्त किया। यह प्रतिनिधिमंडल भी महीना भर दिल्ली में ही डटा रहा, जब तक जम्मू-कश्मीर सरकार ने अपने अधिनियम के अधिकार क्षेत्र से मठों को निकाल नहीं दिया। दिल्ली से वापस आकर रिंपोछे कुछ दिन श्रीनगर में भी टिके, ताकि सारा काम पुख्ता तौर पर करवा लिया जाए। वापस लेह पहुँचने पर कुशोक बकुला और अन्य सदस्यों का शानदार स्वागत किया गया। इससे लद्दाख के लोगों में भी यह विश्वास जगा कि यदि वे संगठित हों तो अन्याय का सफलतापूर्वक विरोध कर सकते हैं। लेकिन श्रीनगर का प्रशासन अपनी रणनीति की इतनी जल्दी हार मानने के लिए तैयार नहीं था। उसने अब विभिन्न उप-संप्रदायों में ही फूट डलवाने की टेढ़ी राह पकड़ी। "उसने बाकी मठों को छोड़कर लद्दाख के सबसे प्रसिद्ध और बड़े गोंपा हेमिस को अपने निशाने पर ले लिया। अब सरकार की नजर इस गोंपा की जमीन पर गढ़ी थी। लेकिन लद्दाख गोंपा परिषद् ने अपनी लड़ाई तब तक नहीं छोड़ी, जब तक हेमिस गोंपा पर टिकी सरकारी नजरों को झुका नहीं दिया।"[15]

बाद में शेख अब्दुल्ला ने लद्दाख में इस अधिनियम के प्रभाव और तद्स्वरूप सुझाव देने के लिए न्यायाधीश जानकी नाथ वजीर की अध्यक्षता में एक आयोग का गठन किया था। इस आयोग ने 1953 में अपनी रपट प्रस्तुत की। उसके अनुसार, "यह आश्चर्यजनक था कि वे सभी लोग जो गोंपाओं से मुक्त हो रही जमीन के मालिक बन जानेवाले थे, एक स्वर से कह रहे थे कि यह जमीन गोंपाओं के पास ही रहनी चाहिए और अधिनियम गोंपाओं पर लागू नहीं होना चाहिए। हमने उनसे गहराई से पूछा कि वे ऐसा क्यों चाह रहे हैं? उन्होंने बताया कि गोंपाओं की भूमि को अभी भी जोरदार ही जोतते हैं। उत्पादन का मात्र एक चौथाई हमें गोंपाओं को देना होता है। गोंपा इस एक चौथाई आमदनी का प्रयोग भी लद्दाखी लोगों में शैक्षिक, सांस्कृतिक क्रियाकलापों में ही लगाते हैं। इस आमदनी से गरीबों व जरूरतमंदों को अन्न मुहैया करवाया जाता है।"[16] शेख अब्दुल्ला की सांप्रदायिक और विभेदकारी नीतियों के खिलाफ यह लद्दाखियों की पहली लड़ाई थी, जो उन्होंने अपनी एकता के बल पर जीती थी। इस लड़ाई ने लद्दाख में बकुला रिंपोछे के कुशल नेतृत्व को भी स्थापित कर दिया था। लेकिन इस

लड़ाई में लद्दाख के लोगों को कश्मीर केंद्रित जम्मू-कश्मीर सरकार की एकांगी मानसिकता का भी अच्छी तरह पता चल गया। यही कारण था कि इस लड़ाई में ही लद्दाख को केंद्र शासित राज्य का दर्जा देने की माँग का बीजारोपण हो गया था और कुशोक बकुला अपने जीवन के अंतिम दिनों तक इसके लिए प्रयासरत रहे।

संदर्भ—

1. Shri Dhar Kaul & H.N. Kaul, Ladakh Through the Ages, Towards a New Identity, page-184
2. Shri Dhar Kaul & H.N. Kaul, Ladakh Through the Ages, Towards a New Identity, page-184
3. Shri Dhar Kaul & H.N. Kaul, Ladakh Through the Ages, Towards a New Identity, page-185
4. Shri Dhar Kaul & H.N. Kaul, Ladakh Through the Ages, Towards a New Identity, page-185
5. Sonam Wangchuk Shakspo, Kushok Bakula Rinpoche, The Architect of modern ladakh, page-43
6. Sonam Wangchuk Shakspo, Kushok Bakula Rinpoche, The Architect of modern ladakh, page-43
7. Sonam Wangchuk Shakspo, Kushok Bakula Rinpoche, The Architect of modern ladakh, page-45
8. Nawang Tsering Shakpo & Other, Kushok Bakula Rimpoche- Saint and statesman, page-31
9. Sonam Wangchuk Shakspo, Kushok Bakula Rinpoche, The Architect of modern ladakh, page-88
10. जाने-माने पत्रकार सती साहनी का कहना है कि बकुला रिंपोछे को यह सलाह उन्होंने दी थी।
11. Shri Dhar Kaul & H.N. Kaul, Ladakh Through the Ages, Towards a New Identity, page-188-189
12. Sonam Wangchuk Shakspo, Kushok Bakula Rinpoche,

The Architect of modern ladakh, page-59
13. Sonam Wangchuk Shakspo, Kushok Bakula Rinpoche, The Architect of modern ladakh, page-189
14. Shri Dhar Kaul & H.N. Kaul, Ladakh Through the Ages, Towards a New Identity, page-189
15. Sonam Wangchuk Shakspo, Kushok Bakula Rinpoche, The Architect of modern ladakh, page-61
16. J.N. Ganhar and P.N. Ganhar, Bhudhism in kashmir and ladakh,quoted in Recent researches in the Himalaya by Prem Singh Jina, page-161.

□

6

राजनीति में भूमिका

1. जम्मू-कश्मीर संविधान सभा में—पाकिस्तान ने अभी जम्मू-कश्मीर का पूरा हिस्सा खाली नहीं किया था। गिलगित उसके कब्जे में था। कारगिल को छोड़कर पूरा बल्ती प्रदेश भी उसने काबू कर लिया था। मुजफ्फराबाद अभी तक उसने छोड़ा नहीं था। जम्मू के पश्चिमी पंजाब से लगती सीमा के बीच के बड़े भू-भाग पर वह अभी भी काबिज था। लेकिन नेहरू यह सब खाली करवाने का रास्ता त्यागकर सुरक्षा परिषद् की भूलभुलैयों में फँस चुके थे। सुरक्षा परिषद् पाकिस्तान के हमले की बात को भूलकर इसी बहस में उलझी हुई थी कि क्या जम्मू-कश्मीर का भारत की सांविधानिक व्यवस्था का हिस्सा बनना वैध है? इसी हालत में 1951 के उत्तरार्ध में जम्मू-कश्मीर संविधान सभा के लिए चुनावों की घोषणा हो गई। दो सदस्य लद्दाख से भी चुने जाने थे। लद्दाख के लोगों ने संविधान सभा में जाने के लिए कुशोक बकुला से आग्रह किया। कुशोक बकुला जैसे लोकसभा में होंगे तो देश के राष्ट्रीय हितों के पहरेदार बन सकते थे। वे राज्य की इस संविधान सभा के लिए लेह से निर्विरोध चुने गए। संविधान सभा की पचहत्तर सीटों पर नेशनल कॉन्फ्रेंस के सदस्य निर्विरोध चुने गए। विरोधियों के नामांकन पत्र सही नहीं पाए गए थे। संविधान सभा के चुनावों तक तो शेख मोहम्मद अब्दुल्ला भारत की कसमें खाते थे, लेकिन संविधान सभा को नेशनल कॉन्फ्रेंस के सदस्यों से भर लेने के बाद उनका रवैया बदला। वे जम्मू-कश्मीर की स्वायत्तता के नाम पर व्यावहारिक रूप में स्वतंत्र राज्य का सपना देखने लगे। संविधान सभा में अन्य किसी भी दल का कोई सदस्य नहीं था। प्रदेश के दूसरे

सबसे बड़े राजनैतिक दल प्रजा परिषद् के अधिकांश प्रत्याशियों के नामांकन-पत्र ही रद्द कर दिए जाने के कारण उसने चुनावों का बहिष्कार कर दिया था।

ऐसे अवसर पर कुशोक बकुला ने व्यापक राष्ट्रहित में मोर्चा सँभाला। वैसे भी लद्दाख अब तक राज्य का उपेक्षित हिस्सा रहा था। नई व्यवस्था में भी कहीं पुरानी मानसिकता से काम न होता रहे, इसको लेकर कुशोक बकुला चौकन्ने थे। लद्दाख बौद्ध परिषद् पहले ही नेहरू को ज्ञापन दे चुकी थी कि या तो यह संभाग सीधे महाराजा हरि सिंह के प्रशासन का हिस्सा रहे या फिर लद्दाख को जम्मू या पूर्वी पंजाब से मिला दिया जाए। नवनिर्वाचित संविधान सभा का पहला सत्र 31 अक्तूबर, 1951 को शुरू हुआ। दूसरे दिन 1 नवंबर को बोलते हुए कुशोक बकुला ने आशा व्यक्त की कि "यह सदन उन समस्याओं का समाधान खोजेगा, जिनको आज तक हल नहीं किया जा सका। लद्दाख का अब तक उपेक्षित रहा क्षेत्र भी विकास के मार्ग पर चलेगा। लेकिन साथ ही उन्होंने स्पष्ट संकेत भी दिया कि लद्दाख की समस्याएँ जम्मू एवं कश्मीर संभाग से अलग हैं। लद्दाख की भाषा और संस्कृति अन्य संभागों से हटकर है। इसलिए मुझे आशा है कि यह सभा ऐसा संविधान तैयार करेगी, जो लद्दाखियों को अपना आंतरिक प्रशासन स्वयं चलाने का अधिकार प्रदान करेगा।"[1] बकुला अपनी मातृभाषा भोटी में बोले। जम्मू-कश्मीर की विधानसभा (पूर्व में इसका नाम प्रजा सभा था) में भोटी में बोलने की शुरुआत कुशोक बकुला ने ही की थी। उन्होंने स्पष्ट संकेत दिया कि यदि कश्मीर के कुछ लोगों ने स्वायत्तता की बातें करनी शुरू कर दी हैं तो कश्मीरियों से स्वायत्तता प्राप्त करने का यह अधिकार लद्दाखियों को भी मिलना चाहिए। उन्होंने स्पष्ट किया कि लद्दाख और कारगिल के लोग भारत के साथ सुखद और मजबूत संबंध बढ़ाना चाहते हैं।

जम्मू-कश्मीर संविधान/विधानसभा के सदस्य के रूप में लद्दाख के लोगों के अधिकारों, उसके विकास और भारत के साथ समरसता पर उन्होंने सबका ध्यान आकर्षित किया। लेकिन वास्तव में लद्दाख की ओर शेख अब्दुल्ला सरकार का कोई ध्यान नहीं था। उसका भी विकास होना चाहिए, ऐसा उस समय की सरकार मानने को तैयार ही नहीं थी। शेख अब्दुल्ला ने नेहरू की सहायता से महाराजा हरि सिंह से सरकार एक प्रकार से छीनी ही थी। इसलिए उन दिनों

शेख अब्दुल्ला को आईना दिखाने की स्थिति में कोई नहीं था। वह एक निरंकुश शासक की तरह व्यवहार कर रहा था। नेहरू भी उसके आगे कहीं-न-कहीं अपने आप को विवश समझने लगे थे। उसका कारण साफ था। राज्य की संविधान सभा में चुनाव के नाम पर बिना चुनाव करवाए शेख के अपने आदमी ही निर्वाचित घोषित कर दिए गए थे। अब नेहरू भी अपनी विवशता छिपाने के लिए शेख की माँगों को औचित्य के आधार पर सही सिद्ध करने का प्रयास करते नजर आते थे। ऐसे समय में कुशोक बकुला ने शेख अब्दुल्ला से पंजा लड़ाने का निर्णय किया। उन्होंने शेख के अहंकार और लद्दाख को लेकर सरकार की उपेक्षा की नीति को चुनौती देने का निर्णय कर लिया था।

शेख अब्दुल्ला ने तो लद्दाख के लोगों को गूँगे-बहरे, निरीह प्राणी मान लिया था, जो किसी भी प्रकार का अन्याय होने पर भी चुप बैठे रहेंगे। शायद यही कारण था कि शेख अब्दुल्ला की सरकार ने यह छिपाने का प्रयास भी नहीं किया कि लद्दाख उनकी लंबी नीति में कहीं स्थान नहीं रखता। सत्ता सँभालने के तीन साल बाद शेख के प्रशासन ने एक पुस्तिका 'Jammu and Kashmir 1947-1950' प्रकाशित की थी, जिनमें सरकार के तीन साल में किए गए विकास कार्यों का लेखा-जोखा प्रत्येक संभाग के नाम से दिया गया था। इसमें लद्दाख को लेकर केवल इतना जिक्र था।

(क) लद्दाख में किसी भी प्रकार के मौसम में चालू रह सके, ऐसी हवाई पट्टी।

(ख) आक्रमणकारियों द्वारा लेह और कारगिल में नष्ट कर दी गई ट्रंक लाइनों को पुनः स्थापित करना।[2] इतना ही नहीं, शेख मोहम्मद अब्दुल्ला की इस नई सरकार ने लद्दाख के लेह और कारगिल क्षेत्रों में ही मजहब के आधार पर फूट डाल लड़वाने के सांप्रदायिक प्रयास शुरू कर दिए थे।

2. प्रदेश की संविधान/विधानसभा में रिंपोछे का ऐतिहासिक भाषण— 12 अप्रैल, 1952 को वित्तमंत्री ने संविधान सभा में बजट प्रस्तुत किया गया। पूरे बजट में कहीं एक बार भी लद्दाख का नाम नहीं था। बकुला सरकार द्वारा लद्दाख की अवहेलना किए जाने से बहुत व्यथित थे। शेख अब्दुल्ला द्वारा सत्ता

सँभाल लेने के बाद तो मानो कश्मीर वालों के लिए लद्दाख का अस्तित्व ही न रहा हो। इसलिए बकुला ने विधानसभा में इस विषय को जोरदार तरीके से उठाने का निर्णय किया। लेकिन वे यह भी जानते थे कि शेख अब्दुल्ला को चुनौती देने का क्या अर्थ है। उन दिनों शेख अब्दुल्ला अपनी ताकत की चरम सीमा पर थे। वे चारों ओर से नेहरू द्वारा संरक्षित प्राणी की श्रेणी के जीव थे। नेहरू लोकसभा में उसके खिलाफ एक शब्द भी सुनने को तैयार नहीं होते थे। ऐसे वातावरण में शेख अब्दुल्ला को चुनौती देना सत्ता के दो-दो केंद्रों से भिड़ना था। लेकिन बकुला भी तो उस महात्मा बुद्ध के उपासक थे, जिन्होंने जन-जन के दुःख-दर्द को दूर करने के लिए अपने राजपाट को भी लात मार दी थी। अब जब लद्दाख के जन-जन ने उन्हें अपना प्रतिनिधि चुना है, उन पर अपना अगाध विश्वास जताया है तो उनको भी विकास का सुफल मिले, यह देखना बकुला का ही तो धर्म है।

शेख अब्दुल्ला द्वारा प्रस्तुत किया गया बजट इसका पुख्ता सबूत था कि राज्य सरकार की नजर में लद्दाख की कुछ भी हैसियत नहीं है। कुशोक बकुला ने लेह में कार्य कर रहे अपने मित्र श्रीधर कौल से सलाह की। विधानसभा में बोलने के लिए भाषण तैयार किया गया। लद्दाख को लेकर सरकार के सौतेले व्यवहार को परत-दर-परत उघाड़ा गया। बकुला जब किसी काम को हाथ में लेते थे तो पूरे मनोयोग से करते थे। उन्होंने तिब्बत के गांदेन विश्वविद्यालय से गेशे की उपाधि प्राप्त की थी। गेशे के लिए सर्वाधिक अभ्यास तत्त्व मीमांसा के लिए तर्क पर ही होता है। इसलिए बकुला ने अपना भाषण केवल भावनाओं पर केंद्रित नहीं किया, बल्कि तर्क सम्मत विवेचना पर आधारित किया। बकुला लद्दाखियों की मातृभाषा भोटी में बोलने वाले थे। वर्तमान रियासत का दो तिहाई क्षेत्रफल लद्दाख का ही है। क्षेत्रफल के हिसाब से तो लद्दाख रियासत के पाँचों संभागों में से सबसे बड़ा संभाग है। इस संभाग में दो भाषाएँ बोली जाती हैं। लेह के इलाके में भोटी और कारगिल के इलाके में बल्ती। लेकिन उनको आशंका थी कि शायद राज्य की संविधान सभा में उन्हें भोटी में बोलने की अनुमति न दी जाए। क्योंकि सभा में तो शेष सभी सदस्य कश्मीर घाटी और जम्मू संभाग के रहनेवाले थे। वे भोटी का एक शब्द तक नहीं जानते थे। गिलगित और बल्तीस्तान के लोग कुछ सीमा तक भोटी समझ लेते थे, लेकिन उन क्षेत्रों में चुनाव न हो पाने

की बजह से वहाँ का कोई प्रतिनिधि सभा में नहीं था। इसलिए कुशोक बकुला ने अपने भाषण का अंग्रेजी अनुवाद भी तैयार करवाया। अंततः 12 मई को वह क्षण आ गया। बकुला बजट भाषण पर बोलने के लिए खड़े हुए। अधिकांश सदस्य उर्दू या अंग्रेजी में भाषण कर चुके थे। कशुक बकुला ने सभा के अध्यक्ष से कहा कि वे अपनी मातृभाषा भोटी में बोलेंगे। गुलाम मोहम्मद सादिक, जो बाद में जम्मू-कश्मीर के मुख्यमंत्री भी बने, उस समय संविधान सभा के अध्यक्ष थे। उन्होंने अनुमति तो दे दी, लेकिन पूरी सभा में भोटी समझने वाला कोई नहीं था। इसलिए यह निर्णय हुआ कि कशुक बकुला अपने भाषण की अंग्रेजी प्रति सभा के पास जमा करवा दें। बकुला तो पहले ही अपने भाषण के अंग्रेजी अनुवाद की प्रति लेकर आए थे। जैसे ही बकुला रिंपोछे का भाषण समाप्त हो, संविधान सभा के सचिव उसका अंग्रेजी अनुवाद पढ़ कर सुनाएँगे, ताकि सभी को पता चल जाए कि उन्होंने क्या कहा है। फिर इस अंग्रेजी भाषण को ही संविधान सभा की काररवाई में रिकॉर्ड किया जाए।

इस व्यवस्था पर सहमति बन जाने के बाद कुशोक बकुला ने बोलना शुरू किया। शेख मोहम्मद अब्दुल्ला भी उस समय सदन में बैठे थे। वे सरकार चला रही नेशनल कॉन्फ्रेंस के मुखिया भी थे। अब्दुल्ला की पार्टी के लोग उन्हें अपने संबोधन में प्रायः कायदे आजम कहा करते थे। उस समय मुसलमानों में जिन्ना को कायदे आजम कहने का प्रचलन था। शेख अब्दुल्ला भी अपने आप को कायदे आजम से कम नहीं समझते थे। दरअसल दोनों में भारत के मुसलमानों का नेतृत्व हथियाने का विवाद चलता रहता था। जिन्ना इसमें बाजी मार ले गए थे और शेख अब्दुल्ला केवल कश्मीर घाटी तक महदूद होकर रह गए थे। इसकी कमी वे अपनी पार्टी के लोगों से स्वयं को कायदे आजम कहलवाकर पूरा करते थे।

अब संविधान सभा के सरकारी रिकॉर्ड में तो कुशोक बकुला भी नेशनल कॉन्फ्रेंस के सदस्य के तौर पर ही दर्ज थे। सभी सदस्य आम तौर पर विरुदावली ही गाते थे। जम्मू संभाग के कुछ सदस्य बीच-बीच में कुछ लीक से हटकर बोलते थे, लेकिन बोलने की शैली इस प्रकार की होती थी कि वे लीक से हटे हुए भी लीक पर चलते ही दिखाई दें। वैसे भी नेहरूजी के कारण शेख अब्दुल्ला की तूती बोलती थी। आम कश्मीरी समझ गया था कि भारत सरकार कश्मीरियों के

साथ है या नहीं, इस पर कुछ कहना तो मुश्किल था, लेकिन वह शेख मोहम्मद अब्दुल्ला के साथ है, इसे सभी जान गए थे। इसलिए वे देखते-देखते शेर-ए-कश्मीर से कायदे आजम बन गए थे। इस प्रकार के वातावरण में उस लद्दाख का प्रतिनिधि, जिसके कुल सदस्यों की संख्या ही सभा में दो थी, भला प्रशंसा और समर्थन के सिवा क्या बोलेगा, नेशनल कॉन्फ्रेंस के सभी सदस्य यही सोच रहे थे। उधर जम्मू में वहाँ के प्रमुख राजनैतिक दल प्रजा परिषद् ने जम्मू संभाग से हो रहे भेदभाव को लेकर नेशनल कॉन्फ्रेंस की सरकार के खिलाफ जबरदस्त जन आंदोलन छेड़ा हुआ था। इसलिए ऐसे कठिन समय में शेख मोहम्मद अब्दुल्ला को लद्दाख संभाग के समर्थन की बहुत सख्त जरूरत भी थी।

कुशोक बकुला अपने स्थान से खड़े हुए। उन्होंने उड़ती नजर से वहाँ बैठे सभी सदस्यों की ओर देखा। अंत में उनकी नजर शेख मोहम्मद अब्दुल्ला पर जाकर ठहर गई। दोनों ने एक-दूसरे की ओर देखा और बकुला रिंपोछे ने बोलना शुरू किया। शेख मोहम्मद अब्दुल्ला मुसकराने लगे। बकुला ने बीच में शेख अब्दुल्ला का नाम लिया। पूरा वाक्य तो किसी को क्या समझ में आता, लेकिन शेख अब्दुल्ला का नाम तो नेशनल कॉन्फ्रेंस के लोग कितना भी धीमा क्यों न लिया गया हो, सुन ही लेते थे। सत्ता पक्ष के सदस्यों ने शेख का नाम सुनने पर जम कर मेजें थपथपाईं। अब तो जब भी शेर-ए-कश्मीर शेख अब्दुल्ला का नाम बकुला के भाषण में आता तो सत्ता पक्ष के सदस्य मेजें थपथपाकर उसका स्वागत करते। यह मंजर तब तक चलता रहा, जब तक कुशोक बकुला भाषण करते रहे। समझ बकुला भी गए थे कि ये लोग मेज थपथपाकर किसलिए अपनी खुशी का इजहार कर रहे हैं। उनकी समझ में अब लद्दाख भी शेख अब्दुल्ला और नेशनल कॉन्फ्रेंस के समर्थन में आ खड़ा हुआ है। फिर कुशोक बकुला कोई साधारण पुरुष नहीं थे। वे टुलकु थे। हिमालयी क्षेत्र में टुलकु उसे कहते हैं, जो किसी का अवतार हो। टुलकु बोधिसत्त्व होता है। बकुला भगवान् बुद्ध के सोलह अर्हतों में से एक थे। वे बुद्ध के समकालीन थे। लद्दाख के वर्तमान कुशोक बकुला को उन्हीं अर्हत बकुला का उन्नीसवाँ अवतार माना जाता है। वही कुशोक बकुला आज जम्मू-कश्मीर की संविधान सभा में बजट पर व्याख्यान दे रहे थे और अब्दुल्ला कंपनी तालियाँ बजा रही थी। लेकिन ये तालियाँ कुछ समय के लिए ही थीं और

शेख साहिब का मुसकराता चेहरा भी कुछ समय के लिए ही था।

कुशोक बकुला के वक्तव्य के बाद विधानसभा के सचिव ने अंग्रेजी अनुवाद का पाठ शुरू किया तो धीरे-धीरे सभी के चेहरे का रंग बदलना शुरू हो गया। कुशोक बकुला आश्चर्य प्रकट कर रहे थे कि वित्तमंत्री ने अपने लंबे भाषण में लद्दाख की आर्थिक व अन्य समस्याओं को हल करने की बात तो दूर, उन्होंने तो अपने पूरे भाषण में एक बार भी लद्दाख का नाम नहीं लिया। लद्दाख के अभागे लोगों के लिए यह बजट सचमुच निराशाजनक है। वित्तमंत्री के इस भाषण को सुनकर तो कोई भी यह अनुमान लगा लेगा कि शायद लद्दाख, जम्मू-कश्मीर राज्य का हिस्सा ही नहीं है। पूरे बजट में सभी योजनाएँ अन्य संभागों के लिए ही बनाई गई हैं, लद्दाख के लिए किसी एक भी योजना का जिक्र नहीं है। जैसे-जैसे अंग्रेजी में भाषण पढ़ा जा रहा था, वैसे-वैसे नेशनल कॉन्फ्रेंस के सदस्यों के चेहरे पर हवाइयाँ उड़ रही थीं। शेख अब्दुल्ला को तो यह विश्वास ही नहीं हो रहा था कि लद्दाख का सदस्य, जो कायदे से नेशनल कॉन्फ्रेंस का ही सदस्य है, इतनी हिम्मत दिखाए कि कायदे आजम के सामने ही उसकी आलोचना करे। कायदे आजम का नाम तो अंग्रेजी भाषण में भी बार-बार आ रहा था, लेकिन अब कोई उस पर तालियाँ नहीं बजा रहा था। उधर आलोचना का स्वर तीव्र से तीव्रतर होता जा रहा था। बकुला ने कहा, लद्दाख में शिक्षा को लेकर सरकार मौन है। पूर्ववर्ती सरकार (महाराजा हरि सिंह की सरकार) इस सीमांत जिला के प्राथमिक, सेकेंडरी और कॉलेज दर्जे के छात्रों को छात्रवृत्ति प्रदान करती थी, लेकिन इस नई सरकार ने तो एक ही झटके से उसे भी समाप्त कर दिया। महाराजा हरि सिंह की सरकार लद्दाख में शिया समाज, मुसलमान और बौद्ध समाज द्वारा चलाए जा रहे तीन विद्यालयों को अनुदान देती थी, वर्तमान सरकार ने उसे भी बंद कर दिया। लद्दाख में जो थोड़ी-बहुत स्कूली व्यवस्था थी, भी उसकी दयनीय स्थिति की ओर संकेत करते हुए, उन्होंने कहा सरकार नाम लेने के लिए तो लद्दाख के स्कूलों में भोटी भाषा के अध्ययन की व्यवस्था करती है, लेकिन वह छात्रों के लिए भोटी भाषा में पुस्तकें नहीं छापती। बिना पुस्तक के पढ़ाई कैसी? सरकार ने बजट में भोटी के विकास के लिए कोई प्रावधान नहीं किया।

सबसे आश्चर्यजनक बात तो यह है कि सरकार ने लद्दाख के स्कूलों में

पढ़ाई का माध्यम अनिवार्य रूप से उर्दू बना दिया है। लद्दाखी बच्चों के लिए तो उर्दू एक विदेशी भाषा से ज्यादा कुछ नहीं। दरअसल सरकार उर्दू को लादकर लद्दाख में पढ़ाई-लिखाई को खत्म करने पर तुल गई है। बकुला ने भाषा को लेकर यह मौलिक प्रश्न उठाया था। सरकार लद्दाख के लोगों की मातृभाषा भोटी को शिक्षा व्यवस्था में से समाप्त करने के एक गहरे षड्यंत्र में जुटी हुई थी। लेकिन मामला केवल भोटी का ही नहीं था। शेख अब्दुल्ला की सरकार तो अपनी मातृभाषा कश्मीरी को भी समाप्त करने के गहरे षड्यंत्र में लगी हुई थी। कश्मीर घाटी के स्कूलों में भी शिक्षा का माध्यम कश्मीरी के स्थान पर उर्दू किया गया था। भाषा का समाप्त होना, यानी पीढ़ियों की विरासत का जीवंत रूप में समाप्त हो जाना। कहीं शेख अब्दुल्ला कश्मीरियत को समाप्त करने की नींव तो तैयार नहीं कर रहे थे? इसका उत्तर तो वे स्वयं ही जानते होंगे, लेकिन इतना निश्चित था, भोटी भाषा उनके आक्रमण का शिकार हो रही थी। जो अपनी भाषा को ही कश्मीर घाटी से समाप्त करने के अभियान चला रहा हो, उसके लिए भोटी की क्या विसात थी? बकुला ने कहा कि जम्मू और कश्मीर संभाग में तकनीकी शिक्षा के प्रसार के लिए कितना कुछ किया जा रहा है, लेकिन लद्दाख में तकनीकी शिक्षा का अस्तित्व ही नहीं है। तकनीकी प्रशिक्षण की व्यवस्था नहीं होगी तो लद्दाख की युवा पीढ़ी को रोजगार के अवसर कैसे प्राप्त होंगे?

अब बकुला ने लद्दाख में शरणार्थियों की समस्या का प्रश्न उठाया। उन्होंने कहा कि 1948 में जम्मू-कश्मीर पर पाकिस्तानी हमले के कारण जंस्कार घाटी से निकलकर शरणार्थी बनने के लिए विवश हो गए लोगों के पुनर्वास के लिए बजट में कोई प्रावधान नहीं है। ये बदकिस्मत शरणार्थी अभी भी कुल्लू घाटी में मारे-मारे फिर रहे हैं। इनमें से कई तो मृत्यु के शिकार भी हो गए हैं। लेकिन सरकार को इनके पुनर्वास की तनिक भी चिंता नहीं है। इस हमले के कारण अनेक मठों को हमलावरों ने नष्ट कर दिया था। नष्ट हुए मठों की मरम्मत करवाने की ओर सरकार का ध्यान जाने का तो खैर, प्रश्न ही नहीं है। बकुला के इस वक्तव्य के पीछे छिपे व्यंग्य को शेख अब्दुल्ला से बेहतर भला कौन समझ सकता था? लद्दाख के आर्थिक विकास का सरकार को खयाल आए, यह आशा करना तो आकाशकुसुम के समान ही होगा। दु:ख का विषय तो यह है कि हमें यकीन दिलवाया गया था

कि इस क्षेत्र का भी विकास होगा। यह बात हमें स्वयं जवाहरलाल नेहरू ने कही थी। लेकिन यह सब झूठा सिद्ध हुआ। पंचायती राज, सहकारिता और ग्रामीण विकास, ये सभी योजनाएँ लद्दाख में भी लागू की जानी चाहिए। लेकिन बजट में इसका कहीं जिक्र तक नहीं है। बल्कि इसके विपरीत विकास के जो काम पुरानी सरकार के समय में चालू थे, उन्हें भी नई सरकार ने बंद करवा दिया। जम्मू और कश्मीर में नई नहरें खुदवाने के लिए पच्चीस लाख का प्रावधान बजट में किया गया है। इन इलाकों में नहरें पहले ही हैं। लेकिन लद्दाख के सूखे रेगिस्तान के लिए किसी एक छोटी-से-छोटी नहर के लिए भी बजट में फूटी कौड़ी नहीं है। कारगिल में खुरबाथांग नहर का सर्वेक्षण करवाया था, लेकिन वर्तमान सरकार उससे एक कदम भी आगे नहीं बढ़ पाई।

कुशोक बकुला ने लद्दाख की भौगोलिक स्थिति की चर्चा की। उन्होंने कहा, क्षेत्र की सबसे बड़ी समस्या परिवहन और संचार को लेकर है। दुर्गम पहाड़ी इलाका है। न सडकें हैं और न ही पगडंडियाँ। बस्तियाँ दूर-दूर हैं। इसलिए इलाके के विकास के लिए लद्दाख के दूर-दराज की बस्तियों को जोड़ने के लिए कच्ची-पक्की सड़कों के निर्माण की जरूरत है। लेकिन बजट में इसके प्रावधान की बात तो दूर, इसका कहीं संकेत भी नहीं किया गया है। हम तो भारतीय सेना के आभारी हैं कि उन्होंने कारगिल तक जाने के लिए कम-से-कम जीप चलने लायक पक्की सड़क तो बनाई है। पूरे लद्दाख में डाकतार विभाग के केवल दो कार्यालय हैं—लेह और कारगिल में। जंस्कार घाटी के लोगों को डाक या तार की जरूरतों के लिए कारगिल जाना पड़ता है। जंस्कार से कारगिल की दूरी 150 मील है और रास्ते में 4400 मीटर की ऊँचाई वाली दो पर्वत चोटियाँ आती हैं। जरूरत थी कि सरकार लद्दाख में संचार व्यवस्था स्थापित करने की कोई योजना बनाती, लेकिन वित्तमंत्री के पूरे बजट में लद्दाख का तो मानो अस्तित्व ही नहीं है। सरकार चाहे तो कह सकती है कि हम फिलहाल लद्दाख पर नौ लाख रुपया खर्च करते हैं। यह सच है। लेकिन मैं स्पष्ट कर दूँ, यह सारा पैसा सरकारी कर्मचारियों के वेतन पर खर्च हो जाता है, विकास के लिए एक पैसा नहीं बचता। हमें आशा थी कि लद्दाख के प्राकृतिक स्रोतों का दोहन करने के लिए विशेषज्ञों की समिति का गठन किया जाएगा और हमारी इस प्राकृतिक संपदा का आकलन

कर विकास की योजनाएँ बनाई जाएँगी, लेकिन बजट में इसका दूर-दूर तक जिक्र नहीं है। लगता है हमारे संभाग को यह सरकार विजित प्रदेश मानकर चल रही है। आज हम से जिस दर पर लगान वसूला जा रहा है, उतना तो शोषण की चरम स्थिति के दिनों में भी नहीं वसूला जाता था।

इस समय कुशोक बकुला ने एक और स्पष्टीकरण दिया। उन्होंने कहा कि मैं जानता हूँ कि यहाँ कुछ मंत्री लोग कह रहे हैं कि जो मैं कह रहा हूँ, वह आम लद्दाखी नहीं कह रहा, बल्कि उनको आगे करके कोई और बोल रहा है। बकुला ने कहा, हमारा पेट भूखा है, यह बताने के लिए भी हमें कोई बाहर से ही आएगा? बिना कपड़ों के हम शीत से मरे जा रहे हैं, यह हमें कोई बाहर से बताने आएगा? फिर उन्होंने व्यंग्य से कहा, जब 1931 में शेख अब्दुल्ला ने महाराजा हरि सिंह के खिलाफ मोर्चा लगाया था तो सरकारी क्षेत्रों में यह चर्चा थी कि वे विदेशी ताकतों के इशारे पर यह सब कर रहे हैं। ताज्जुब है, आज कुछ सरकारी मंत्री हमारे बारे में यह कह रहे हैं। बकुला ने शेख अब्दुल्ला के प्रशासन में व्याप्त भ्रष्टाचार पर तंज कसा। उन्होंने कहा, "श्रीनगर से हमारे लिए लेह में कपड़ा भेजा जाता है, लेकिन उसका एक टुकड़ा तक लद्दाखियों को नहीं मिल पाता। आखिर वह सारा कपड़ा कौन पहन रहा है? मिट्टी का तेल हमारे लिए श्रीनगर से भेजा जाता है, लेकिन उसकी एक बूँद भी हम तक नहीं पहुँचती। आखिर वह सारा तेल कहाँ चला जाता है? इतिहास में पहली बार, उस सरकार द्वारा जो अपने आप को लोगों की अपनी सरकार कहती है, लद्दाख में बाहर से पुलिस बल तैनात कर दिए गए। हमने कभी सपने में भी ऐसी कल्पना नहीं की थी। जमीन पर रेंगते निरीह कीड़े पर जब कोई पैर रख देता है तो वह भी प्रतिकार करता है, हम तो आखिर मनुष्य हैं। हम लद्दाखियों का धैर्य अब जवाब देने लगा है। हमारी परीक्षा मत लीजिए। मुझे आशा है, सरकार मेरी बातों पर गौर करेगी और उनका समाधान करेगी।"[3]

3. भाषण को लेकर मचा विवाद—लेकिन इधर यह सब सुनते-सुनते शेख मोहम्मद अब्दुल्ला का धैर्य भी अब जवाब देने लगा था। वे गुस्से में उठकर खड़े हो गए और अध्यक्ष को संबोधित कर अत्यंत आश्चर्यजनक व्यवस्था का प्रश्न उठाने लगे। उन्होंने कहा, यह अनुवाद सही नहीं है। भोटी का भाषण छोटा

था तो अंग्रेजी का भाषण लंबा कैसे हो सकता है। दोनों भाषणों की पृष्ठ संख्या देखी जाए। भोटी के पृष्ठ कम हैं और अंग्रेजी के ज्यादा हैं। यह सही अनुवाद नहीं है। कुशोक बकुला ऐसा नहीं कह सकते। अध्यक्ष के आसन पर गुलाम मोहम्मद सादिक विराजमान थे। वे भी नेशनल कॉन्फ्रेंस से ही ताल्लुक रखते थे और शेख मोहम्मद अब्दुल्ला के नजदीकी साथी थे। उनके लिए भी शेख अब्दुल्ला कायदे आजम ही थे। लेकिन इस समय वे अध्यक्ष के आसन पर थे। अजीब धर्मसंकट में फँस गए थे। इधर शेख अब्दुल्ला बार-बार चिल्ला रहे थे कि विधानसभा के सचिव को यह भाषण पढ़ने से रोका जाए। सादिक ने इसे मंजूर नहीं किया और शेख अब्दुल्ला ने टोका-टोकी जारी रखी। शेख अब्दुल्ला के एक दूसरे मंत्री दुर्गा प्रसाद धर तो उससे भी एक कदम आगे चले गए। उन्होंने कहा, विधानसभा की काररवाई के लिए केवल दो ही अधिकृत भाषाएँ हैं, उर्दू और अंग्रेजी। क्योंकि बकुला ने अपना भाषण भोटी भाषा में दिया है, इसलिए उनका यह भाषण सभा की काररवाई में शामिल न किया जाए। दुर्गा प्रसाद धर भूल गए थे के जम्मू-कश्मीर के तीन संभागों की भाषाएँ कश्मीरी, डोगरी और भोटी है। उर्दू और अंग्रेजी किसी भी संभाग की भाषा नहीं हैं।

वैसे भी विधानसभा के किसी सदस्य द्वारा बजट पर दिया गया भाषण काररवाई से कैसे निकाला जा सकता है? यह तो तभी संभव है, जब किसी सदस्य ने अपने भाषण में असंसदीय भाषा का प्रयोग किया हो। उस समय तक शेख अब्दुल्ला की आलोचना को असंसदीय करार नहीं दिया गया था। सादिक ने कहा कि यह अंग्रेजी अनुवाद कुशोक बकुला ने स्वयं दिया है, इसलिए उसके सही होने पर कोई तीसरा व्यक्ति आपत्ति कैसे कर सकता है। तकनीकी दृष्टि से इसे ही सही मानना होगा। लेकिन शेख अब्दुल्ला और उसके साथी अपने व्यवस्था के प्रश्न पर अड़े रहे। तब सादिक ने बीच का रास्ता निकाला। शेख की बात भी रह जाए और नियमों के विपरीत भी न चलना पड़े। उन्होंने व्यवस्था दी कि कुशोक बकुला के भाषण के अंग्रेजी अनुवाद की किसी तीसरे भाषाविद् से जाँच करवा ली जाए और उसके निर्णय के अनुसार ही आगे निर्णय लिया जाए। किसी ने शेख अब्दुल्ला को यह कहने का साहस नहीं किया कि यदि बकुला के भाषण में सरकार की आलोचना की गई है तो इससे क्रोधित होकर इतनी चिल्ल-पौं

मचाने की क्या जरूरत है ? लोकतंत्र का मूल स्तंभ तो आलोचना पर ही टिका हुआ है। नेशनल कॉन्फ्रेंस तो आज तक यही चिल्लाती रही थी कि पार्टी बोलने के अधिकार, अभिव्यक्ति की स्वतंत्रता के लिए ही संघर्ष करती रही है। आज कुशोक बकुला ने अपनी पहली आलोचना से ही शेख अब्दुल्ला का पूरा रंग एक ही झटके में उतारकर रख दिया।

कुशोक बकुला का "भोटी में दिया गया भाषण और उसका अंग्रेजी अनुवाद श्रीनगर में राजस्व विभाग में कार्य कर रहे एक लद्दाखी श्री देचेन साहब को दिया गया, जो मजहब से ईसाई था।"[4] देचेन भोटी और अंग्रेजी दोनों भाषाएँ जानता था। उसने भोटी भाषा के भाषण के एक-एक शब्द का अंग्रेजी अनुवाद के शब्दों के साथ मिलान किया और अपना निर्णय दे दिया। भाषण का अंग्रेजी अनुवाद सही था। जो अंग्रेजी में लिखा गया था, वही कुशोक बकुला ने कहा था। यह रपट विधानसभा सचिव को दी गई और कुशोक बकुला रिंपोछे का पूरा भाषण विधानसभा की काररवाई में दर्ज किया गया। कुशोक बकुला के इस भाषण ने जम्मू-कश्मीर राज्य की भीतर की हालत को सबके सामने नंगा कर दिया। दूसरे दिन सभी समाचार-पत्रों ने बकुला के इस भाषण की चर्चा की। दिल्ली से प्रकाशित होनेवाले अंग्रेजी दैनिक हिंदुस्तान टाइम्स इवनिंग न्यूज ने 13 मई को कुशोक बकुला को उद्धृत करते हुए छापा कि "लद्दाख को एक पाई तक नहीं दी गई। लेकिन जब बाद में वित्तमंत्री ने बजट की आलोचनाओं का उत्तर दिया तो बकुला के उठाए गए प्रश्नों का वे भी कोई समाधान वाला उत्तर नहीं दे सके।"[5] परंतु प्रश्न केवल लद्दाख को विकास के लिए धन आवंटित करने का ही नहीं था। लद्दाख की जाग्रत् हो रही जनता को दबाने और डराने के लिए लेह में कश्मीर की पुलिस तैनात कर दी। यह पुलिस लद्दाख में स्वयं ही छटे हुए अपराधियों की तरह व्यवहार कर रही थी। कश्मीर की पुलिस आने के बाद अपराध दर बढ़ गई थी। रिंपोछे राज्य सरकार के इस रवैए पर खासे चिंतित थे। अपने इस भाषण के तीसरे दिन 14 मई रिंपोछे ने प्रश्न काल में राज्य के गृह मंत्री से पूछा कि क्या सरकार को ज्ञात है कि लद्दाख में कश्मीरी पुलिस तैनात किए जाने से पूरे क्षेत्र में लद्दाखी स्वयं को अपमानित महसूस करता है और इससे लद्दाख में अराजकता फैल रही है। इस पृष्ठभूमि में क्या सरकार वहाँ से कश्मीरी पुलिस हटाकर स्थानीय

बल लगाने पर विचार कर रही है ? सरकार का उत्तर था कि कश्मीरी पुलिस नहीं हटाई जाएगी। लद्दाख में कुल 54 पुलिस वाले हैं, उसमें से 45 स्थानीय हैं और 9 कश्मीरी हैं।[6] लेकिन सरकार ने यह नहीं बताया कि सभी नौ अधिकारी कश्मीरी थे और 45 स्थानीय केवल उनकी आज्ञा का पालन कर सकते थे। उसके अगले दिन 15 मई को सरकार ने स्वयं विधानसभा में ही स्वीकार किया कि "लद्दाख में सहकारिता, पंचायत और कृषि विभाग स्थापित नहीं किए गए हैं। अभी उसके लिए सर्वेक्षण चल रहा है।"[7] शेख अब्दुल्ला पर तो बकुला रिंपोछे के इस भाषण का यह असर पड़ा कि उन्होंने उन्हें सबक सिखाने के षड्यंत्र बुनने शुरू कर दिए, लेकिन दिल्ली में इसकी सार्थक प्रतिक्रिया हुई।

भारतीय जनसंघ के उस समय के महामंत्री दीनदयाल उपाध्याय ने लिखा—"संविधान सभा में नेशनल कॉन्फ्रेंस का ही एकाधिपत्य है। लद्दाख के नेता कुशोक बकुला की बात को दबा दिया जाता है। यहाँ तक कि उन्हें अपनी भाषा में बोलने तक की अनुमति नहीं दी जाती। शेख अब्दुल्ला इस प्रकार अपनी स्वतंत्रता की ही इच्छा को पूर्ण नहीं कर सके, बल्कि अपनी छिपी सांप्रदायिकता का परिचय भी दे रहे हैं।"[8] प्रधानमंत्री पं. जवाहरलाल नेहरू के सहायक सचिव मोहम्मद मथाई ने दूसरे ही दिन प्रधानमंत्री को बकुला द्वारा उठाए गए मुद्दों के संबंध में एक नोट भेजा। मथाई ने लिखा, "मैं यह सुझाव नहीं दे रहा कि प्रधानमंत्री शेख अब्दुल्ला से इसका स्पष्टीकरण माँगें। लेकिन मैं समझता हूँ कि सभी चीजों को ध्यान में रखते हुए, केंद्रीय सरकार को इस भुला दिए गए क्षेत्र की ओर विशेष ध्यान देना चाहिए। मैंने विश्वसनीय लोगों से सुना है कि लद्दाख में सूखे से प्रभावित लोगों की सहायता के लिए प्रधानमंत्री ने शेख साहिब को जो दस हजार रुपए भेजे थे, वे उन गरीबों तक पहुँचे ही नहीं। यकीनन शेख साहिब ने तो वे रुपए उस आदमी को भेजे ही होंगे, जो लद्दाख का प्रभारी है। मैं नहीं जानता यह लद्दाख वाला अजीब आदमी किस प्रकार की प्रकृति का है। मेरी समझ में हर लिहाज से यह ठीक होगा कि यदि संभव हो तो लद्दाख को एक सामुदायिक विकास प्रकल्प दिया जाना चाहिए।"[9]

4. दस हजार रुपए की कथा—और अब इस दस हजार वाले किस्से की अनोखी कथा। कारगिल से पाकिस्तान सेना के कब्जे को खदेड़ने के बाद शेख

अब्दुल्ला के प्रशासन ने लद्दाख पर भी दबदबा बढ़ाया। जंस्कार की स्थिति बहुत अजीब थी। वहाँ भी कुछ समय तक पाकिस्तानी सेना का कब्जा रहा था। उस दौरान उन्होंने स्थानीय बौद्धों को बहुत सताया था। पद्म मठ के प्रधान लामा को तो पकड़कर वे कारगिल ले गए और वहाँ सर-ए-आम गोली मार दी। जंस्कार के कुछ मुसलमानों ने इस दौरान पाकिस्तानी सेना का ही साथ दिया था। अब वे पाकिस्तानी सेना के चले जाने के बाद बौद्धों को डरा रहे थे। शेख अब्दुल्ला के प्रशासन ने बौद्धों की रक्षा एवं सहायता के नाम पर चालीस कश्मीरी पुलिस वाले भेज दिए। लद्दाख के इतिहास में पहली बार कश्मीरी सिपाहियों की तैनाती हुई थी। उन कश्मीरी मुसलमान सिपाहियों ने ही बौद्धों को लूटना और तंग करना शुरू कर दिया। बौद्धों को सताने और लूटने का एक अनोखा तरीका इन कश्मीरी सिपाहियों ने निकाला। वे प्रत्येक परिवार से साठ रुपए माँगते थे। इसे शेख अब्दुल्ला टैक्स कहा जाता था। जो परिवार टैक्स नहीं दे पाता था, उन पर कोई मुकदमा दर्ज करके उन्हें बार-बार कारगिल बुलाया जाता था। इतना ही नहीं, इन्हीं दिनों इस क्षेत्र में भयंकर अकाल पड़ गया। लोग सत्तू और चावल तो दूर, घास खाकर गुजारा करने के लिए विवश हो गए। इस दुर्दशा की खबर किसी तरह से दिल्ली तक पहुँची। पं. नेहरू ने दयाभाव से दस हजार रुपए जंस्कार के इन अकाल पीड़ित बौद्धों को देने के लिए शेख मोहम्मद अब्दुल्ला को दिए। लेकिन शेख ने ये रुपए कारगिल में सुरु के मुसलमानों में बाँट दिए। ये लोग पाकिस्तानी हमलावरों के दिनों में भी उनकी सहायता करके मजे में थे और अब शेख की सरकार भी बौद्धों के लिए आई सहायता इन्हीं में बाँट रही थी।[10]

मथाई के इस नोट में इतना तो स्वीकार कर ही लिया गया कि प्रशासन भ्रष्टाचार में धँसा हुआ है। यदि प्रधानमंत्री द्वारा प्रदेश के मुख्यमंत्री के माध्यम से जंस्कार के बौद्धों को राहत के लिए भेजे गए दस हजार रुपए कोई बीच में डकार गया तो प्रशासन की हालत का सहज ही अनुमान लगाया जा सकता था। लेकिन जैसा कि मथाई खुद ही लिख रहे हैं, शेख अब्दुल्ला से उत्तर माँगने का साहस कोई नहीं कर रहा था। कुशोक बकुला यही उत्तर शेख अब्दुल्ला से प्रदेश की संविधान सभा में माँग रहे थे और शेख उत्तर देने की बजाय व्यवस्था के प्रश्नों की ढाल तलाश रहे थे। इस घटना का मूल्यांकन करते हुए नवांग छेरिंग

शकपो लिखते हैं, "लद्दाख के विकास को लेकर शुरू में बकुला को शेख अब्दुल्ला की सरकार और पार्टी से बहुत आशाएँ थीं। लेकिन उन्हें जल्दी ही पता चल गया कि शेख अब्दुल्ला की सरकार जिन नीतियों को लेकर चल रही है, उससे लद्दाखियों की आशाओं की पूर्ति नहीं होगी। बकुला ने अपनी हैसियत और कद का प्रयोग लद्दाख के सामाजिक-आर्थिक विकास हेतु प्रयोग करने में कोई हिचकिचाहट नहीं दिखाई। यही कारण था कि उन्होंने विधानसभा में अपनी ही पार्टी और सरकार के खिलाफ डट जाने का साहस दिखाया। उस समय शेख अब्दुल्ला, जिन्हें शेर-ए-कश्मीर कहा जाता था और जो उस समय प्रधानमंत्री कहलाते थे, के खिलाफ बोलना कुशोक बकुला के लिए सचमुच एक कठिन निर्णय था। लेकिन उन्होंने यह साहस दिखाया और वे रातोरात सारे लद्दाख के निर्विवाद नेता बन गए। आधुनिक लद्दाख के निर्माता कहे जाने की ओर उनका यह पहला कदम था।"[11]

5. शेख अब्दुल्ला पद से हटाए गए—लद्दाख के इस कुशोक ने जो मुद्दे उठाए थे, उसकी पृष्ठभूमि एक लंबे अरसे से तैयार हो रही थी। लद्दाख कबाइलियों के रूप में पाकिस्तान का आक्रमण झेल चुका था। इतना ही नहीं कारगिल समेत उसके कुछ हिस्से इन आक्रमणकारियों के कब्जे में भी रहे थे। वहाँ के निवासियों ने उनके पाशविक अत्याचार सहे थे। लद्दाख के लोगों को आशा थी कि आक्रमणकारियों को खदेड़ देने के बाद राज्य सरकार उनके जख्मों पर महरम लगाएगी और उनके विकास की ओर ध्यान देगी। लेकिन इसके अभाव में आम लद्दाखी का धैर्य भी जवाब देने लगा था। उनके असंतोष को समझने की बजाए राज्य सरकार ने कश्मीर से पुलिस भेज कर उसे डराने की कोशिश की। लद्दाख घाटी में कश्मीरी पुलिस वाले पहुँच गए और उनका कार्य स्थानीय लोगों को डराना धमकाना होकर रह गया था। अपने संबोधन में उन्होंने जो मुद्दे उठाए, उसकी प्रदेश में लंबे अरसे तक चर्चा होती रही। शेख मोहम्मद अब्दुल्ला ने तो संविधान सभा में ही यह भाषण रुकवाने का भी प्रयास किया, लेकिन विधानसभा अध्यक्ष गुलाम मोहम्मद सादिक ने ऐसा करने से मना कर दिया। बकुला सही अर्थों में जननायक सिद्ध हुए। प्रश्न केवल लद्दाख का ही नहीं था। शेख अब्दुल्ला धीरे-धीरे अपने असली रंग में आ रहे थे। अपने

तानाशाही रवैए के चलते वे सामान्य-जन से तो कटते जा ही रहे थे, लेकिन वे कश्मीर घाटी को मातृभूमि से अलग करके स्वतंत्र देश के सपने भी देखने लगे थे। वे जम्मू-कश्मीर की तुलना पाकिस्तान के समकक्ष एक स्वतंत्र देश के रूप में ही करने लगे थे और उसको प्राप्त करने के लिए विदेशी ताकतों के साथ साँठ-गाँठ भी कर रहे थे। मंत्रिमंडल ने शेख अब्दुल्ला में अविश्वास जाहिर कर किया। अंततः शेख अब्दुल्ला को 8 अगस्त, 1953 को पद से हटा दिया गया और बंदी बना लिया गया।

6. बख्शी गुलाम मोहम्मद का शासन काल—उनके बाद बख्शी गुलाम मोहम्मद राज्य के नए प्रधानमंत्री बने। 5 अक्तूबर, 1953 को संविधान सभा में बख्शी मंत्रिमंडल के प्रति विश्वासमत के प्रस्ताव पर बोलते हुए कुशोक बकुला ने कहा, "लद्दाख अत्यंत पिछड़ा हुआ इलाका है। हमने पिछली सरकार के सामने कितनी ही माँगें रखीं, लेकिन कोई एक भी पूरी नहीं की गई। कबाइली हमले के दौरान लद्दाख की जंस्कार घाटी में अनेक गोंपा नष्ट कर दिए। अनेक को लूट लिया गया। लोगों के पशु तक पाकिस्तानियों ने लूट लिये। हमने शेख अब्दुल्ला की सरकार से अनेक बार कहा कि जिनकी संपत्ति लूट ली गई है, सरकार को उनकी सहायता करनी चाहिए। नष्ट किए गए गोंपाओं की पुनः मरम्मत करवाई जाए। लद्दाख में राजस्व फसल के रूप में नहीं, बल्कि नकद वसूला जाए। लद्दाख के स्कूलों में अध्ययन का माध्यम भोटी भाषा होनी चाहिए। लद्दाख में उचित क्षेत्र में नहरों की खुदाई करवाई जाए और यातायात के लिए कम-से-कम जीप चलने लायक एक सड़क बनाई जानी चाहिए। जैसा नया काश्मीर में कहा गया है, वैसा आत्मनिर्णय का अधिकार लद्दाख के लोगों को भी मिलना चाहिए। हमने अपनी इन माँगों के लिए धरना-प्रदर्शन भी किए, लेकिन पाँच साल बीत जाने पर भी हमारी बात सुनी नहीं गई। बख्शी साहिब लोकप्रिय हैं। सबसे बड़ी बात यह है कि वे जम्मू-कश्मीर के भारत में विलय के पक्ष में हैं।"[12] कुशोक बकुला के ये उद्गार एक प्रकार से शेख मोहम्मद अब्दुल्ला के खिलाफ लद्दाखियों का श्वेत-पत्र कहा जा सकता है। इससे यह भी स्पष्ट है कि लद्दाख, बख्शी के साथ इसलिए है, क्योंकि बख्शी भारत के साथ है। परिणामतः सरकार को लद्दाख संबंधी मामलों के लिए अलग से एक

मंत्रालय का गठन करना पड़ा। सरकार ने उनके द्वारा बजट-भाषण के दौरान उठाए गए सभी मुद्दों को स्वीकार कर लिया और उनके समाधान का वचन दिया। लेकिन व्यावहारिक स्तर पर बख्शी गुलाम मोहम्मद अनुभव कर रहे थे कि श्रीनगर में बैठकर लद्दाख का प्रशासन चला पाना बहुत कठिन है। इसलिए उन्होंने नेहरू से प्रार्थना की कि "श्रीनगर में बैठकर लद्दाख के लोगों से न्याय कर पाना संभव नहीं है, अत: केंद्र सरकार लद्दाख का प्रशासन स्वयं सँभाल ले तो बेहतर होगा।"[13]

पं. नेहरू उनके इस सुझाव से तो सहमत नहीं हुए, लेकिन गुलाम मोहम्मद बख्शी की सरकार ने लद्दाख मामलों का नया मंत्रालय गठित किया और नवंबर 1953 में कुशोक बकुला को उस मंत्रालय में उपमंत्री के तौर पर शामिल किया। मंत्री बनना उनका लक्ष्य नहीं था। वे तो लद्दाख के विकास का रास्ता तलाश रहे थे। मंत्रीपद की शपथ लेने के बाद उन्होंने कारगिल में कहा, "मैं एक भिक्षु हूँ और नियम के अनुसार तो मुझे राजनीति में नहीं पड़ना चाहिए था। लेकिन मैं शताब्दियों से चली आ रही इस परंपरा को तोड़ रहा हूँ; क्योंकि मेरे दिल में लद्दाख का विकास बसा हुआ है।"[14] बकुला रिंपोछे काफी साल राज्य मंत्रिमंडल में विभिन्न विभागों के मंत्री रहे। पाँचवीं लोकसभा के सदस्यों की परिचय पुस्तक में उन्होंने स्वयं इस काल खंड का विवरण दिया है। उसके अनुसार रिंपोछे लद्दाखी मामलों के उपमंत्री (1953-1957), लद्दाखी मामले और व्यापार अभिकरण मंत्रालय के राज्यमंत्री (1957-62), 1963 और 1964 के बीच छह मास के लिए लद्दाखी मामलों के मंत्री रहे; स्वास्थ्य, स्थानीय स्वशासन और लद्दाखी मामले व व्यापार अभिकरण राज्य मंत्री (1964-67), लेकिन राज्य प्रशासन का महत्त्वपूर्ण हिस्सा होने के बावजूद रिंपोछे ने कभी आम जनता के अधिकारों के लिए लड़ना नहीं छोड़ा।

7. भारत से अलग होने का विरोध—शेख अब्दुल्ला के अपदस्थ होने के बाद रियासत के लिए संविधान अधिनियम बनाने का काम और तेज हुआ। लेकिन सभा में अभी भी कुछ सदस्य राज्य को देश से अलग हो जाने का अधिकार दिए जाने की वकालत करते रहते थे। बकुला रिंपोछे ने इसका स्पष्ट और जोरदार विरोध ही नहीं किया, बल्कि ऐसे तत्त्वों को चेतावनी भी दी। 5 फरवरी, 1954

को राज्य संविधान सभा में बोलते हुए उन्होंने कहा, "कुछ सदस्यों ने अलगाव के अधिकार को भी मूल अधिकारों में शामिल किए जाने की वकालत की है। मैं इससे सहमत नहीं हूँ। अलगाव का अधिकार न तो हमारे हित में है और न ही देश के हित में। इससे देश के लोग हमें संशय से देखेंगे। आज हमारी सबसे बड़ी आवश्यकता देश में मजबूत और सशक्त बंधन की है, लेकिन अलगाव के अधिकार से यह बंधन कमजोर होगा। इससे तो रियासत में अभी भी अनिश्चय और असुरक्षा का जो भाव विद्यमान है, वह अनंत काल तक जारी रहेगा और यही भाव प्रदेश के सर्वांगीण विकास में सबसे बड़ी बाधा बनेगा। अनिश्चय का यह वातावरण प्रदेश के भीतर और बाहर की विध्वंसक शक्तियों को प्रदेश की शांति भंग करने का मौका देगा। जबकि विकास के लिए प्रदेश में शांति बने रहना अनिवार्य है। शांति बनाए रखना, हमारी इच्छा मात्र नहीं है, बल्कि हमारा पावन कर्तव्य है।"[15]

अब जम्मू-कश्मीर में बख्शी गुलाम मोहम्मद का राज था। कुशोक बकुला स्वयं मंत्रिमंडल में लद्दाखी मामलों के उपमंत्री हो गए थे। मार्च-अप्रैल में एक बार फिर राज्य की विधानसभा में बजट पेश हुआ। मई 1952 में कुशोक बकुला के बजट भाषण पर ही इतना विवाद हो गया था, जिसकी चर्चा देश से बाहर भी हुई थी। लेकिन अब विकास की हवा लद्दाख में भी पहुँच गई थी। सड़कें भी बन रही थीं और नए स्कूल भी खुल रहे थे। बकुला रिंपोछे एक बार फिर बोलने के लिए खड़े हुए। उन्होंने अपने पुराने 1952 के भाषण की चर्चा की। उन्होंने कहा, "जम्मू-कश्मीर में सत्ता परिवर्तन से आमूल-चामूल परिवर्तन हुआ है। अब लद्दाख के साथ उपनिवेश जैसा व्यवहार नहीं होता, बल्कि उसे बराबर का भागीदार माना जाता है। मुझे पूर्ण विश्वास है कि जिस प्रकार जम्मू-कश्मीर के मुख्यमंत्री बख्शी गुलाम मोहम्मद और प्रधानमंत्री जवाहरलाल नेहरू रुचि ले रहे हैं, उससे लद्दाख में पिछड़ापन बीते युग की बात रह जाएगी। अब लद्दाख के लिए जो सामान आता है, वह काला बाजार में नहीं जाता, बल्कि लद्दाखियों के पास ही पहुँचता है। मुझे यहाँ विधानसभा में यह कहने में कोई संकोच नहीं है कि लद्दाख को अपने आंतरिक मामलों में स्वायत्तता मिलेगी और लद्दाख जम्मू-कश्मीर का ही अंग रहेगा।"[16] बकुला रिंपोछे ने उपमंत्री के रूप में लद्दाख

के समग्र विकास की योजनाओं पर कार्य शुरू किया तो उन्हें बड़ी निराशा हाथ लगी। नेशनल कॉन्फ्रेंस ने उन्हें पद दे दिया था, लेकिन उसमें निहित शक्ति नहीं दी। बकुला रिंपोछे पद के तो इच्छुक भी नहीं थे। उन्होंने त्याग-पत्र की पेशकश कर दी। बख्शी साहिब मामले की गंभीरता को समझ गए और उन्होंने उपमंत्री को कुछ अधिकार भी दिए। लेकिन कुल मिलाकर राज्य सरकार लद्दाख की समस्यायों को गंभीरता से नहीं ले रही थी, ऐसा समझते कुशोक बकुला को कितनी देर लगती!

8. गुलाम मोहम्मद सादिक का शासन काल—तभी बख्शी गुलाम मोहम्मद पं. जवाहरलाल नेहरू की कामराज योजना का शिकार हो गए। बख्शी के बाद शम्सुद्दीन मुख्यमंत्री बने, लेकिन वे भी कुछ महीने बाद ही मुए मुकद्दस के किस्से का शिकार हो गए। अब राज्य के मुख्यमंत्री गुलाम मोहम्मद सादिक बने। उन्होंने बकुला रिंपोछे को राज्य मंत्री बना दिया। लेकिन बकुला रिंपोछे को पद नहीं, अधिकार चाहिए थे, ताकि वे लद्दाख के लिए व्यावहारिक रूप से कुछ कर पाते। दुर्भाग्य से अधिकार देने में सादिक को भी हिचकिचाहट हो रही थी। तब उन्होंने सादिक को अपना त्याग-पत्र थमा दिया। सादिक ने दस सदस्यीय लद्दाख विकास परिषद् का गठन किया और रिंपोछे को उसका अध्यक्ष बना दिया। इस परिषद् के पास पर्याप्त अधिकार एवं पूँजी थी। लेकिन लंबे समय तक कश्मीर केंद्रित सरकार की कार्यप्रणाली में रहते और उसकी दशा-दिशा को अच्छी तरह जाँच-परख लेने के बाद उनका मोहभंग होने लगा था। सादिक ने तो लद्दाखियों में फूट डालने का भी प्रयास किया। यह सब देखकर बकुला रिंपोछे को लगने लगा था—सवाल जम्मू-कश्मीर सरकार की नीयत का है और उन्हें उस नीयत पर ही अब संदेह था।

9. रिंपोछे द्वारा जम्मू-कश्मीर में राष्ट्रवादी शक्तियों का पोषण—इस प्रकार 1953 से लेकर 1967 तक वे राज्य मंत्रिमंडल में शामिल रहे। लद्दाख को पहली बार शासन में प्रत्यक्ष भागीदारी मिली। अब सबसे बड़ा दायित्व प्रदेश में राष्ट्रवादी शक्तियों के हाथ मजबूत करना था। जेल में बंद शेख मोहम्मद अब्दुल्ला ने अलगाववादी शक्तियों से हाथ मिला लिया था। ऐसे समय में लद्दाख के प्रतिनिधि होने के नाते कुशोक बकुला पर इस षड्यंत्र से लड़ने का दायित्व

आया था। 5 फरवरी, 1954 को उन्होंने राज्य की विधानसभा में बोलते हुए स्पष्ट किया, "हम लद्दाख के लोग शुरू से ही बार-बार कह रहे हैं कि हम मातृभूमि भारत का अंग हैं। हम भारत की प्रशासनिक व्यवस्था का हिस्सा बने हैं। लेकिन कोई यह न समझे कि हमने ऐसा भावनाओं में बहकर किया है। ऐसा नहीं है। हमारा विश्वास है कि जाति, संप्रदाय और रेस में बिना भेदभाव किए सामाजिक, आर्थिक और राजनैतिक सभी क्षेत्रों में सभी को समान अवसरों के लिए भारतीय संविधान अत्युत्तम है। हमारी इच्छा पंथनिरपेक्ष विधान की है, वह भारत संविधान में ही पूरी हो सकती है। भारत का संविधान मानवता की समानता पर आधारित है। भारत का संविधान जम्मू-कश्मीर के सभी प्रकार के विकास का पूर्ण अवसर प्रदान करता है। यह केवल लद्दाख के लोगों का ही मत नहीं है, बल्कि कारगिल के लोगों का भी यही मत है। अलगाव की बातों से विकल्प पाकिस्तान ही बचेगा। उसके पीछे चलना अंधकार की यात्रा ही कही जाएगी। ऐसी स्थिति में जम्मू-कश्मीर के तीनों अंगों का एक साथ रहना भी मुश्किल हो जाएगा। एक और विकल्प आजादी का भी कहा जा रहा है। लेकिन वह विकल्प अव्यावहारिक है। शत्रु देश आक्रमण करेगा तो हमारा क्या हश्र होगा? हमारा सभी प्रकार का विकास भारत पर ही निर्भर है। भारत का संविधान हमारी रक्षा करता है। उसमें व्यक्ति व्यक्ति में भेद नहीं होता। हमारा संविधान हमें आंतरिक स्वतंत्रता देता है। शेष कमी भारत पूरी करता है। भारत ऐसा करता रहा है और भविष्य में भी करता रहेगा। इसलिए मैं भारत से अलग होने के विचार से सहमत नहीं हूँ।"[17] बकुला रिंपोछे ने रायशुमारी या जनमत संग्रह का भी विरोध किया। उन्होंने कहा रियासत का भारत में विलय अंतिम है। "लद्दाख का रायशुमारी की इन माँग से कुछ लेना देना नहीं है।"[18] यही बात उन्होंने अखिल भारतीय विद्यार्थी परिषद् के सदस्यों को संबोधित करते हुए कही।[19]

10. रिंपोछे लोकसभा में—25 अक्तूबर, 1956 को एक बार फिर कुशोक बकुला ने स्पष्ट किया कि जम्मू-कश्मीर भारत का अटूट हिस्सा है। जम्मू-कश्मीर में संविधान अधिनियम 1957 लागू होने के अवसर पर उन्होंने कहा, "यह अधिनियम पंथनिरपेक्षता पर आधारित है। इस अधिनियम में यह अंतिम रूप से और बिना किसी उपबंध के घोषणा कर दी गई है कि यह प्रदेश

भारत का अविभाज्य अंग है। अब यह अविभाज्यता प्राकृतिक नियम के अनुसार अपरिवर्तनशील हो गई है। यही इस अधिनियम की आत्मा है। इससे अलगाव की बातें करनेवालों की जुबान बंद हो जाएगी। अब जम्मू-कश्मीर उस महान् भारत, जो उच्च मानवीय आदर्शों से प्रेरित है, जिसकी महान् शानदार परंपराएँ हैं, विश्व जिसकी ओर मार्गदर्शन के लिए देखता है, जो विश्व में शांति का प्रेरक है, का अटूट अंग है। इससे हमारी प्रसन्नता का पारावार नहीं है। सारा लद्दाख इस अवसर पर अभिभूत है।" कुशोक बकुला के इन उद्गारों से स्पष्ट है कि वे पहले दिन से ही इस काम में लगे हुए थे कि भारत की संघीय सांविधानिक व्यवस्था का हिस्सा बन जाए, ताकि लोकतांत्रिक प्रणाली के लाभ आम लोगों तक पहुँचे।

26 जनवरी, 1957 में जम्मू-कश्मीर में नया जम्मू-कश्मीर संविधान अधिनियम लागू कर दिया गया। उसके बाद प्रदेश में विधानसभा के लिए 1957 में चुनाव संपन्न हुए। कुशोक बकुला एक बार फिर लेह से निर्विरोध चुन लिये गए। अब तक लद्दाखियों को यह स्पष्ट हो गया था कि बिना सत्ता में भागीदारी से उनके प्रदेश से न्याय नहीं हो सकता। "1960 तक आते-आते स्पितुक मठ के कुशोक बकुला रिंपोछे, फायांग मठ के तोकदान रिंपोछे और टिकसे मठ के खानपो रिंपोछे राजनीति में सक्रिय ही नहीं थे, बल्कि लद्दाख बौद्ध परिषद् के सदस्यों समेत प्रबुद्ध लद्दाखियों में तालमेल स्थापित कर रहे थे।"[20] लद्दाख में कुशोक बकुला की लोकप्रियता का अंदाजा इसी बात से लगाया जा सकता है कि 1962 में विधानसभा के चुनावों में लेह विधानसभा सीट पर उनके मुकाबले एक निर्दलीय प्रत्याशी छेरिंग फुंछोक खड़ा हो गया। चुनाव में कुल मिलाकर 20653 वैध मत पड़े। इनमें से 20095 मत कशुक बकुला को मिले। यह किसी प्रत्याशी को अब तक मिले मतों का रिकॉर्ड था। इस प्रकार बकुला रिंपोछे 1952 से लेकर 1967 तक जम्मू-कश्मीर संविधान सभा/विधानसभा के सदस्य रहे। इस कालखंड में वे उपमंत्री और राज्य मंत्री भी रहे। उन्होंने इस कालखंड में लद्दाख को विकास के मार्ग पर डाल दिया। अब तक लोकसभा में लद्दाख का कोई प्रतिनिधि नहीं था। कश्मीरी ही लद्दाख का भी प्रतिनिधित्व करते थे। लद्दाख को कश्मीर घाटी की गंदरबल सीट का हिस्सा बनाया हुआ था। इससे लद्दाख के लोगों में निराशा थी। उनकी माँग थी कि लोकसभा में लद्दाख के प्रतिनिधित्व

की भी व्यवस्था की जानी चाहिए। भारत सरकार ने अंतत: लद्दाखियों की यह माँग स्वीकार तर ली और लद्दाख के लिए भी लोकसभा की एक सीट स्वीकार कर ली गई। पहली बार 1967 में इस संसदीय सीट के लिए चुनाव हुए और कुशोक बकुला रिंपोछे निर्विरोध चुन लिये गए।

संदर्भ—

1. Sunil Sethi (ed) The Jammu and Kashmir Constitution Assembly Debates, page-45
2. Shri Dhar Kaul & H.N. Kaul, Ladakh Through the Ages, Towards a New Identity, page-190
3. कुशोक बकुला का यह पूरा भाषण परिशिष्ट एक में देखा जा सकता है।
4. Sonam Wangchuk Shakspo, Kushok Bakula Rinpoche, The Architect of modern ladakh, page-77
5. Hindustan Times Evening news, Delhi 13th May, 1952
6. Shri Dhar Kaul & H.N. Kaul, Ladakh Through the Ages, Towards a New Identity, page-187
7. Shri Dhar Kaul & H.N. Kaul, Ladakh Through the Ages, Towards a New Identity, page-196
8. दीनदयाल उपाध्याय संपूर्ण वाङ्मय, खंड-दो, पृष्ठ-169, प्रधानमंत्री
9. यह नोट दिल्ली स्थित नेहरू म्यूजियम एंड लाइब्रेरी में सुरक्षित नेहरू पेपर्ज की फाइल जे.एन. (एस.ए.) 128(ii) में है।
10. श्रीधर कौल ने इस घटना का पूरा विवरण अपनी पुस्तक Laddakh Through Ages के सातवें अध्याय में दिया हुआ है।
11. Nawang Tsering Shakspo and Henry M Vyner (ed) Kushak Bakula Rinpoche, saint and statesman, page-x
12. Sonam Wangchuk Shakspo, Kushok Bakula Rinpoche, The Architect of modern ladakh, page-84

13. ICCR, International conference on kushok bakula Rinpoche, page-6
14. Nawang Tsering Shakspo and Henry M Vyner (ed) Kushak Bakula Rinpoche, saint and statesman, page-55
15. Sunil Sethi (ed) The Jammu and Kashmir Constitution Assembly Debates, page-740
16. Kashmir April 1955, यह पत्रिका उन दिनों भारत सरकार के प्रकाशन विभाग द्वारा प्रकाशित की जाती थी।
17. Sunil Sethi (ed) The Jammu and Kashmir Constitution Assembly Debates, page-740
18. Organiser 11 जनवरी, 1954
19. Organiser 11 जनवरी, 1954
20. Fernanda Pirie, Peace and Conflict in Ladakh: The Construction of a Fragile Web of Order page-44

□

7

लद्दाख के अधिकारों की जंग

1. लद्दाख क्षेत्र को जनजाति का दर्जा—अंग्रेजों ने दुनिया के जिस देश पर भी विजय प्रप्त की, उस देश के सभी लोगों को ट्रायब घोषित कर दिया। यही कारण है कि अमेरिका, न्यूजीलैंड, ऑस्ट्रेलिया के मूल निवासी ट्रायब कहे जा रहे हैं। ब्रिटिश सरकार ने भारत में भी कुछ जातियों की एक सूची तैयार कर, उसमें शामिल जातियों को ट्रायब घोषित किया था। अंग्रेजी के शब्दकोश में ट्रायब का अर्थ वे लोग हैं, जो विकास की दौड़ में पिछड़ गए हैं। अंग्रेज लोग पिछड़े का अर्थ भौतिक साधनों या संपन्नता की दृष्टि से पिछड़ना नहीं कहते थे, बल्कि उनकी परिभाषा में ट्रायब की सूची में दर्ज लोग सांस्कृतिक लिहाज से पिछड़े हुए हैं। जबकि स्थिति इसके बिल्कुल विपरीत थी। भारत में जिन लोगों को ट्रायब कहा जा रहा था, वे सांस्कृतिक लिहाज व मानव मूल्यों के लिहाज से कहीं ज्यादा विकसित थे। उनकी आर्थिक स्थिति कमजोर हो सकती थी, लेकिन सांस्कृतिक विकास पर प्रश्नचिह्न नहीं लगाया जा सकता था। स्वाभाविक ही इन जातियों में स्वयं को ट्रायब कहे जाने को लेकर गुस्सा पैदा होता। उसके शमन के लिए उस समय की ब्रिटिश सरकार ने ट्रायब की सूची में दर्ज जातियों को आर्थिक लिहाज से कुछ अतिरिक्त सुविधाएँ देनी शुरू कीं। निश्चय ही इससे इन जातियों को अपनी आर्थिक स्थिति सुधारने में सहायता मिली। अंग्रेजों के चले जाने के बाद भी सरकार ने इसे जारी रखा और ट्रायब नाम से सूची में दर्ज जातियों को सांविधानिक सुरक्षा भी प्रदान की। बाद में देश भर में भौगोलिक लिहाज से पिछड़े इलाकों की शिनाख्त करके उन क्षेत्रों को ही ट्रायबल क्षेत्र का दर्जा दिया गया।

उस विशेष क्षेत्र में रहनेवाली सभी जातियों को इन सुविधाओं का लाभ मिला। भौगोलिक लिहाज से लद्दाख सर्वाधिक पिछड़ा क्षेत्र था। इसलिए वहाँ के लोग माँग कर रहे थे कि इसे ट्रायबल क्षेत्र के रूप में सूचीबद्ध किया जाना चाहिए। लद्दाख के लोगों के लिए जनजाति या ट्रायब का अर्थ यह नहीं था कि वे संस्कृति और सभ्यता में किसी से पिछड़े हुए थे।

भगवान् बुद्ध के वचनों में विश्वास करनेवाले लद्दाखी मानव-मूल्यों के संरक्षण में तथाकथित सभ्य समाज से कहीं आगे थे। सांस्कृतिक मूल्यों पर आधारित उनका आचरण तथाकथित सभ्य समाज से भी बेहतर ही था। लद्दाख की समस्या उसकी निर्धनता और भौगोलिक कारणों से संभाग में मूलभूत संरचना का भी न होना था। बहुत प्रयास से यदि लद्दाख में शिक्षा का प्रयास हो भी रहा था तो नव शिक्षितों को नौकरी नहीं मिलती थी। इस अंतर्विरोध से निकलने का एक ही रास्ता था कि लद्दाख को जनजाति क्षेत्र का दर्जा दिया जाए, ताकि उसे वे सभी सुविधाएँ मिल सकें, जो अन्य जनजाति क्षेत्रों को मिलती हैं। लेकिन जम्मू-कश्मीर की नेशनल कॉन्फ्रेंस सरकार इसे किसी भी हालत में स्वीकार करने के लिए तैयार नहीं थी। लद्दाखवासियों का दुर्भाग्य था कि कांग्रेस ने अपनी शाखा जम्मू-कश्मीर में स्थापित ही नहीं की थी, क्योंकि पं. जवाहरलाल नेहरू मानते थे कि वैचारिक आधार पर नेशनल कॉन्फ्रेंस और कांग्रेस एक ही है। 1964 में पं. नेहरू के देहांत के बाद लाल बहादुर शास्त्री देश के प्रधानमंत्री बने। कुशोक बकुला रिंपोछे को आशा बँधी कि शास्त्रीजी लद्दाख की समस्याओं को सही परिप्रेक्ष्य में देख सकेंगे। किसी सीमा तक उनकी यह आशा सही भी थी। शास्त्रीजी ने जम्मू-कश्मीर की समस्याओं को जानने के लिए एक उच्च अधिकारी राज्य में भेजा। बकुला रिंपोछे ने उससे कहा, "जब मैं राज्य में राज्य मंत्री था तो मुझे करने के लिए कोई काम नहीं दिया गया था। यहाँ तक कि मुझे भी कोई फाइल नहीं भेजी जाती थी। लद्दाख की जो समस्याएँ मैं मुख्यमंत्री को बताता था, उन पर कोई ध्यान नहीं दिया जाता था। लद्दाख की ओर किसी ने ध्यान नहीं दिया। इसलिए लद्दाख की समस्या का एक ही हल है कि उसे केंद्र शासित बना दिया जाए।"[1] उसके बाद बकुला रिंपोछे सारी स्थिति पर चर्चा करने के लिए स्वयं लाल बहादुर शास्त्री से भी मिले। उन्हें एक ज्ञापन भी दिया। रिंपोछे ने स्पष्ट किया—"अब

लद्दाख में कानून का राज्य नहीं रहा। कश्मीर घाटी से उन अधिकारियों को यहाँ नियुक्त किया जाता है, जिनकी यहाँ के लोगों के साथ कोई सहानुभूति नहीं होती। यह ठीक है कि लद्दाखी शांतिप्रिय लोग हैं, लेकिन इसका यह अर्थ तो नहीं कि वे अपने घर में गहराते आर्थिक संकट को चुपचाप देखते रहें। इसलिए यह जरूरी है कि केंद्र सरकार लद्दाख की सुरक्षा और प्रशासन में अतिरिक्त रुचि ले। केंद्र सरकार का लद्दाख के प्रति नैतिक दायित्व भी है, लेकिन केंद्र ने उसे पूरा नहीं किया। केंद्र को यह जरूर देखना चाहिए कि लद्दाख में स्वच्छ, भ्रष्टाचार मुक्त प्रशासन स्थापित हो। यह ध्यान रखना होगा कि लद्दाख की राजनीति भ्रष्टाचार से संचालित न हो।"[2] ध्यान रहे, जिन दिनों वे लद्दाख से हो रहे अन्याय के खिलाफ यह लड़ाई लड़ रहे थे, उन दिनों भी वे जम्मू-कश्मीर सरकार में मंत्री थे और उनके पास लद्दाखी मामलों का ही मंत्रालय था। लेकिन "उनके पास कभी कोई फाइल नहीं आती थी।" बकुला रिंपोछे सत्ता के भार से दबकर मौन नहीं हुए, बल्कि अन्याय से संघर्ष करने का उनका जज्बा और मजबूत हुआ।

2. लद्दाख में 1969 में जनांदोलन—लद्दाख में 1969 के आंदोलन ने राज्य की राजनीति में भूकंप ला दिया। इस आंदोलन के दूरगामी परिणाम हुए। इधर राज्य में गुलाम मोहम्मद सादिक मुख्यमंत्री (1964-1971) बने तो उन्होंने लद्दाख के पर कतरने शुरू किए। 1962 में चीनी हमले के बाद से लद्दाख में नेफा की तर्ज पर प्रत्यक्ष केंद्रीय शासन प्रणाली लागू कर दी गई थी। इस प्रणाली के तहत लद्दाख में विकास कार्य में तेजी आई थी। सादिक ने इस प्रणाली को समाप्त कर दिया और इसके स्थान पर बकुला रिंपोछे की अध्यक्षता में एक दस सदस्यीय समिति का गठन, जो राज्य सरकार को विकास प्रकल्पों के क्रियान्वयन में सलाह देगी। लेकिन यह प्रयोग असफल सिद्ध हुआ। बकुला रिंपोछे ने केंद्र सरकार से पहली प्रणाली को ही चालू रखने का आग्रह किया, लेकिन मामला वहीं-का-वहीं अटका रहा। दरअसल सादिक ने सांप्रदायिक आधार पर लद्दाखी समाज को बाँटने में ही अपनी राजनीतिक चतुराई समझी।

लाल बहादुर शास्त्री ज्यादा देर जीवित रहते तो शायद वे जम्मू-कश्मीर में व्याप्त समस्याओं और लद्दाख की व्यथा का अंत कर पाते, परंतु दुर्भाग्य से 11 जून, 1966 को ताशकंद में रहस्यमय परिस्थितियों में उनका निधन हो गया।

लेकिन अपने निधन से पूर्व 1965 में उन्होंने जम्मू-कश्मीर में भी पहली बार कांग्रेस की शाखा स्थापित कर दी थी। लेकिन जल्दबाजी में नेशनल कॉन्फ्रेंस का ही कांग्रेस में विलय कर लिया गया। स्वाभाविक था, कांग्रेस में नेशनल कॉन्फ्रेंस की विचारधारा के लोगों का जमावड़ा हो गया। लद्दाख में कांग्रेस के अध्यक्ष कुशोक बकुला रिंपोछे ही बनाए गए। अभी तक वे नेशनल कॉन्फ्रेंस के सदस्य थे और वैचारिक स्तर पर उसमें घुटन महसूस कर रहे थे, लेकिन अब कांग्रेस में आ जाने से स्वयं को मुक्त अनुभव कर रहे थे। वे लंबे अरसे से लद्दाख के हितों की पूर्ति के लिए नेशनल कॉन्फ्रेंस को ढो रहे थे। उससे उन्हें छुटकारा मिल गया। शास्त्री के बाद 24 जनवरी, 1966 को इंदिरा गांधी प्रधानमंत्री बनीं। बकुला रिंपोछे दिल्ली में इंदिरा गांधी के पास यह माँग लेकर गए भी कि लद्दाख को जनजाति क्षेत्र का दर्जा दिया जाए। लेकिन इसे क्या कहा जाए कि जम्मू-कश्मीर की यह निराली समस्या कांग्रेस की ही तो देन थी। परंतु कुशोक बकुला भी हार मानने वालों में से नहीं थे।

1967 में लोकसभा के लिए चुनावों की घोषणा हो गई। कांग्रेस ने लद्दाख की सीट के लिए कुशोक बकुला रिंपोछे को ही अपना प्रत्याशी बनाया और उन्होंने यह सीट निर्विरोध जीती। 1971 में वे एक बार फिर इसी क्षेत्र से पाँचवीं लोकसभा के लिए चुने गए

1964 में जम्मू-कश्मीर के मुख्यमंत्री गुलाम मोहम्मद सादिक बने। उन्होंने भी लद्दाख में उठ रही स्वायत्तता की माँग का उत्तर अपनी तुच्छ राजनीति के अनुसार देने का निर्णय किया। वैसे तो उन्हें प्रगतिवादी माना जाता है, लेकिन लद्दाख के मामले में वे भी सांप्रदायिक सोच से आगे नहीं जा सके। सादिक ने तो सांप्रदायिक सोच पर अपनी प्रगतिशील चेतना की चाशनी चढ़ाकर लद्दाख के विंभिन्न मठों में आपस में फूट लड़वाने की कोशिश शुरू कर दी थी। थिकसे मठ को कुशोक बकुला के पेथुप मठ के खिलाफ खड़ा करने की कोशिश की। थिकसे के सोनम नोरबु और खानपो रिंपोछे को कुशोक बकुला के खिलाफ उभारने के प्रयास किए। इसी प्रकार कारगिल के बल्ती शिया समाज को बौद्धों के खिलाफ भड़काने के सांप्रदायिक प्रयास किए। इसके परिणाम भी जल्दी आने शुरू हो गए। 1969 में मुसलमानों ने लेह में बौद्ध ध्वज को जलाकर समस्त लद्दाखियों का

अपमान किया। लेह में बौद्धों की पिटाई की। उत्तेजक नारे लगाए। लद्दाखियों ने बाकायदा बौद्ध एक्शन कमेटी का गठन कर आंदोलन शुरू कर किया और सरकार को माँगपत्र पेश किया। इस आंदोलन की मुख्य माँग क्षेत्र को जनजाति का दर्जा दिए जाने की ही थी। माँग पत्र के अनुसार—

(क) लद्दाखियों को अनुसूचित जनजाति का दर्जा दिया जाए।

(ख) लद्दाख में तिब्बती शरणार्थियों के बसाने का प्रबंध किया जाए।

(ग) हाई स्कूल तक भोटी भाषा को अनिवार्य विषय के रूप में पढ़ाया जाए।

(घ) जम्मू-कश्मीर मंत्रिमंडल में एक कैबिनट मंत्री अवश्य लिया जाना चाहिए।

इस आंदोलन में कुशोक बकुला रिंपोछे समेत अन्य अनेक लामाओं ने भी कोशिश की कि लद्दाखी समाज में षड्यंत्रपूर्वक तरीके से डाल दिए गए जहर को बाहर निकाला जाए। इसमें उन्हें काफी सफलता भी मिली। यह आंदोलन लगभग दो मास चला। प्रारंभिक तनाव के बाद दोनों समुदायों में एकता स्थापित हो गई।

3. लोकसभा में जनजाति क्षेत्र का दर्जा दिए जाने की वकालत—बकुला रिंपोछे 1967 से लेकर 1977 तक दस साल लोकसभा के सदस्य रहे। इस दौरान उन्होंने लद्दाख के विकास के अनेक प्रयास किए थे। रक्षा मंत्रालय, शिक्षा मंत्रालय और योजना मंत्रालय की संसदीय सलाहकार समितियों में सक्रिय भागीदारी की। लोकसभा में वे निरंतर लद्दाख की समस्याओं और उसके विकास से ताल्लुक रखनेवाले प्रश्न उठाते रहे। उन्होंने जम्मू-कश्मीर के विभिन्न संभागों में व्याप्त असंतुलन के खिलाफ अपना अभियान नहीं रोका। लोकसभा में इसकी ओर सभी का ध्यान आकर्षित किया और यह भी बताया कि हम लद्दाख के लिए अनुसूचित जनजाति का दर्जा क्यों माँगते हैं। उन्होंने कहा, "लद्दाख को अनुसूचित जनजाति और अनुसूचित क्षेत्र न घोषित करने से लोगों को वहाँ हर प्रकार का सुभीता नहीं मिल रहा है। लद्दाख के लड़के आजकल पढ़ने के इच्छुक हैं। वे पढ़ने के लिए राज्य से बाहर भी जाना चाहते हैं। लेकिन उनको पूरी सुविधाएँ नहीं मिल पातीं। इस साल लद्दाख के तीन लड़के आई.ए.एस. की परीक्षा देना चाहते हैं, लेकिन उनका सफल होना मुश्किल है। इसका कारण लद्दाख की बुनियादी तालीम का कमजोर होना है। वहाँ के अध्यापक अच्छे नहीं हैं। वहाँ पर साइंस के टीचर

और साइंस का सामान नहीं है। ऐसी हालत में वहाँ के लड़के यहाँ के लड़कों से मुकाबला नहीं कर सकते। लेकिन शैड्यूल एरिया घोषित होने से उनको कुछ लाभ मिल सकता है।"[3] इससे स्पष्ट है कि बकुला रिंपोछे जनजाति की उस अवधारणा से सहमत नहीं थे कि लद्दाख के लोग सभ्यता-संस्कृति में पिछड़े रह गए हैं, बल्कि वे तो लद्दाख के भौतिक विकास का रास्ता तलाश रहे थे। लद्दाख क्षेत्र में ज्यादातर बुद्ध वचनों को मानने वाले लोग हैं या फिर बल्ती हैं, जो अपने आपको हुसैन के शिष्य कहते हैं और मजहबी लिहाज से उनके शिया समाज का अंग हैं। अरब के इतिहास में शिया समाज के मुसलमानों से भयंकर युद्ध सर्व विदित हैं। जम्मू-कश्मीर के गिलगित और बल्तीस्तान पर पाकिस्तान का कब्जा हो जाने के बाद पूरे राज्य की राजनीति और सत्ता पर कश्मीर घाटी के लोगों का ही कब्जा हो गया था। उसमें भी मुसलमानों का आधिपत्य ही था। यह सरकार लद्दाख के बल्ती शिया समाज और बौद्ध समाज को अतिरिक्त सुविधाएँ तो दूर की बात, सामान्य सुविधाएँ देने के लिए तैयार नहीं थी। इसका जिक्र कुशोक बकुला ने अपने ऐतिहासिक बजट भाषण में किया ही था। लेकिन जम्मू-कश्मीर सरकार इसका विरोध कर रही थी। उसका एक ही तर्क था, इससे केंद्र सरकार का दखल बढ़ जाएगा। राज्य सरकार केंद्र सरकार के दखल को आड़ बनाकर अपने ही राज्य के एक संभाग के लोगों को दबाकर रखना चाहती थी। प्रदेश की कश्मीर केंद्रित सरकार को इससे एक और भय भी था। क्षेत्र को अनुसूचित जनजाति क्षेत्रों की सूची में शामिल कर लेने से लद्दाखियों और बल्तियों को भी प्रदेश में नौकरियाँ मिलनी शुरू हो जातीं और उनकी भी प्रशासन में नीति-निर्माण में भूमिका मिल जाती। केंद्र सरकार स्वयं चाहकर भी ऐसा नहीं कर सकती थी, क्योंकि संघीय संविधान के अनुच्छेद 370 के अंतर्गत संघीय संसद् का वही निर्णय जम्मू-कश्मीर में लागू होगा, जिसे प्रदेश की विधायिका चाहेगी। इसका अर्थ यह हुआ कि जब तक कश्मीरी नहीं मानेंगे, तब तक लद्दाख को अनुसूचित जनजाति का दर्जा नहीं मिल सकता।

4. जम्मू-कश्मीर की सत्ता पर पुनः शेख मोहम्मद अब्दुल्ला का कब्जा—जिन दिनों कुशोक बकुला रिंपोछे के नेतृत्व में लद्दाख के स्वाभिमान और अधिकारों का यह संघर्ष जारी था, उन दिनों संयोगवश शेख अब्दुल्ला

श्रीमती इंदिरा गांधी के साथ समझौता कर 25 फरवरी, 1975 को एक बार फिर प्रदेश के मुख्यमंत्री के तौर पर विराजमान हो गए थे। इसे भी संयोग ही कहना होगा कि 1952 में शेख अब्दुल्ला की सत्ता के प्रारंभिक वर्षों में उसकी कश्मीर और राष्ट्रविरोधी गतिविधियों के कारण उसे चुनौती कुशोक बकुला ने ही दी थी और अब 1978 में शेख की सत्ता के अंतिम काल में उसे चुनौती कुशोक बकुला रिंपोछे से ही मिली। दरअसल शेख नहीं चाहते थे कि जम्मू या लद्दाख से कोई ऐसा नेतृत्व पैदा हो, जो कालांतर में उन्हें चुनौती दे सके। वैसे भी शेख अब्दुल्ला लद्दाख के बौद्ध समाज पर विश्वास नहीं करते थे। वे लद्दाख को मुसलमान बहुमत वाला संभाग बनाना चाहते थे। बहुत अरसा पहले 1952 में ही नेशनल कॉन्फ्रेंस के महासचिव मौलाना मसूदी, जो शेख अब्दुल्ला के बहुत करीबी माने जाते थे ने, "लद्दाख को मुसलिम बहुल प्रदेश स्वीकारा था, उसके कारण बौद्ध समाज में यह आशंका घर कर गई कि सरकार लद्दाख को मुसलिम बहुल बना बौद्ध समाज को हाशिए पर धकेल देगी।"[4] अपने इस नए रूप में शेख अब्दुल्ला ने अपने प्रशासन को और भी ज्यादा कश्मीर केंद्रित कर दिया। 1953 तक तो वे जम्मू और लद्दाख को राज्य के संविधान में ही क्षेत्रीय स्वायत्तता देने की बात करते रहते थे, लेकिन अब नए रूप में वे इस पर बात करने को भी तैयार नहीं थे। जाहिर है लद्दाख वालों के पास आंदोलन के सिवा कोई उपाय शेख अब्दुल्ला ने रहने ही नहीं दिया था।

5. आपातस्थिति की घोषणा और बकुला रिंपोछे का भाषण—लेकिन इंदिरा-शेख समझौते के चार महीने बाद ही इंदिरा गांधी ने देश भर में आपातस्थिति लागू कर दी। शेख मोहम्मद अब्दुल्ला ने नए सिरे से नेशनल कॉन्फ्रेंस को पुनर्जीवित किया। परंतु कुशोक बकुला कांग्रेस में ही बने रहे। कुशोक बकुला इन नई राजनीति से प्रसन्न नहीं थे। वे शेख मोहम्मद अब्दुल्ला को अच्छी तरह समझ चुके थे। शेख सांप्रदायिक कारणों से लद्दाख की अवहेलना कर रहे थे। शेख के मुख्यमंत्री बनने के कुछ महीने बाद ही 26 जून, 1975 को देश में आपातस्थिति के नाम पर सांविधानिक तानाशाही घोषित हो गई। यह सबकुछ बकुला रिंपोछे को विचलित करने के लिए पर्याप्त था। हिंसा छल-कपट की राजनीति में उन्हें पहले भी कभी रुचि नहीं थी, लेकिन देश में मौलिक अधिकारों को ही प्रतिबंधित

कर दिए जाने के कारण वे राजनीति से उदासीन हो गए थे। इसका एक दूसरा कारण भी था। लद्दाख में उन्होंने स्वयं अपने लोगों के लोकतांत्रिक अधिकारों के लिए लंबा संघर्ष किया था। अब वे लोकतंत्र की इस हत्या में भागीदार कैसे हो सकते थे?

इस संदर्भ में उनका 22 मार्च, 1976 को लोकसभा में दिया गया भाषण अत्यंत महत्त्वपूर्ण है। कुछ लोग उनके इस भाषण की तुलना 12 मई, 1952 को जम्मू-कश्मीर विधानसभा में दिए गए उनके ऐतिहासिक भाषण से करते हैं। श्रीनगर का भाषण भी उन्होंने राज्य के बजट को लेकर ही दिया था और 22 मार्च, 1976 का उनका यह भाषण भी केंद्र सरकार द्वारा प्रस्तुत किए गए बजट को लेकर ही था। उस समय वे नेशनल कॉन्फ्रेंस के सदस्य थे और उसी सरकार की नीतियों की आलोचना कर रहे थे। इस समय वे कांग्रेस के सदस्य थे और उसी सरकार के बजट पर लद्दाख के संदर्भ में प्रहार कर रहे थे। यह आलोचना सामान्य प्रकार की चलताऊ आलोचना नहीं थी, बल्कि यह नीतियों को लेकर थी और उनकी भाषा में तल्खी थी। आपातस्थिति में किसी कांग्रेसी सदस्य द्वारा इस प्रकार के भाषण की किसी को आशा नहीं थी। लेकिन अबके भाषण और पच्चीस साल पूर्व श्रीनगर के भाषण में एक और महत्त्वपूर्ण अंतर था। उनके श्रीनगर के भाषण की देश-विदेश में काफी चर्चा हुई थी, लेकिन उनका यह भाषण मीडिया में अचर्चित रहा; क्योंकि आपातस्थिति के कारण मीडिया पर सेंसर लगा हुआ था और वह बिना सरकार की अनुमति के कुछ भी छाप नहीं सकता था। अन्यथा इस भाषण से भी उतना ही तहलका मचता, शायद उससे भी ज्यादा, यदि इसकी पूरी रपट मीडिया में आ जाती।

बकुला रिंपोछे ने कहा, "मैं उस राज्य से आता हूँ, जिसे जम्मू-कश्मीर कहते हैं। इसमें जम्मू का और कश्मीर का नाम तो आता है, लेकिन लद्दाख का कहीं नाम भी नहीं आता। लद्दाख में कोई स्वयं देखने आता भी नहीं। इसलिए वहाँ की सही रिपोर्ट नहीं मिलती। हमारे यहाँ प्रधानमंत्री भी आई होंगी और डिफेंस से ताल्लुक रखनेवाले मंत्री भी आए होंगे। लेकिन हमारे क्षेत्र के विकास की ओर ध्यान नहीं दिया गया।" 1952 को उन्होंने जम्मू-कश्मीर के वित्तमंत्री से पूछा था, बजट में लद्दाख का कहीं नाम ही नहीं है। बजट में लद्दाख के लिए कितनी

राशि आबंटित है ? लगभग यही प्रश्न वे इंदिरा गांधी की सरकार से पूछ रहे थे। उन्होंने पूछा, "मैं जानना चाहता हूँ कि जो 68 करोड़ रुपए जम्मू-कश्मीर के लिए मिले हैं, उनमें से लद्दाख को कितने मिलेंगे ? आज जो रुपया केंद्र से मिलता है, उसमें से लद्दाख का कितना हिस्सा है, इसका उल्लेख न बजट में किया गया है और न ही वे हमें बताते हैं। जो पैसा केंद्र से हमारे लिए दिया जाता है, वह कहाँ जाता है और किस काम पर खर्च होता था, कुछ मालूम नहीं।" आपातस्थिति में सरकार ने पिछड़े क्षेत्रों की आर्थिक उन्नति के लिए एक बीस सूत्रीय कार्यक्रम घोषित किया था और उसका प्रचार-प्रसार भी काफी किया जा रहा था। कुशोक बकुला ने चलते-चलते उस पर भी टिप्पणी की—"आपने बीस सूत्रीय कार्यक्रम में कहा है कि पिछड़े इलाकों की ओर विशेष ध्यान जिया जाएगा। हमारा लद्दाख हर क्षेत्र पिछड़ा हुआ है। लेकिन फिर भी इसकी ओर कोई ध्यान नहीं देता। यह बड़े अफसोस की बात है।"

लेकिन यह भी ध्यान में रखना चाहिए कि बकुला रिंपोछे लद्दाख के विकास की बात केवल संकुचित क्षेत्रीय हितों को ध्यान में रखकर नहीं करते थे। उनके सरोकार देश की सुरक्षा के सरोकारों से जुड़े हुए थे। इसको उन्होंने अपने भाषण में स्पष्ट भी किया। "आप सब जानते हैं कि लद्दाख एक बहुत ही महत्त्वपूर्ण जगह है। हमारे सामने एक तरफ चीन बैठा है और दूसरी तरफ पाकिस्तान बैठा है। यह ठीक है कि पाकिस्तान हमारा कुछ नहीं बिगाड़ सकता। लेकिन चीन जो हमारे सामने बैठा है, वहाँ बड़े-बड़े प्रोजेक्ट बन रहे हैं। इसके मुकाबले यदि आप लद्दाख में देखें तो कुछ नहीं हो रहा। आप शुरू से ही लद्दाख को देखें। 1953 के बाद वहाँ क्या हुआ ? 1959 के बाद वहाँ क्या हुआ ? 1970 के बाद वहाँ क्या हुआ ? कोई भी विकास का काम नहीं हुआ। लद्दाख 49000 वर्ग मील में फैला हुआ है। इसके चारों तरफ दुश्मन खड़े हैं। लेह इसका जिला मुख्यालय है। वहाँ से केवल 150 मील की दूरी पर चीन बैठा है। उसके इलाके में जो तरक्की हो रही है, वह हम सुनते रहते हैं। उसका मनोवैज्ञानिक असर अभी हमारे लोगों पर नहीं पड़ा है, लेकिन भविष्य में पड़ सकता है।" रिंपोछे की यह बहुत सूक्ष्म चेतावनी है। चीन विकास के माध्यम से लद्दाख में मनोवैज्ञानिक लड़ रहा है। लेकिन भारत सरकार इसकी ओर बिल्कुल ध्यान नहीं दे रही। बाकी केवल

फुटनोट के लिए अपना यह भाषण देने से पहले बकुला रिंपोछे ने आपातस्थिति की प्रशंसा करने की रस्म निभा दी थी। उन्होंने अपना भाषण ही उन दिनों की इस रस्म से शुरू किया था। "हमारी महान् नेता प्रधानमंत्री श्रीमती इंदिरा गांधीजी ने जो आपातस्थिति की घोषणा की है, उसके बाद इस देश में बहुत सुधार हुआ है।" उन दिनों कांग्रेसी क्षेत्रों में बकुला रिंपोछे के इस भाषण की बहुत चर्चा हुई थी।[5]

6. रिंपोछे ने चुनाव नहीं लड़ा—आपातस्थिति के बीच ही इंदिरा गांधी ने लोकसभा के लिए चुनावों की घोषणा कर दी। बकुला रिंपोछे ने इस बार चुनाव नहीं लड़ा, लेकिन वे कांग्रेस में बने रहे। उन्होंने यह चुनाव क्यों नहीं लड़ा, इसको लेकर अनेक कयास लगाए जाते हैं। कुछ नजदीकी लोग यह मानते हैं कि वे आपातस्थिति लगाए जाने से प्रसन्न नहीं थे। यह भी एक कारण हो सकता है। लेकिन यह भी माना जा सकता है कि वे नए लोगों को अवसर प्रदान करना चाहते थे। उनके सचिव रह चुके सोनम वांगचुक के अनुसार, वे कहते थे कि वे लद्दाख की राजनीति में उस समय शामिल हुए थे, जिस समय वहाँ कोई और लद्दाख के अधिकारों हेतु लड़ने के लिए नहीं था। लेकिन अब इतने साल में बहुत से युवा इस काम के लिए तैयार हो गए हैं। संभाग में राजनैतिक चेतना भी बढ़ी है। वैसे भी पूरे जम्मू-कश्मीर को मध्यकालीन चेतना से बाहर निकलना होगा और महिलाओं को भी राजनीति में अवसर देने होंगे। लद्दाख इस दिशा में अन्य संभागों को रास्ता दिखा सकता है। इसलिए उन्होंने लद्दाख की लोकसभा सीट से कांग्रेस प्रत्याशी रानी पार्वती देवी का समर्थन किया। पार्वती देवी ने नेशनल कॉन्फ्रेंस को हराकर यह सीट जीती भी। लेकिन 1977 के इन चुनावों में कांग्रेस पराजित हुई और केंद्र में जनता पार्टी की सरकार बन गई। मोरारजी देसाई नए प्रधानमंत्री बने। लोकसभा चुनावों के बाद हुए विधानसभा चुनावों में जम्मू-कश्मीर में शेख मोहम्मद अब्दुल्ला की नेशनल कॉन्फ्रेंस जीत गई और शेख अब्दुल्ला एक बार फिर जुलाई 1977 में प्रदेश के मुख्यमंत्री बने। वे इस पद पर अपनी मृत्युपर्यंत सितंबर 1982 तक रहे।

1977 के इन चुनावों के बाद बकुला रिंपोछे ने सक्रिय संसदीय राजनीति से मुक्त होकर अब अपना पूरा ध्यान जम्मू-कश्मीर में व्याप्त समस्याओं के समाधान पर केंद्रित किया। लद्दाख में जन-असंतोष भी बढ़ता जा रहा था। यद्यपि अभी

तक लद्दाखियों की माँग अनुसूचित जनजाति के दर्जे की ही थी, लेकिन इतने साल से सतत संघर्ष करते रहने के बाद वहाँ यह भाव पैदा होने लगा था कि जब तक लद्दाख को केंद्र शासित प्रदेश का दर्जा नहीं दिया जाता, तब तक वहाँ न तो विकास हो सकता है और न ही स्वशासन। वर्तमान व्यवस्था में तो लद्दाख, कश्मीर घाटी का उपनिवेश बनकर ही रह सकता है। परंतु कुशोक बकुला यह भी जानते थे कि इसके लिए लद्दाखियों और बल्तियों को मिलकर संघर्ष करना होगा। लद्दाख के इस आंदोलन को ठेस पहुँचाने के लिए कश्मीर घाटी की नेशनल कॉन्फ्रेंस, शेख मोहम्मद अब्दुल्ला अथवा उसके परिवार के नेतृत्व में, लद्दाखियों और कारगिल के बल्तियों में मजहब के आधार पर फूट लड़वाने की कोशिश करेंगे, क्योंकि लद्दाख के लोग अभी भी भगवान् बुद्ध के उपासक थे, जबकि कारगिल के बल्तियों पर बहुत सीमा तक इसलाम का प्रभाव पड़ चुका था। यहाँ तक कि उन्होंने अपने परंपरागत नाम छोड़कर इसलामी जगत् के नाम रखने शुरू कर दिए थे। शेख मोहम्मद अब्दुल्ला ने पुनः सत्ता सँभालने पर एक बार फिर लद्दाखियों और बल्तियों में मजहब के नाम पर भेदभाव करने और फूट डालने का काम शुरू कर दिया। यह काम उन्होंने पहले भी 1947-1953 तक के अपने शासन काल में किया था, जब कारगिल को पाकिस्तानी कब्जे से मुक्त हो जाने के बाद शेख की कश्मीरी पुलिस ने मजहब के कारण जंस्कार के बौद्धों को ही लूटना और सताना शुरू कर दिया था। अब शेख सरकार ने वही पुराना खेल लद्दाख में पुनः शुरू कर दिया। कुशोक बकुला ने लद्दाख में बौद्धों और बल्तियों, दोनों को ही नेशनल कॉन्फ्रेंस की इस फूट डालने वाली नीति के प्रति सचेत किया।

7. राष्ट्रीय अल्पसंख्यक आयोग में—इन्हीं दिनों उन्हें नए प्रधानमंत्री मोरारजी देसाई की ओर से निमंत्रण प्राप्त हुआ। मोरारजी देसाई ने बकुला रिंपोछे को नए गठित किए जा रहे राष्ट्रीय अल्पसंख्यक आयोग में बौद्ध समाज की ओर से सदस्यता स्वीकार करने का आग्रह किया। एम.आर. मसानी इसके अध्यक्ष थे। बकुला रिंपोछे को सचमुच आश्चर्य हुआ। वे जीवन भर कांग्रेस से जुड़े रहे थे। उन्होंने उसके लिए प्रचार किया था, लेकिन नई सरकार के मुखिया उनसे शासकीय पद सँभालने का आग्रह कर रहे थे। मोरारजी भाई जानते थे कि

बकुला रिंपोछे राजनीति की सँकरी गलियों से बहुत दूर हैं। लोकसभा में उनके 1976 के भाषण को भी राजनैतिक हल्के भूले नहीं थे। उन्होंने सदा जनहित और राष्ट्रहित को ध्यान में रखकर ही काम किया है। क्षुद्र राजनैतिक हितों को उन्होंने कभी प्राथमिकता नहीं दी। सदा राष्ट्रीय हित ही उनके ध्यान में रहे। इस प्रकार देश की पहली गैर-कांग्रेसी सरकार में बकुला रिंपोछे अल्पसंख्यक आयोग के सदस्य बने। 7 अगस्त, 1978 को उनकी इस पद पर नियुक्ति हुई और वे इस पद पर 11 दिसंबर, 1989 तक बने रहे। बकुला रिंपोछे की इस नई नियुक्ति से शेख प्रसन्न नहीं हुए।

लेकिन लद्दाख से हो रहे इस अन्याय का अगला मोर्चा राष्ट्रीय अल्पसंख्यक आयोग को लेकर ही लगा, जिसमें बकुला रिंपोछे के जाने से शेख चौकन्ने हो गए थे। इस आयोग का काम विभिन्न प्रदेशों के अल्पसंख्यक समुदाय के हितों की रक्षा करना था। शेख अब्दुल्ला ने आयोग के अध्यक्ष मसानी को पूरे सहयोग का आश्वासन दिया था। लेकिन जैसे ही केंद्र सरकार ने कुशोक बकुला रिंपोछे को आयोग का सदस्य बनाया तो शेख अब्दुल्ला के तेवर बदल गए। रिंपोछे ने आयोग के सदस्य की हैसियत से लद्दाख के प्रवास का कार्यक्रम बनाया और उसकी एक प्रति सूचना हेतु जम्मू-कश्मीर सरकार के अधिकारियों को भेज दी। राज्य सरकार ने उन्हें राज्य अतिथि का दर्जा देने से इनकार कर दिया। बकौल कुशोक बकुला, "उनके साथ अभद्र व्यवहार किया गया।"[6] आयोग ने एक बार फिर 1979 के शुरू में ही पुनः जम्मू-कश्मीर के प्रवास का कार्यक्रम बनाया। आयोग वहाँ के अल्पसंख्यकों मसलन बौद्धों, हिंदू-सिक्खों की ओर से प्राप्त शिकायतों की जाँच करने के लिए जाना चाहता था। मुख्यमंत्री शेख मोहम्मद अब्दुल्ला ने जम्मू-कश्मीर में राष्ट्रीय अल्पसंख्यक आयोग के अधिकार क्षेत्र को मानने से ही इनकार कर दिया। उन्होंने कहा कि मुझे पता चला है कि आयोग में यहाँ के एक व्यक्ति को भी मनोनीत किया गया है। शेख का संकेत कुशोक बकुला रिंपोछे की ओर था, लेकिन इसके साथ ही आयोग को लेकर उसके अडियल रवैए का कारण भी स्पष्ट हो गया। कुशोक बकुला 1947 से ही शेख की सांप्रदायिक राजनीति और लद्दाख से भेदभाव वाली मनोवृत्ति का विरोध कर रहे थे। शेख ने कहा कि अनुच्छेद 370 के कारण राज्य में आयोग को मान्यता

नहीं दी जा सकती। इससे जम्मू-कश्मीर के अधिकारों का हनन होता है। शेख जानते थे कि आयोग जम्मू-कश्मीर में असली अल्पसंख्यकों, मसलन हिंदू-सिक्ख और बौद्धों के सांविधानिक अधिकारों की बात करेगा। इसके विपरीत शेख राज्य में मुसलमानों को ही अल्पसंख्यक करार दे रहे थे। इसलिए विरोध का असली कारण शेख अब्दुल्ला की मजहबी संकीर्णता थी। लद्दाख का बौद्ध समाज पहले ही राज्य की कश्मीर केंद्रित सरकार की अवहेलना झेल रहा था। अब शेख अब्दुल्ला राज्य में अल्पसंख्यक आयोग के लिए दरवाजे बंद करके मानो लद्दाख को एक बहुत बड़े यातना शिविर में बदल रहे थे। लद्दाख के बारे में राज्य सरकार के सौतेले व्यवहार का अनुमान इसी से लगाया जा सकता है कि नेशनल कॉन्फ्रेंस के विधायक ने स्वयं स्वीकार किया कि पाँचवीं योजना में लद्दाख के लिए तेरह करोड़ रुपए आबंटित किए गए हैं। कुशोक बकुला ने इस पर टिप्पणी की, "यह राशि लद्दाख में एक झूलता हुआ पुल बनाने के लिए पर्याप्त है।"[7] लद्दाख में तनाव बढ़ता जा रहा था।

8. लद्दाख का विभाजन—उधर लद्दाखियों और बल्तियों ने जब इस क्षेत्र से हो रहे अन्याय के खिलाफ साँझा मोर्चा खोला तो शेख मोहम्मद अब्दुल्ला ने 1 जुलाई, 1979 को लद्दाख को दो जिलों में विभाजित कर दिया—लेह और कारगिल। बल्तियों का कारगिल, जो शिया समाज का अंग है और बौद्धों का लेह। लद्दाख में पहली बार मजहबी दरार डाली गई थी। इतना ही नहीं, बौद्ध बहुल जंस्कार को लेह जिला में न रख कारगिल में रखा गया, जिसका कोई तार्किक आधार नहीं था। यदि शेख किन्हीं कारणों से जंस्कार को लेह जिला में नहीं भी रखना चाहते थे, तो उसे अलग जिला बनाया जा सकता था। लद्दाख में आम चर्चा शुरू हो गई थी कि शेख अपनी भविष्य की राजनीति और रणनीति दोनों को ही ध्यान में रखकर लद्दाख का सांप्रदायिक विभाजन कर रहे हैं। यह खेल वे बरसों पहले 1948 में जम्मू संभाग में मजहबी आधार पर ऊधमपुर जिला का विभाजन करके खेल चुके थे। उन्होंने ऊधमपुर जिला के मुसलिम बहुल क्षेत्र डोडा को चिह्नित करके उसे अलग जिला बना दिया था। लद्दाख में शेख अब्दुल्ला की इस सांप्रदायिक राजनीति को लद्दाख के कुशोक बकुला रिंपोछे से बेहतर कौन समझ सकता था? शेख मोहम्मद अब्दुल्ला के इस व्यवहार से

लद्दाखियों के पुराने जख्म फिर ताजा हो गए। बकुला रिंपोछे राज्य सरकार के इस व्यवहार से अच्छी तरह परिचित थे। आखिर वे इतने सालों से सरकार के भीतर रहकर यही सब तो देख रहे थे। उन्होंने सरकार के भीतर और बाहर, दोनों जगह ही इस न्यायोचित माँग के लिए संघर्ष जारी रखा था। लेकिन शेख मोहम्मद अब्दुल्ला टस-से-मस नहीं हुए। शेख संख्या बल से प्राप्त बहुमत का प्रयोग अल्पसंख्यकों के दमन के लिए कर रहे थे और उनकी राजनीति मजहबी आधार पर चलती थी। अप्रैल 1979 को शेख मोहम्मद अब्दुल्ला ने केंद्र सरकार को पत्र लिखकर सूचित किया कि "राज्य के लोगों का मानना है कि आयोग को राज्य में भेजने से राज्य की स्वायत्तता में दखलंदाजी होगी।"[8] जाहिर था शेख अब्दुल्ला के इस अमानवीय व्यवहार का लद्दाख में विरोध होता। लद्दाख की सांसद पार्वती देवी समेत अनेक लद्दाखी नेताओं ने माँग की कि यदि अनुच्छेद 370 आयोग के रास्ते में बाधा है तो इस अनुच्छेद को हटा देना चाहिए।"[9] राज्य में शुरू से ही यह भावना थी कि अनुच्छेद 370 का उपयोग कश्मीर घाटी की स्वायत्तता के नाम पर जम्मू और लद्दाख के शोषण के लिए किया जा रहा है। कुशोक बकुला ने भी तुरंत जवाब दिया, "यदि ऐसा है तो लद्दाख को भी क्षेत्रीय स्वायत्तता दी जानी चाहिए, जिसका शेख अब्दुल्ला ने वायदा किया था।"[10]

9. लद्दाख में पुलिस की पहली गोली—लेकिन इन्हीं दिनों एक दूसरी घटना हुई, जिसने जलते पर घी का काम किया। इस घटना से यह भी अंदाज लगाया जा सकता है कि लद्दाख के बौद्ध समाज के प्रति राज्य सरकार कितनी हृदयहीन हो सकती है। जनवरी 1980 में चौदहवें दलाई लामा जंस्कार आए थे। बिजली की सुचारु व्यवस्था के लिए जिला प्रशासन ने दो जनरेटर सैट कारगिल से जंस्कार भिजवाए थे। दलाई लामा के चले जाने के कुछ मास बाद 1 सितंबर, 1980 को जिला प्रशासन इन जनरेटरों को KARSHA गाँव से ले जाने लगा तो स्थानीय लोगों ने विरोध किया और बिजली की सुचारु आपूर्ति के लिए इन्हें जंस्कार में ही रहने देने के लिए प्रार्थना की। प्रशासन ने लोगों की बात मानने से इनकार कर दिया। जाहिर है कि दोनों पक्षों में गतिरोध बढ़ता। पुलिस ने गोली चला दी और लाठी चार्ज कर दिया। इससे तीन लोग मारे गए। प्रशासन इन तीन बौद्धों की लाशों पर से अपने जनरेटर वापस ले गया और उसने अपनी विजय

की घोषणा भी कर दी। जम्मू-कश्मीर के उपमुख्यमंत्री रहे डी.डी. ठाकुर ने इस घटना का वर्णन निम्न प्रकार से किया है, "जिन दिनों सैयद मीर कासिम राज्य के मुख्यमंत्री थे, उन दिनों दलाई लामा बौद्ध बहुल क्षेत्र जंस्कार में आए थे। वे वहाँ कुछ दिनों के लिए रुके थे। उनका प्रवास आरामदेह बनाने लिए प्रशासन ने कारगिल से दो जनरेटर सैट मँगवाए। दलाई लामा के चले जाने के कुछ दिनों बाद प्रशासन ने वे जनरेटर ले जाने का निर्णय लिया तो स्थानीय लोगों ने इसका विरोध किया। पुलिस ने गोली चला दी, जिसमें दो या तीन लोग मारे गए। इस घटना के पाँच साल बाद तक भी कोई मंत्री या अधिकारी जंस्कार जाने की हिम्मत नहीं जुटा पाया।"[11] ठाकुर ने इस घटना को सैयद मीर कासिम के कार्यकाल का बताया है। यानी फरवरी 1975 से पहले का। सोनम वांगचुक और श्रीधर कौल इसे 1980 की घटना बताते हैं। ठाकुर का कहना है, घटना के पाँच साल बाद तक भी वहाँ जाने की कोई हिम्मत नहीं कर सका। यदि घटना को 1974 का भी मान लिया जाए तो पाँच साल बाद का अर्थ 1979-1980 बैठता है। मेरे हिसाब से यह घटना 1980 की ही होनी चाहिए। (1974 या 1975 की नहीं।) जंस्कार में यह धारणा बनने लगी कि यह सारा कांड कश्मीरी नेताओं के इशारे पर बौद्धों को सबक सिखाने के लिए किया गया था, क्योंकि वे अपने अधिकारों के लिए मुखर हो रहे थे। इस घटना ने लद्दाख के बौद्ध समाज की आँखें खोल दीं। लेह तक में सरकार विरोधी प्रदर्शन होने लगे। एक बार फिर पूरे जोर से लद्दाख को स्वायत्तता, केंद्र शासित प्रदेश का दर्जा और जनजाति क्षेत्र का दर्जा देने की माँग जोर पकड़ने लगी। सरकार के पास इसका एक ही उत्तर था कि शिया समाज के बल्तियों और बौद्ध समाज के लद्दाखियों को मजहब के आधार पर लड़ाया जाए। लेकिन इसका माकूल जवाब दिया गया। लद्दाख के अधिकारों की इस लड़ाई के लिए कुशोक बकुला रिंपोछे के नेतृत्व में 'लद्दाख एक्शन कमेटी' का गठन किया गया, जिसमें बल्तियों और बौद्धों, दोनों को ही शामिल किया गया।[12]

10. लद्दाख एक्शन कमेटी का जनजाति दर्जे के लिए आंदोलन शुरू—लद्दाख एक्शन कमेटी के झंडे के नीचे 30 नवंबर, 1980 को कुशोक बकुला के नेतृत्व में लेह में एक विशाल प्रदर्शन हुआ, जिसमें जंस्कार में पुलिस अत्याचारों की न्यायिक जाँच करवाने, लद्दाख को क्षेत्रीय स्वायत्तता और

जनजाति क्षेत्र का दर्जा देने की माँग की गई।[13] प्रदर्शन में लगभग दो हजार प्रदर्शनकारी भाग ले रहे थे। पुलिस ने प्रदर्शनकारियों पर बिना किसी उत्तेजना के लाठी चार्ज किया और अश्रु गैस के गोले बरसाए। अनेक लोग घायल हो गए। लद्दाख के लोग शांतिप्रिय हैं। उनके जुलूस और प्रदर्शन भी आम तौर पर शांति पूर्ण ही होते हैं। लेकिन पुलिस के इस अनावश्यक बलप्रयोग ने उनको कहीं भीतर तक आहत किया। पुलिस के इन अत्याचारों के विरोध में एक्शन समिति ने 8 दिसंबर को लेह बंद का आह्वान किया। लद्दाख का सर्वाधिक लोकप्रिय त्योहार लोसर भी न मनाने का निर्णय किया। लोसर न मनाने का निर्णय सचमुच अभूतपूर्व था। यह त्योहार बौद्धों के हृदय से जुड़ा हुआ है और वर्ष भर का सबसे बड़ा त्योहार है। जाहिर है, हृदय पर पत्थर रखकर ही बौद्धों ने यह निर्णय किया होगा। इस अवसर पर लेह पूरी तरह बंद रहा। लद्दाख के सांसद पी. नमग्याल ने कहा, "लद्दाखियों का जीवन, संपत्ति और हित शेख सरकार के हाथों में सुरक्षित नहीं हैं। शेख पूरे क्षेत्र को सांप्रदायिक आधार पर बाँट रही है।"[14] जनजाति दर्जा को लेकर लेह में क्रमिक अनशन शुरू हो चुका था। 28 दिसंबर, 1980 को पूरे लेह जिला में जन प्रदर्शन हुए। प्रशासन ने सीमा सुरक्षा बल व केंद्रीय रिजर्व पुलिस बल को बुला लिया। लाठी चार्ज से अनेक प्रदर्शनकारी घायल हो गए। यहाँ तक कि पुलिस ने सांसद पी. नमग्याल को भी नहीं बख्शा। प्रशासन ने सीमा सुरक्षा बल और केंद्रीय रिजर्व पुलिस बल को बुला लिया। 2 जनवरी, 1981 को लद्दाख एक्शन कमेटी का एक प्रतिनिधिमंडल दिल्ली में प्रधानमंत्री इंदिरा गांधी से मिला और उन्हें ज्ञापन दिया। ज्ञापन के अनुसार, "कश्मीर के शासक लद्दाखियों को महज गुलाम मानकर चलते हैं, न कि राज्य के विकास में बराबर के हिस्सेदार। केंद्र सरकार को अपनी एक टीम लद्दाख में भेजनी चाहिए, जो यहाँ की जमीनी हकीकत का अध्ययन करने के बाद न्यायोचित माँगों को मानने का रास्ता निकालना चाहिए।"[15] कुशोक बकुला ने आशा जताई कि प्रधानमंत्री लद्दाखियों की इन माँगों को पूरा करेंगी।

4 जनवरी, 1981 को मुख्यमंत्री शेख अब्दुल्ला ने कहा कि सरकार के लिए यह प्रतिष्ठा का प्रश्न नहीं है। वह लद्दाखियों से बातचीत के लिए तैयार है। लेकिन मुख्यमंत्री ने यह भी जोड़ दिया कि लद्दाख से कोई भेदभाव नहीं

होता है। अपनी बात को वजनदार बनाने के लिए उन्होंने सीकरी कमीशन की रपट का सहारा लिया।[16] शेख मोहम्मद अब्दुल्ला की इन दोहरी बातों से संकेत मिल रहा था कि उनका मन साफ नहीं है और वे लद्दाख की न्यायपूर्ण माँगों को भी मानने के लिए तैयार नहीं हैं। बकुला रिंपोछे ने शेख अब्दुल्ला के इन दावों का प्रतिवाद किया। बकौल बकुला राज्य सरकार विकास कार्यों के लिए केंद्र सरकार से पैसा तो क्षेत्रीय आधार पर लेती है, लेकिन राज्य में उसका आवंटन जनसंख्या के आधार पर करती है। इस सूत्र से लद्दाख का विकास हो ही नहीं सकता, क्योंकि लद्दाख का क्षेत्रफल सबसे ज्यादा है, लेकिन उसकी जनसंख्या तो न्यूनतम है। 5 जनवरी को राज्य के मुख्य सचिव ने लद्दाख एक्शन कमेटी से बात करने की बात कही। धरने को टालने के लिए सरकार ने भी वित्तमंत्री देवीदास ठाकुर की अध्यक्षता में कैबिनेट सब कमेटी गठित की। लेकिन सरकार के आचरण और व्यवहार से लगता था कि वह मामले को लटकाए रखना चाहती है। इसलिए एक्शन कमेटी ने अपने पूर्व निर्धारित कार्यक्रम के अनुसार अनिश्चित काल के लिए क्रमिक अनशन शुरू कर दिया।

लद्दाखियों के इस आंदोलन का तोड़ निकालने के लिए कांग्रेस और नेशनल कॉन्फ्रेंस आपस में मिल गए और उन्होंने कारगिल में अलग से कारगिल एक्शन कमेटी गठित करवा दी। यह घटिया किस्म की सांप्रदायिकता थी। देवीदास ठाकुर की अध्यक्षता वाली कैबिनेट सब कमेटी 12–15 जनवरी, 1981 को प्रदर्शनकारियों का पक्ष जानने के लिए लेह आई। कमेटी ने सरकार की ओर से आश्वासन दिया कि आंदोलनकारियों की सभी मुख्य माँगे मान ली जाएँगी। 18 जनवरी को इस विषय पर सरकार के साथ समझौता भी हो गया, जिस पर उपायुक्त ने हस्ताक्षर किए। इस समझौते और आश्वासन के बाद धरना स्थगित कर दिया गया। लेकिन 24 जनवरी को कैबिनेट सब कमेटी के अध्यक्ष देवीदास ठाकुर ने आकाशवाणी से घोषणा कि लद्दाखियों ने अपना धरना समाप्त कर दिया गया है। यह लद्दाख के सहज विश्वासी लोगों के साथ एक प्रकार से विश्वासघात ही था। कुशोक बकुला रिंपोछे ने 27 जनवरी को देवीदास के इस दावे का खंडन किया और बताया कि सरकार की सदेच्छा पर विश्वास करते हुए धरना कुछ समय के लिए स्थगित किया है। यदि सरकार ने धोखा दिया तो

आंदोलन फिर से शुरू किया जाएगा। इसके तुरंत बाद 9 फरवरी, 1981 को जम्मू में एक बार फिर दोनों पक्षों के बीच वार्त्ता शुरू हुई। लेकिन इस वार्त्ता में ही शेख अब्दुल्ला ने कह दिया कि यदि लद्दाखी हमारे साथ नहीं रहना चाहते तो वे अलग हो सकते हैं। इससे विवाद बढ़ गया। दरअसल शेख अब्दुल्ला पिछले छह दशकों से अपनी यह इच्छा मौके-बेमौके दोहराते रहे हैं। 1952 में जब प्रदेश में प्रजा परिषद् ने 'एक राज्य में दो प्रधान, दो निशान, दो विधान नहीं चलेंगे' का उद्घोष करते हुए आंदोलन शुरू किया था, तब भी शेख अब्दुल्ला कहा करते थे कि यदि जम्मू संभाग कश्मीर में नहीं रहना चाहता तो वह जा सकता है। दरअसल शेख मोहम्मद अब्दुल्ला की मानसिकता कश्मीर को व्यक्तिगत जागीर मानने की हो गई थी। शेख के इस बयान ने लद्दाख में बबाल मचा दिया।

सुरक्षा के लिहाज से सर्वाधिक महत्त्वपूर्ण लद्दाख एक अजीब चक्रव्यूह में फँस गया था। केंद्र सरकार चुप्पी धारण कर गई थी। शेख अब्दुल्ला की सरकार वहाँ सांप्रदायिकता की विषबेल तो बो ही रही थी, साथ ही उसका व्यवहार लद्दाखियों को भावनात्मक रूप से अलग-थलग करना लगता था। रणनीतिकार जानते हैं कि सीमांत पर सुरक्षा के लिहाज से अलग-थलग जनसंख्या कितनी हानिकारक हो सकती है। लद्दाख एक घुटन में से गुजर रहा था। तभी सितंबर में लद्दाख की जिला विकास परिषद् के प्रकल्पों का जायजा लेने के लिए मुख्यमंत्री शेख मोहम्मद अब्दुल्ला को छोड़कर पूरा मंत्रिमंडल लेह आया। मंत्रि परिषद् के सदस्यों की जिला विकास परिषद् के साथ बैठक संतोषजनक नहीं रही। कुशोक बकुला रिंपोछे के अनुसार, "मंत्रिपरिषद् के असहयोगात्मक रवैए के चलते जिला विकास परिषद् के सदस्यों ने बैठक का बहिष्कार कर दिया। इनमें से कुछ लद्दाख एक्शन कमेटी से भी जुड़े हुए थे। मंत्रिपरिषद् के सदस्य छोटे-मोटे महत्त्वहीन मुद्दों पर केंद्रित करते रहे और मुख्य मुद्दों पर बात करने से बचते रहे। दूसरे दिन मंत्रिपरिषद् प्रातःकाल ही बिना किसी को कुछ बताए रहस्यमय ढंग से लद्दाख छोड़ गए, लेकिन जाने से पहले जिला प्रशासन को सभी प्रमुख बौद्ध नेताओं को गिरफ्तार कर लेने का आदेश दे गए।"[18] लेह में तनाव बढ़ता जा रहा था। लगता था, शेख अब्दुल्ला का प्रशासन किसी गहरी रणनीति के तहत लद्दाख को दावानल बना रहा था। बकुला रिंपोछे ने एक

बार फिर प्रधानमंत्री से दखलंदाजी के लिए गुहार लगाई, लेकिन वहाँ भी गहरा सन्नाटा ही छाया रहा।

सभी ओर से निराश होकर लद्दाख एक्शन कमेटी ने 15 जनवरी, 1982 को लेह के जिलाधीश कार्यालय के बाहर फिर से क्रमिक धरना शुरू कर दिया। 24 जनवरी को अनशनकारियों के समर्थन में लोग जिलाधीश कार्यालय की ओर जा रहे थे। पुलिस पहले से ही घात लगाए बैठी थी। दोनों की भिड़ंत हो गई और पुलिस ने लाठी चार्ज कर दिया। उसके बाद अश्रु गैस छोड़ी और अंत में गोली भी चला दी। गोलीबारी में एक वरिष्ठ भिक्षु और एक युवक शहीद हो गया। प्रशासन ने पुलिस बुला ली और चार दिन के लिए कर्फ्यू लगा दिया। इतना ही नहीं प्रशासन ने दाह संस्कार के लिए शहीदों के शव देने से भी इनकार कर दिया। शव न देने का बहाना था, शांति भंग होने का खतरा। शताब्दियों से शांत लद्दाखी बौद्धों को कश्मीर प्रशासन गोलियाँ चलाकर शांति का संदेश सुना रहा था। उधर श्रीनगर में शेर-ए-कश्मीर लद्दाख में गोली से स्थापित शांति को शांति से देख रहा था। कुशोक बकुला रिंपोछे और अन्य नेताओं ने प्रशासन को किसी प्रकार से आश्वस्त किया कि दुःख और शोक की इस घड़ी में किसी प्रकार का उपद्रव नहीं हो सकता। बड़ी मुश्किल से प्रशासन शहीदों के शव देने के लिए तैयार हुआ। 28 जनवरी, 1982 को शहीदों के संस्कार के अवसर पर श्रद्धांजलि अर्पित करने के लिए दस हजार लोग मौन खड़े थे। सभी की आँखें अश्रुपूरित थीं। दाह संस्कार के तुरंत बाद कुशोक बकुला रिंपोछे और पी. नमग्याल दिल्ली गए और 3 फरवरी, 1982 को इंदिरा गांधी से मिले और उन्हें लद्दाख के ताजा घटनाक्रम से अवगत करवाया। प्रधानमंत्री को एक विस्तृत माँगपत्र भी दिया। माँगपत्र के अनुसार—(क) लद्दाख की गरीबी व पिछड़ेपन का कारण राज्य सरकार का लद्दाख के प्रति उपेक्षा का भाव है। इसका एक ही समाधान है कि लद्दाख को जनजाति क्षेत्र का दर्जा दिया जाए।

(ख) लद्दाखियों की माँग है कि उन्हें राज्य के संविधान के अंतर्गत क्षेत्रीय स्वायत्तता दी जाए, ताकि वे अपने लिए विकास की योजनाएँ स्वयं बना सकें और उन्हें स्वयं ही क्रियान्वित कर सकें। लेकिन राज्य सरकार का इस मामले में लद्दाख से सौतेला व्यवहार रहा है।

(ग) लद्दाख को वित्तीय सहायता दुर्गम क्षेत्र के आधार पर मिलनी चाहिए, न कि जनसंख्या के आधार पर। तभी इस क्षेत्र का विकास हो सकेगा।

(घ) राज्य सरकार की सब कमेटी ने ये उपरोक्त माँगें स्वीकार कर ली थीं। परंतु बाद में उसने धोखा दिया और अपने वायदे से मुकर गए।[18]

11. शेख मोहम्मद अब्दुल्ला का देहांत—लेकिन इसके कुछ मास बाद ही जम्मू-कश्मीर की राजनीति ने एक और करवट ली। 8 सितंबर, 1982 को शेख अब्दुल्ला की मृत्यु हो गई। शेख अब्दुल्ला के देहांत के साथ ही जम्मू-कश्मीर राज्य के इतिहास और राजनीति के एक अध्याय का अंत हो गया। उसके बाद सत्ता उनके बेटे डॉ. फारुख अब्दुल्ला ने सँभाल ली और वे राज्य के नए मुख्यमंत्री बने। लेकिन दुर्भाग्य से लद्दाख को लेकर वे भी अपने पिता के नक्शेकदम पर ही चलते रहे। 12-16 अक्तूबर, 1982 को फारुख अब्दुल्ला अपने मंत्रिमंडल समेत जिला विकास परिषद् के साथ बैठक के लिए लेह आए। स्वाभाविक था, क्षेत्र को जनजाति का दर्जा देने का प्रश्न ही छाया रहा। लद्दाखियों को सचमुच आश्चर्य मिश्रित प्रसन्नता हुई, जब वे इसके लिए सहमत हो गए। राज्य के संविधान के अंतर्गत लद्दाख को आर्थिक व वित्तीय स्वायत्तता देने के लिए यह तय हुआ कि फारुक अब्दुल्ला, बकुला रिंपोछे और पी. नमग्याल—तीनों दिल्ली जाकर एक साथ प्रधानमंत्री इंदिरा गांधी को मिलेंगे और उनका निर्णय मान्य होगा। फारुख अब्दुल्ला के इस आश्वासन पर एक्शन कमेटी ने दस महीने से चला आ रहा अपना क्रमिक धरना स्थगित कर दिया। लेकिन किन्हीं कारणों से प्रधानमंत्री के साथ तीनों की एक साथ भेंट संभव ही न हो सकी। इससे लद्दाख में रोष बढ़ता जा रहा था।

इसको देखते हुए, "लद्दाख एक्शन कमेटी ने मुख्य संयोजक सोनम वांग्याल के नेतृत्व में चार सदस्यीय प्रतिनिधिमंडल सरकार से बातचीत करने के लिए जम्मू भेजा। 29 जनवरी, 1983 को यह प्रतिनिधिमंडल जम्मू में राज्य के मुख सचिव अशोक जेतली, योजना आयुक्त व अन्य अधिकारियों से मिला और वित्तीय स्वायत्तता की माँग की। सरकार ने इसे नहीं माना। यह प्रतिनिधिमंडल मुख्यमंत्री फारुक अब्दुल्ला से भी मिला। अब्दुल्ला ने कहा कि सरकार को लद्दाख को जनजाति क्षेत्र का दर्जा देने में कोई एतराज नहीं है और उसने इसका

प्रस्ताव पहले ही केंद्र को भेज दिया है।"[19] लेकिन अब्दुल्ला सच नहीं बता रहे थे, क्योंकि यदि कोई ऐसा प्रस्ताव सचमुच भेजा भी गया था तो वह संविधान के अनुच्छेद 342 के अंतर्गत नहीं भेजा गया था। इसलिए उसकी कोई कानूनी हैसियत नहीं थी। लेकिन इन्हीं दिनों विधानसभा के आगामी चुनावों को लेकर हलचल शुरू हो गई थी।

5 जून, 1983 को जम्मू-कश्मीर विधानसभा के चुनाव हुए। इन चुनावों में कांग्रेस और नेशनल कॉन्फ्रेंस दोनों आमने-सामने थे। फारुख अब्दुल्ला का अपने बलबूते चुनाव लड़ने का यह पहला मौका था। अब तक घाटी में उनके पिता शेख मोहम्मद अब्दुल्ला का ही प्रभाव था। इन चुनावों में फारुख को अपना स्वतंत्र प्रभाव सिद्ध करना था। नेशनल कॉन्फ्रेंस की जीत हुई और कांग्रेस बुरी तरह पराजित हुई। लेह से कांग्रेस प्रत्याशी सोनम ग्यालछेन जीता, जबकि कारगिल से नेशनल कॉन्फ्रेंस का शिया प्रत्याशी जीता। फारुक अब्दुल्ला मुख्यमंत्री बने। इसके साथ ही वे अपने असली रूप में भी आ गए। 20 जुलाई, 1983 को उन्होंने विधानसभा में कहा कि वे लद्दाख को तब तक जनजाति क्षेत्र का दर्जा नहीं देंगे, जब तक कारगिल व जम्मू के कुछ लोगों को भी यह दर्जा नहीं मिल जाता। इस बयान से लद्दाख में निराशा और क्रोध की भावना पैदा होना निश्चित था।

12. बकुला रिंपोछे कारगिल के प्रवास पर—इसी वातावरण में कुशोक बकुला ने 3 से 10 सितंबर, 1983 तक आयोग के सदस्य की हैसियत से कारगिल जिले का दौरा किया। वहाँ से आयोग को अनेक शिकायतें मिल रही थीं। नेशनल कॉन्फ्रेंस जंस्कार और कारगिल के उन लोगों को प्रताड़ित कर रही थी, जिन्होंने पार्टी को वोट नहीं दिया था। विकास के नाम पर वहाँ कुछ नहीं था। वहाँ कश्मीर घाटी के उन कर्मचारियों को पोस्ट किया जाता, जिनको किसी प्रकार की सजा देनी होती थी या फिर किन्हीं राजनैतिक कारणों से उन्हें तंग करना होता था। जबकि इस क्षेत्र में उन कर्मचारियों को नियुक्त किया जाना चाहिए था, जो अपने काम को मिशनरी भावना से करना चाहते हों। यह सब देखकर कुशोक बकुला का विश्वास और पक्का हो गया कि इन सब समस्याओं का हल लद्दाख को जनजाति का दर्जा और स्वायत्तता देने से ही हो सकता है। लेकिन राज्य सरकार का इरादा शायद कुछ ओर था। 31 जनवरी, 1984 को फारुक

अब्दुल्ला ने कुशोक बकुला रिंपोछे को पत्र लिखकर सूचित किया कि इस साल में विधानसभा में कारगिल और लेह दोनों जिलों के लिए संतोषजनक बिल पास करवाएँगे, ताकि इनको जनजाति का दर्जा मिल सके। फारुख अब्दुल्ला का यह पत्र उनकी भीतरी मंशा को स्पष्ट करनेवाला था। लद्दाख को जनजाति का दर्जा देने के लिए विधानसभा में कोई बिल लाने या पारित करने की जरूरत नहीं थी। यह तो राज्य सरकार का नीतिगत मामला था। राज्य सरकार के कहने पर संविधान के अनुच्छेद 342 के अंतर्गत राज्यपाल को तत्संबंधी सिफारिश करनी थी। ऐसा नहीं कि फारुख अब्दुल्ला इस सांविधानिक व्यवस्था को न जानते हों। इसका अर्थ था कि मुख्यमंत्री जानबूझकर मामले को लटकाना चाहते थे। यह दुःखद तो था, लेकिन अजीब नहीं, क्योंकि लद्दाख के साथ यह व्यवहार शेख अब्दुल्ला के समय से ही हो रहा था।

13. गुलाम मोहम्मद शाह बने मुख्यमंत्री—लेकिन इसी दौरान एक ऐसी घटना हुई, जिसने लद्दाखियों के संघर्ष की सफलता की आशा को पंख लगा दिए। शेख अब्दुल्ला के सुपुर्द-ए-खाक हो जाने पर उनकी जगह मुख्यमंत्री कौन बनेगा, इसको लेकर उनके घर में झगड़ा, उनके जीते जी ही शुरू हो गया था। लड़ाई शेख के बेटे डॉ. फारुख अब्दुल्ला और दामाद गुलाम मोहम्मद शाह के बीच हो रही थी। शेख मोहम्मद अब्दुल्ला की पत्नी अपनी बेटी और दामाद के पक्ष में थीं, लेकिन शेख स्वयं फारुक की ओर झुके हुए थे। लोकतंत्र की छत्रच्छाया में खानदान तंत्र का खेल हो रहा था। इस खेल का पहला राउंड तो फारुख अब्दुल्ला ने जीत लिया, लेकिन जल्दी ही कांग्रेस की सहायता से दूसरा राउंड दामाद गुलाम मोहम्मद शाह ने जीत लिया। 2 जुलाई, 1984 को राज्यपाल ने फारुक अब्दुल्ला की सरकार को बर्खास्त कर दिया। शाह ने नेशनल कॉन्फ्रेंस को विभक्त कर अवामी नेशनल कॉन्फ्रेंस बना ली और राज्य के नए मुख्यमंत्री बने।[20]

लद्दाख के लोगों को आशा बँधी कि शाह कई वर्षों से लद्दाख और कश्मीर के बीच हो रही इस खींचतान को खत्म करेंगे और लद्दाख को जनजाति का दर्जा प्रदान करने की प्रक्रिया शुरू कर देंगे। इसी विषय पर चर्चा करने के लिए 28-29 अगस्त, 1984 को लेह और कारगिल के प्रतिनिधिमंडल की एक

बैठक श्रीनगर में कुशोक बकुला के नेतृत्व में मुख्यमंत्री जी.एम. शाह के साथ हुई। बैठक में शाह ने स्वयं ही जनजाति दर्जा का प्रशन उठाया। शाह ने कहा, आप खाली हाथ लद्दाख नहीं जाओगे। लेकिन किसी-न-किसी कारण से मामला लटकता रहा। दरअसल उस समय भी कश्मीर घाटी की कुछ सांप्रदायिक ताकतें इसका विरोध कर रही थीं। कश्मीर घाटी की बकरा पार्टी लद्दाख को इतनी सी राहत देने के लिए तैयार नहीं थी। 27 जनवरी, 1985 को लद्दाख से एक और प्रतिनिधिमंडल श्रीनगर में मुख्यमंत्री से मिला। इसकी मुख्यमंत्री से तू-तू, मैं-मैं भी हो गई और प्रतिनिधिमंडल के एक सदस्य सोनम वांगयाल बैठक से उठकर भी चले गए। मुख्यमंत्री गुलाम मोहम्मद शाह ने अंततः लद्दाख के आंदोलनकारियों की माँग को स्वीकार कर लिया और संविधान के अनुच्छेद 342 के अंतर्गत राज्यपाल ने केंद्र सरकार को सिफारिश कर दी कि लद्दाख क्षेत्र को जनजाति क्षेत्र का दर्जा दे दिया जाए।

इस पूरे प्रकरण में राज्य सरकार की इतनी ही भूमिका थी और मात्र इस सिफारिश के लिए ही लद्दाख के बौद्ध समाज को इतना लंबा संघर्ष करना पड़ा। अब आमजन को आशा बँधी कि उनके लंबे संघर्ष का अंत हो गया है और अब जल्दी ही राष्ट्रपति की ओर से अधिसूचना जारी कर दी जाएगी। लेकिन कश्मीर घाटी के भीतर की वे शक्तियाँ, जिनकी पहुँच दिल्ली तक भी थी, चुप नहीं बैठी थीं। वे लद्दाख को अपना उपनिवेश बनाकर ही रखना चाहती थीं। इसी कशमकश के बीच 7 मार्च, 1986 को शाह सरकार बरखास्त कर दी गई और राज्यपाल शासन लागू कर दिया गया। कांग्रेस ने सरकार से अपना समर्थन वापस ले लिया था। लद्दाख को जनजाति दर्जा देने का मामला फिर खटाई में पड़ गया। लद्दाख में सभी को आश्चर्य हो रहा था कि अब जब गेंद केंद्र के पाले में जा चुकी है तो केंद्र में सन्नाटा क्यों है ? इस सन्नाटे को इस बार लद्दाख के लोगों ने बुरी तरह तोड़ा।

14. 1989 में पुलिस व प्रशासन का सांप्रदायिक चेहरा बेनकाब—अब तक शेख अब्दुल्ला और उनकी नेशनल कॉन्फ्रेंस ने सांप्रदायिकता के जो बीज इतनी मेहनत से बोए थे, वे भी अंकुरित होने लगे थे। लद्दाख के मुसलमान और बौद्धों में अविश्वास बढ़ता जा रहा था। बौद्धों को लग रहा था कि लद्दाख के

मुसलमान केवल समान मजहब होने के कारण लद्दाखियों का साथ छोड़कर कश्मीर की बकरा पार्टी का साथ दे रहे हैं। लद्दाख के साथ हो रहे अन्याय को दूर करने के लिए जब लद्दाखी निर्णायक लड़ाई लड़ रहे हैं, तब यहाँ के मुसलमान शोषण करनेवाले कश्मीरी शासकों के साथ मिल गए हैं। परस्पर के इस अविश्वास के वातावरण में जुलाई 1989 को लेह में मुसलिम और बौद्ध युवकों की आपस में भिड़ंत हो गई। यह बहुत ही दुर्भाग्य पूर्ण था, लेकिन आनेवाले दिनों में इस भिड़ंत ने उग्र रूप धारण कर लिया। 7 जुलाई को लद्दाख बुद्धिस्ट एसोसिएशन के महासचिव नवांग रिगजिन जोरा को फिर कुछ मुसलमान युवकों ने पीट दिया। जोरा पहले लेह जिला की कांग्रेस शाखा के सह सचिव थे। लेकिन लद्दाख के मामलों में कांग्रेस की उदासीनता के चलते उन्होंने वहाँ से त्याग-पत्र दे दिया था। पुलिस ने दोषी मुसलमानों को पकड़ लिया, लेकिन श्रीनगर से राजनैतिक दबाव के चलते उन्हें तुरंत छोड़ भी दिया। वे फिर खुलेआम घूमने लगे। जाहिर है, इससे लद्दाखियों का गुस्सा उफनता।

लद्दाख बौद्ध परिषद् ने इस पूरी घटना की जाँच किसी स्वतंत्र आयोग से करवाने और दोषियों को सजा देने की माँग की। लेकिन लद्दाखियों की इस माँग से कश्मीर में प्रशासन के कानों पर जूँ तक नहीं रेंगी। लद्दाख बौद्ध परिषद् ने लेह में अनिश्चित कालीन हड़ताल की घोषणा कर दी। यदि सरकार तुरंत एक्शन लेती तो निश्चित ही उन तत्त्वों की शिनाख्त हो सकती थी, जो लद्दाख के समरस समाज में सांप्रदायिकता का जहर घोल रहे थे। लेकिन लगता है कश्मीर के प्रशासन को लद्दाख में यह जहर ही ज्यादा मुफीद लग रही थी। लद्दाख में अनिश्चितकालीन हड़ताल शुरू हो गई। प्रदर्शनकारियों की माँग थी कि लद्दाख को केंद्र शासित राज्य का दर्जा मिलना चाहिए। अभी तक जनजाति का दर्जा देने की माँग भी पूरी नहीं हुई थी। जिस समय लद्दाख में यह हलचल हो रही थी, बकुला रिंपोछे उस समय मास्को में थे। वे 24 अगस्त को लेह पहुँचे। आते ही उन्होंने जिला प्रशासन और लद्दाख बौद्ध परिषद् से संवाद स्थापित किया। अब तक लद्दाख मुसलिम एसोसिएशन भी बन चुकी थी। बकुला रिंपोछे ने उनसे भी बातचीत शुरू की। सांसद नमग्याल व अन्य नेताओं को साथ लेकर दोनों पक्षों से शांति की अपील की। इसका कुछ प्रभाव दिखाई भी देने लगा

था। लेकिन कश्मीर प्रशासन शायद या तो स्थिति की गंभीरता को समझ नहीं पा रहा था या फिर सांप्रदायिक ध्रुवीकरण को चरम सीमा तक पहुँचा देने से ही उसके राजनैतिक हितों की पूर्ति होती थी। प्रशासन ने शहर में धारा 144 लगा रखी थी। लद्दाखी युवा अधिकृत संख्या में ही जोखांग मंदिर में प्रतीकात्मक विरोध के लिए एकत्र होते थे। लेकिन श्रीनगर में बैठकर निर्णय लेने वालों ने लेह से स्थानीय पुलिस व केंद्रीय रिजर्व पुलिस बल को हटाकर कश्मीर आर्म्ड पुलिस, यानी के.ए.पी. की तैनाती कर दी। जम्मू-कश्मीर में यह बल अपनी सांप्रदायिक मनोवृत्ति के लिए जम्मू व लद्दाख दोनों संभागों में कुख्यात है। इस बल में ज्यादातर कश्मीर घाटी के मुसलमान हैं। इस बल की तैनाती से यह भी स्पष्ट हो गया कि कश्मीर सरकार लद्दाखियों की न्याययुक्त माँगों को मानने की बात तो दूर उसपर चर्चा करने के लिए भी तैयार नहीं है और लद्दाख के इस जन आंदोलन को शक्ति से कुचल देना चाहती है। फिर सचमुच ऐसा ही हुआ। 27 अगस्त को के.ए.पी. ने जोखांग मंदिर को चारों ओर से घेर लिया और बाहर निकलने के सारे रास्ते भी बंद कर दिए। सरकार ने टकराव का मन बना लिया था। जब नित्य प्रति की तरह कुछ लड़के जोखांग मंदिर से बाहर निकले और धारा 144 का प्रतीकात्मक विरोध करते हुए नारे लगाते हुए मुख्य सड़क की ओर बढ़े तो पहले से तैयार बैठे के.ए.पी. के जवानों ने अंधाधुंध लाठी चार्ज कर दिया। यह देखकर भीड़ एकत्र होने लगी और लाठी भाँजते जवानों पर कुछ ने पत्थर भी फेंके। के.ए.पी. के जवान शायद इसी बहाने की प्रतीक्षा में थे। उन्होंने बिना किसी चेतावनी के गोली चला दी। अनेक लोग घायल हुए और इस गोलाबारी में छेरिंग दोर्जे, नवांग रिंचन और छेरिंग सटोवदन शहीद हो गए। वरदीधारी जवानों ने जोखांग मंदिर के भीतर घुसकर श्रद्धालुओं को बेरहमी से पीटा और गिरफ्तार कर लिया। शहर में बिजली और टेलीफोन के संपर्क भी काट दिए गए। लेह को सेना के हवाले कर दिया गया। शायद कश्मीर प्रशासन एक लंबी सोची-समझी नीति से सेना और आम लद्दाखी को एक-दूसरे के विरोध में खड़ा करना चाहता था। लेकिन लद्दाखी नेतृत्व की सूझ-बूझ से यह स्थिति नहीं आई। प्रशासन ने प्रमुख बौद्ध नेताओं को गिरफ्तार कर श्रीनगर की जेल में भेज दिया। कुछ मुसलमान भी गिरफ्तार कर लिये गए। 2 सितंबर को

लेह में सरकारी कर्मचारियों ने आंदोलनकारियों का समर्थन करते हुए हड़ताल कर दी और प्रशासन पूरी तरह ठप्प हो गया।

कुशोक बकुला रिंपोछे स्थिति के कुछ सामान्य होते ही दिल्ली पहुँचे और 22 सितंबर, 1989 को प्रधानमंत्री राजीव गांधी से सारी स्थिति की चर्चा की। रिंपोछे ने समस्या का हल निकालने के लिए सुझाव दिया कि "केंद्र शासित राज्य का दर्जा देने की माँग पर विचार करने के लिए लेह में केंद्र सरकार, राज्य सरकार और लद्दाख बौद्ध परिषद् में त्रिपक्षीय बातचीत के लिए केंद्र सरकार को अपना कोई मंत्री लेह भेजना चाहिए। सभी लद्दाखियों चाहे,वे बौद्ध हों या मुसलमान, तुरंत अनुसूचित जनजाति का दर्जा दिया जाना चाहिए। राज्य सरकार अरसा पहले इसकी संस्तुति केंद्र को कर चुकी है।"[21] लेकिन शायद कुशोक बकुला रिंपोछे को लगता होगा कि केंद्र सरकार भी लंबे अरसे से लद्दाख के मामले में चुप्पी धारण किए बैठी है, इसलिए अब सांविधानिक पद पर बने रहने का क्या लाभ है। इसलिए उन्होंने 22 सितंबर को ही प्रधानमंत्री को पत्र लिखकर भी बता दिया कि यदि जनजाति का दर्जा देने का मामला इसी प्रकार लटकाया जाता रहा तो उनके राष्ट्रीय अल्पसंख्यक आयोग का सदस्य बने रहने का कोई उपयोग नहीं है। रिंपोछे ने लिखा—"यह दुःख का विषय है कि लद्दाख की धीमी आवाज का सरकार पर कोई असर नहीं हो रहा। कश्मीर घाटी की अपनी बाध्यताओं के चलते सरकार सुरक्षा के लिहाज से महत्त्वपूर्ण लद्दाख की अवहेलना कर रही है। मुझे डर है कि लद्दाख को बलि का बकरा बनाने से राष्ट्रीय हितों का नुकसान होगा। लद्दाख में न्यूनतम संख्या में रह रहे बौद्धों के हितों की रक्षा करने के मेरे प्रयासों का यदि कोई फल नहीं निकल रहा तो मेरे राष्ट्रीय अल्पसंख्या आयोग का सदस्य बने रहने का भी कोई औचित्य नहीं है।"[22] शायद इसी धमकी का दिल्ली में असर हुआ और अक्तूबर 1989 को संविधान (जम्मू-कश्मीर) अनुसूचित जनजाति आदेश 1989 जारी कर दिया। इसके आधार पर 7 नवंबर, 1989 को राष्ट्रपति ने ARGONS को छोड़कर लद्दाख की शेष आठ जातियों को जनजाति का दर्जा देने की अधिसूचना जारी कर दी। कुशोक बकुला के लिए यह सचमुच आत्मसंतोष का क्षण था। बारह साल के एक लंबे संघर्ष का सफलतापूर्वक अंत हुआ। लेकिन इसकी कीमत

लद्दाखियों को अपने बलिदान से चुकानी पड़ी। शेख मोहम्मद अब्दुल्ला उस समय संसार में नहीं थे, अन्यथा वे स्वयं देखते कि जिस अधिकार को उन्होंने इतने साल से दबा रखा था, उसको कुशोक बकुला के नेतृत्व में लद्दाखियों ने अंततः प्राप्त कर ही लिया। लेकिन यह इस आंदोलन का पहला चरण था। दूसरा चरण लद्दाख को केंद्र शासित राज्य का दर्जा दिलवाने का था।

15. लद्दाख के लिए पर्वतीय स्वायत्त परिषद् पर बनी सहमति—इसके लिए केंद्र सरकार, राज्य सरकार और लद्दाख बौद्ध परिषद् के बीच केंद्रीय गृह मंत्री बूटा सिंह की उपस्थिति में त्रिपक्षीय वार्त्ता 29 अक्तूबर, 1989 को लेह में शुरू हुई। तीनों पक्षों में इस बात पर समझौता हो गया कि दार्जिलिंग गोरखा हिल कौंसिल की तर्ज पर लेह में भी ऐसी ही कौंसिल स्थापित की जाएगी। समझौते पर केंद्र सरकार की ओर से गृह मंत्रालय में अतिरिक्त सचिव पी.पी. श्रीवास्तव, जम्मू-कश्मीर सरकार की ओर से अतिरिक्त मुख्य सचिव अशोक जेतली ने और लद्दाख बौद्ध परिषद् की ओर से उसके अध्यक्ष थुपतेन छेवांग ने हस्ताक्षर किए। इस समझौते पर हस्ताक्षर केंद्रीय गृह मंत्री बूटा सिंह, जम्मू-कश्मीर के दो मंत्रियों मंगत राम शर्मा, मोहम्मद शफी और लद्दाख के कुशोक बकुला रिंपोछे, पी. नमग्याल की हाजिरी में हुए।[23] लद्दाख में स्थिति सामान्य होने लगी थी। अभी प्रस्तावित लद्दाख स्वायत्त पर्वतीय विकास परिषद् की विस्तृत रूपरेखा बनानी शेष थी, परंतु तभी देश का और प्रदेश का राजनैतिक वातावरण तेजी से बदलने लगा। 2 दिसंबर, 1989 को विश्वनाथ सिंह देश के नए प्रधानमंत्री बन गए। राजीव गांधी के नेतृत्व में कांग्रेस पराजित हो गई। नई सरकार ने एक बार फिर जगमोहन को जम्मू-कश्मीर का राज्यपाल नियुक्त कर दिया और इसके विरोध में फारुख अब्दुल्ला ने 19 जनवरी, 1990 को राज्य के मुख्यमंत्री के पद से त्याग-पत्र दे दिया। परिणामस्वरूप राज्य में जम्मू-कश्मीर में राज्यपाल शासन (19 जनवरी, 1990—9 अक्तूबर, 1996) लागू हो गया। 1990 के शुरू में ही कुशोक बकुला रिंपोछे को मंगोलिया में भारत का राजदूत नियुक्त कर दिया गया और वे उलानबतार रवाना हो गए। लेकिन केंद्र सरकार ने स्वायत्त परिषद् के प्रश्न पर चुप्पी साध ली। राज्य सरकार ने तो नियमानुसार अपनी संस्तुति कर दी थी। बकुला रिंपोछे ने 5 मार्च, 1990 को मंगोलिया से ही नए प्रधानमंत्री

विश्वनाथ प्रताप सिंह को इस संबंध में पत्र लिखा। उन्होंने कहा, "कश्मीर घाटी की अलगाववादी शक्तियाँ लद्दाख में अपनी गतिविधियाँ बढ़ा रही हैं। लेह में पहली बार उन्होंने भारत मुर्दाबाद और पाकिस्तान जिंदाबाद के नारे लगाए, बौद्धों को पीटा और गोंपा की पवित्रता को भंग किया व संपत्ति लूट ली। केंद्र सरकार के प्रतिनिधियों की हाजिरी में जम्मू-कश्मीर सरकार से समझौता हुआ। लद्दाख बौद्ध परिषद् ने राष्ट्र के व्यापक हित को देखते हुए लद्दाख को केंद्र शासित दिए जाने की माँग छोड़कर दार्जिलिंग की तर्ज पर पर्वतीय स्वायत्त परिषद् स्थापित किए जाने के प्रस्ताव को ही स्वीकार कर लिया। मैं स्वयं इस समझौते का साक्षी हूँ। लेकिन इसके बावजूद सरकार ने चुप्पी साध ली लगती है। आप व्यक्तिगत रुचि लेकर इस मामले को निपटाने की कृपा करें। तभी लद्दाख में शांति स्थापित हो सकती है।"[24]

लेकिन विश्वनाथ प्रताप सिंह लद्दाख को समझ पाते और उसके मामले में व्यक्तिगत रुचि ले पाते, इससे पहले ही 10 नवंबर, 1990 को उनकी सरकार गिर गई और चंद्रशेखर नए प्रधानमंत्री बने। उनके दो सौ दिन अपनी सरकार को सँभालने गुजारने में ही गुजर गए। लोकसभा के नए चुनाव हुए, उन चुनावों में ही राजीव गांधी की हत्या हो गई। कांग्रेस की जीत हुई और 21 जून, 1991 को नरसिम्हा नए प्रधानमंत्री बने। लेकिन लद्दाख पर्वतीय स्वायत्त परिषद् की स्थापना का मामला वहीं-का-वहीं अटका पड़ा था। बकुला रिंपोछे इस दौरान मंगोलिया में ही थे। उन्होंने तत्कालीन प्रधानमंत्री नरसिम्हा राव को इस संबंध में वहीं से पत्र लिखा। पत्र का उत्तर देते हुए 29 सितंबर, 1992 को नरसिम्हा राव ने कहा, "हम प्रयास कर रहे हैं कि दार्जिलिंग प्रकार की कोई व्यवस्था बन जाए।"[25] तत्पश्चात् इस समझौते को अमली जामा पहनाने में तीन साल और लग गए। राष्ट्रपति ने 9 मई, 1995 को जम्मू-कश्मीर स्टेट लेजिस्लर (डेलीगेशन ऑफ पावर) ऐक्ट 1992 की धारा 3 के अंतर्गत दी गई शक्तियों का प्रयोग करते हुए लद्दाख स्वायत्त पर्वतीय विकास परिषद् अधिनियम पारित किया गया। 28 अगस्त, 1995 में इस परिषद् के चुनाव हुए और 3 सितंबर को पहली परिषद् का विधिवत् गठन हो गया। लेकिन इस अवसर पर रिंपोछे मंगोलिया जा चुके थे। पर अगली लड़ाई अभी भी जारी थी।

16. लद्दाख के लिए केंद्र शासित राज्य की माँग—स्वायत्त पर्वतीय विकास परिषद् की स्थापना लद्दाख की लड़ाई का पहला पड़ाव था। लद्दाखियों ने केंद्र शासित राज्य की अपनी माँग छोड़ी नहीं थी। वास्तव में पाँच दशकों में भी कश्मीर केंद्रित प्रशासन लद्दाखियों का विश्वास जीत नहीं पाया। इसके विपरीत कश्मीर सरकार के व्यवहार से जिस प्रकार जम्मू में असंतोष पैदा हो रहा था, उसी प्रकार लद्दाख में भी होने लगा था। दरअसल केंद्र शासित राज्य की माँग तो लद्दाख के लोग 1947 में उसी दिन से कर रहे थे, जिस दिन जम्मू-कश्मीर राज्य ने संघीय संविधान का अंग बनने का निर्णय किया था। लेकिन 1948 के आते-आते तो पाकिस्तान के साथ-साथ भारत के प्रधानमंत्री पं. नेहरू ने खुद ही कहना शुरू कर दिया कि जम्मू-कश्मीर भारत का हिस्सा है या नहीं, इसका निर्णय भी राज्य के लोग जनमत से करेंगे तो लद्दाख में यह चर्चा शुरू हो गई थी कि कहीं जनमत का यह सैलाब लद्दाख को भी बहा न ले। क्योंकि लद्दाख उच्च स्वर से यह चिल्ला ही रहा था कि वह भारत माँ का अंग है। लेकिन देश के प्रधानमंत्री लद्दाख के बारे में निर्णय करने का अधिकार कश्मीरियों के हाथ में दे रहे थे। जब पूरे राज्य के बारे में निर्णय ही बहुसंख्या के आधार पर होना है तो लद्दाख उस में भागीदार क्यों बने? लद्दाख के बल्ती और बौद्ध समाज के संशय ज्यादा गहरे होते जा रहे थे। बल्तियों का तो एक और भी रंज था। बल्तीस्तान की कारगिल तहसील को पाकिस्तानी हमलावरों से मुक्त करवा लेने के बाद शेष बल्तीस्तान को पाकिस्तान के पास ही रहने दिया गया। वैसे भी पूत के पाँव पालने में ही दिख जाते हैं। शेख मोहम्मद अब्दुल्ला ने जब अपनी नीति के चलते लद्दाख के बौद्ध मठों की भूमि को हड़पने का प्रयास किया, भोटी भाषा को राज्य की विधानसभा की आधिकारिक भाषा मानने से इनकार कर दिया, राज्य के पहले बजट में लद्दाख का नाम लेने से भी इनकार कर दिया, तभी लद्दाख के बल्ती शिया समाज और बौद्ध समाज को संशय हो गया था कि राज्य में हवा किस ओर बहनी शुरू हो गई है। केवल इतना ही नहीं लद्दाख के प्रशासन में भी लद्दाखियों की निर्णायक हिस्सेदारी नहीं थी। धीरे-धीरे लद्दाखियों को लगने लगा था कि श्रीनगर से लद्दाख का प्रशासन अच्छे तरीके से नहीं चलाया जा सकता।

बहुत साल पहले राज्य के उस समय के मुख्यमंत्री बख्शी गुलाम मोहम्मद ने यही बात पं. जवाहरलाल नेहरू को कही थी। बख्शी ने उनसे यह प्रार्थना भी की थी कि लद्दाख को केंद्र शासित क्षेत्र बना दिया जाए। उस समय नेहरू ने इस माँग को स्वीकार नहीं किया था। श्रीनगर में ही लद्दाखी मामलों का मंत्रालय बनाकर समस्या का समाधान निकालने की कोशिश की गई। उस समय कुशोक बकुला भी इससे संतुष्ट हो गए लगते थे, क्योंकि कम-से-कम लद्दाख हाशिए से बाहर तो निकल आएगा। परंतु इतने लंबे अरसे के बाद यह अनुभव होने लगा था कि जम्मू-कश्मीर की पूरी राजनीति और प्रशासन कश्मीर घाटी केंद्रित है। वह जम्मू संभाग से ही न्याय नहीं कर पाता या करना नहीं चाहता तो इस पूरे परिप्रेक्ष्य में लद्दाख की क्या बिसात है? इसी कालखंड में लद्दाख संभाग को केंद्र शासित क्षेत्र का दर्जा देने के जन-आंदोलन ने और जोर पकड़ लिया। इस आंदोलन में मुख्य भूमिका लद्दाख बौद्ध परिषद् निभा रही थी। कुशोक बकुला इस आंदोलन के साथ थे, लेकिन उन्हें अपनी मर्यादा का भी ध्यान था। वे उस समय मंगोलिया में भारत के राजदूत नियुक्त हो चुके थे। मंगोलिया से बीच-बीच में जब लेह आते थे तो इस आंदोलन के बारे में सारी जानकारी लेते थे और कार्यकर्ताओं से मिलते भी थे।

संदर्भ—

1. Shri Dhar Kaul & H.N. Kaul, Ladakh Through the Ages, Towards a New Identity, page-224
2. Shri Dhar Kaul & H.N. Kaul, Ladakh Through the Ages, Towards a New Identity, page-224
3. लोकसभा में 28 जुलाई, 1971 को हुई काररवाई से
4. Shri Dhar Kaul & H.N. Kaul, Ladakh Through the Ages, Towards a New Identity, page-193-94
5. 1976 के भाषण के ये सभी उद्धरण 22 मार्च, 1976 की लोकसभा काररवाई से लिये गए हैं।
6. Shri Dhar Kaul & H.N. Kaul, Ladakh Through the

Ages, Towards a New Identity, page-264

7. Shri Dhar Kaul & H.N. Kaul, Ladakh Through the Ages, Towards a New Identity, page-266
8. Shri Dhar Kaul & H.N. Kaul, Ladakh Through the Ages, Towards a New Identity, page-267
9. Shri Dhar Kaul & H.N. Kaul, Ladakh Through the Ages, Towards a New Identity, page-267
10. Shri Dhar Kaul & H.N. Kaul, Ladakh Through the Ages, Towards a New Identity, page-267
11. D.D. Thakur, my life my times, page-395
12. इस समिति में सरकार ने फूट डलवाने की बहुत कोशिश की, लेकिन उसे सफलता नहीं मिली।
13. Shri Dhar Kaul & H.N. Kaul, Ladakh Through the Ages, Towards a New Identity, page-269
14. Shri Dhar Kaul & H.N. Kaul, Ladakh Through the Ages, Towards a New Identity, page-269
15. Shri Dhar Kaul & H.N. Kaul, Ladakh Through the Ages, Towards a New Identity, page-271
16. जम्मू-कश्मीर सरकार ने राज्य के तीनों संभागों की शिकायतों का जायजा लेने के लिए उच्चतम न्यायालय के सेवानिवृत्त न्यायाधीश एस.एम. सीकरी की अध्यक्षता में कमीशन का गठन किया था। इसके दो दूसरे सदस्य डॉ. मालकाम एस. एदिसेशिएत और राज्यसभा सदस्य डॉ. ए.आर. किदवई थे।
17. Shri Dhar Kaul & H.N. Kaul, Ladakh Through the Ages, Towards a New Identity, page-274
18. Shri Dhar Kaul & H.N. Kaul, Ladakh Through the Ages, Towards a New Identity, page-276
19. Shri Dhar Kaul & H.N. Kaul, Ladakh Through the Ages, Towards a New Identity, page-295-296

20. वे 2 जुलाई, 1984 से 6 मार्च, 1986 तक मुख्यमंत्री रहे।
21. Sonam Wangchuk Shakspo, Kushok Bakula Rinpoche, The Architect of modern ladakh, page 189-190
22. Sonam Wangchuk Shakspo, Kushok Bakula Rinpoche, The Architect of modern ladakh, page,166
23. Sonam Wangchuk Shakspo, Kushok Bakula Rinpoche, The Architect of modern ladakh, page-190
24. Sonam Wangchuk Shakspo, Kushok Bakula Rinpoche, The Architect of modern ladakh, page-427-428
25. Sonam Wangchuk Shakspo, Kushok Bakula Rinpoche, The Architect of modern ladakh, page-429

□

8

तिब्बत के सरोकार

1. भारत तिब्बत संबंध—बीसवीं शताब्दी का चौथा दशक भारत के इतिहास में चिरकाल तक याद किया जाता रहेगा। इस दशक में दो ऐसी महत्त्वपूर्ण घटनाएँ हुईं, जिन्होंने पूरे एशिया को प्रत्यक्ष-परोक्ष रूप से प्रभावित किया। पहली घटना थी 1947 में ब्रिटिश हुकूमत का हिंदुस्तान छोड़कर चले जाना। लेकिन जाने से पहले उन्होंने बहुत ही होशियारी से हिंदुस्तान के एक हिस्से को काटकर नए देश पाकिस्तान को जन्म दे दिया। पाकिस्तान बनने के कारण ही जम्मू-कश्मीर को लेकर विवाद उठ खड़ा हुआ और लद्दाख को पाकिस्तान के आक्रमण का शिकार होना पड़ा। दूसरी घटना इसके ठीक दो साल बाद 1949 में घटित हुई, जब चीन में लंबे अरसे से चले आ रहे गृहयुद्ध में वहाँ की सरकार पराजित हुई और माओ के नेतृत्व में चीन की कम्युनिस्ट पार्टी ने चीन पर कब्जा कर लिया। इस कब्जे के कारण तिब्बत की समस्या पैदा हो गई। चीन सरकार ने तिब्बत को अपना भू-भाग बताना शुरू कर दिया और 1959 तक आते-आते उसे पूरी तरह लील लिया। लेकिन भारत सरकार ने अपनी सुरक्षा दाँव पर लगा दी, पर चीन का विरोध नहीं किया। इतना ही नहीं, तिब्बत पर चीन के आधिपत्य को मान्यता भी दे दी। इसके फलस्वरूप चीन भारत की उत्तरी सीमा तक आ पहुँचा और लद्दाख फिर खतरे में पड़ गया। चीन ने लद्दाख को भेदकर सिक्यांग को तिब्बत से जोड़ने वाली सड़क बना ली और भारत का उत्तरी सीमांत सदा के लिए असुरक्षित हो गया। 1959 में तिब्बत के शासक चौदहवें दलाई लामा तेनजिंग ग्याछो को वहाँ से निकलना पड़ा और वे अपने हजारों साथियों समेत भारत आ गए। 1962 में

लद्दाख को चीन के हमले का भी दंश झेलना पड़ा। यह सब तिब्बत के इतिहास का दर्दनाक अध्याय है।

तिब्बत से भारत का प्राचीन काल से गहरा रिश्ता रहा है। भारत और तिब्बत की संस्कृति एक ही है। कैलाश मानसरोवर दोनों देशों का सबसे बड़ा तीर्थस्थल है। 1683 में छठे दलाई लामा का तो जन्म ही भारत में हुआ था। भारत के कुछ प्रदेशों, मसलन जम्मू-कश्मीर, हिमाचल प्रदेश, उत्तराखंड, सिक्किम और अरुणाचल प्रदेश के तो हजारों विद्यार्थी तिब्बत की राजधानी ल्हासा स्थित बौद्ध विश्वविद्यालयों में पढ़ने के लिए जाते थे। कुशोक बकुला रिंपोछे का भी तिब्बत से संबंध 1926 में ही जुड़ गया था, जब वे ल्हासा के द्रेपुंग विश्वविद्यालय में पढ़ने के लिए गए थे। उन्होंने एक दशक से भी ज्यादा समय इन्हीं विश्वविद्यालयों में बिताया था। वे वहाँ लगभग चौदह साल रहे और 1940 में वापस लद्दाख आ गए थे। इसलिए तिब्बत पर चीन के कब्जे को लेकर रिंपोछे के मन में भी क्षोभ था। दलाई लामा को अपना 'पोताला' निवास त्यागकर धर्मशाला आना पड़ा, यह बात उन्हें सदा सालती रहती थी। बकुला रिंपोछे सदा प्रयासरत रहते थे कि तिब्बत का मसला किसी तरह सुलझ जाए। वे प्रयास करते रहते थे कि भारत सरकार तिब्बत समस्या के समाधान में प्रयास करती रहे।

2. कुशोक बकुला की कैलाश मानसरोवर यात्रा—तिब्बत पर चीन की लाल छाया का एक दुःखद पहलू था—हजारों साल से चली आ रही कैलाश मानसरोवर की तीर्थयात्रा का बंद हो जाना। कैलाश पर्वत, जिसे तिब्बती खंग रिंपोछे के नाम से नमन करते हैं, पूरे एशिया में श्रद्धा का केंद्र माना जाता है। हजारों साल से मध्य एशिया, दक्षिण-पूर्व एशिया और भारत से तीर्थयात्री, साधु, संत और भिक्षु समुदाय इसके दर्शनों के लिए आते थे। लेकिन अब यह यात्रा बंद हो गई थी।

कुशोक बकुला ने अपना अध्ययन तिब्बत में किया था, लेकिन अब तिब्बत के हालात दिन-प्रतिदिन बदल रहे थे। तिब्बत को चीन की लाल छाया ग्रस रही थी। वहाँ बौद्ध वचनों पर संकट उपस्थित हो गया था। चीन तिब्बत को अपना गुलाम बना रहा था। लेकिन बकुला रिंपोछे की इच्छा एक बार कैलाश मानसरोवर की यात्रा कर लेने की थी। जिस प्रकार चीन तिब्बत को निगल रहा था, उसके कारण बाद में कैलाश जाने का अवसर मिले या न मिले, यह कौन कह सकता

था। सौभाग्य से उसका अवसर उपस्थित हो गया था।

सन् 1954 ई. में भारत सरकार ने एक सरकारी प्रतिनिधिमंडल ल्हासा भेजा था। उस प्रतिनिधिमंडल के अध्यक्ष बकुला रिंपोछे ही थे, जो उस समय जम्मू-कश्मीर सरकार में मंत्री थे। 20 जुलाई को यह प्रतिनिधि लेह से ल्हासा के लिए चला। उन्होंने इस प्रवास के दौरान खंग रिंपोछे, यानी कैलाश-मानसरोवर की तीर्थ-यात्रा की थी। कैलाश मानसरोवर हिंदू, बौद्ध, जैन, सिख, बोनपा सभी के लिए आराधना स्थल है। तिब्बत के लोग तो कैलाश पर्वत की लेटकर परिक्रमा करते हैं। रिंपोछे ने वहाँ चीन का साया प्रत्यक्ष अनुभव किया। बकुला इस पक्ष में थे कि भारत के उत्तरी सीमांत की सुरक्षा के लिए तिब्बत का स्वतंत्र देश बने रहना बहुत जरूरी है। तिब्बत भारत व चीन के बीच एक बफर स्टेट का काम करता है। उसके मिट जाने से भारत पर चीन का खतरा बढ़ जाएगा। वापस आकर उन्होंने चीन को लेकर अपनी शंकाएँ पं. जवाहरलाल नेहरू को भी बताई थीं। बकुला रिंपोछे के ही अनुसार, "स्थिति का आकलन करने के पश्चात् मैंने पं. नेहरू को तिब्बत के प्रति चीन के बुरे इरादों के बारे में सचेत किया था।"[1] लेकिन भारत और तिब्बत के दुर्भाग्य से पं. नेहरू उन दिनों चीन के खिलाफ सुनना कुफ्र मानते थे। 1954 में तिब्बत से लौटते ही वे उसी वर्ष आयोजित होनेवाले अंतरराष्ट्रीय वैश्विक बौद्ध सम्मेलन में भारतीय प्रतिनिधिमंडल को लेकर यंगून (म्याँमार) गए। वहाँ उन्हें एक बार फिर भीमराव रामजी आंबेडकर से मिलने का मौका मिला।

3. भगवान् बुद्ध की पच्चीस सौवीं जयंती—उन्हीं दिनों भारत सरकार ने 1956 में भगवान् बुद्ध की पच्चीस सौवीं जयंती बड़े स्तर पर मनाने का निश्चय किया। इस हेतु तत्कालीन उपराष्ट्रपति डॉ. राधाकृष्णन की अध्यक्षता में एक समिति का गठन किया गया, उसमें कुशोक बकुला भी सदस्य बनाए गए। इस अवसर पर तिब्बत के दलाई लामा और पंचेन लामा को निमंत्रित करने के लिए सरकार ने एक प्रतिनिधिमंडल तिब्बत में भेजा। कुशोक बकुला इस प्रतिनिधिमंडल के अध्यक्ष थे। यह प्रतिनिधिमंडल 18 नवंबर, 1955 को जम्मू से चला और सिक्किम होता हुआ ल्हासा पहुँचा और 19 मार्च, 1956 को तिब्बत से वापस चल पड़ा। इस प्रकार पाँच मास तिब्बत का प्रवास किया। उस समय तिब्बत में चीन का कब्जा हो चुका था, लेकिन दलाई लामा का प्रशासन भी किसी-न-किसी

रूप में चल ही रहा था। कुशोक बकुला ने तो तिब्बत में चौदह साल रहकर ही अपनी पढ़ाई पूरी की थी। इसलिए तिब्बत उनके लिए कोई नया प्रदेश नहीं था। लेकिन तब के तिब्बत (1927-1940) और अब के तिब्बत में जमीन-आसमान का फर्क आ चुका था। उस समय तिब्बत आजाद देश था और चीन पर भी अभी माओ का कब्जा नहीं हुआ था। लेकिन अब डेढ़ दशक बाद सबकुछ बदल गया था। चीन साम्यवादी चोला ओढ़ चुका था और उसने तिब्बत पर कब्जा कर लिया था। उसकी सेना ल्हासा में पहुँची हुई थी। चीन वहाँ से बौद्ध मत को समाप्त करने का प्रयास तो कर ही रहा था, इसके साथ ही तिब्बत की भाषा और संस्कृति को भी समाप्त करने में लगा था। किसी साम्यवादी शासन व्यवस्था में स्थानीय धर्म, संस्कृति और आस्था-परंपराओं की क्या दुर्गति हो सकती है, इसका व्यावहारिक रूप कुशोक बकुला ने पहली बार तिब्बत में ही देखा। वे लगभग दो महीने ल्हासा में रहे। उन्होंने वहाँ अनेक लोगों से मुलाकात की और तिब्बत में उभर रही नई राजनैतिक व्यवस्था को समझा और तिब्बतियों के भीतर की बेचैनी को भी देखा। तिब्बत के चौदहवें दलाई लामा पर आनेवाले संकट को भी वे स्पष्ट देख पाए। वे समझ गए थे कि निकट भविष्य में दलाई लामा को निर्वासित होकर भारत आना पड़ेगा। भारत वापस आकर उन्होंने सरकार को अपनी आधिकारिक रपट तो दी ही, लेकिन प्रधानमंत्री पं. जवाहरलाल नेहरू से मिलकर उन्हें तिब्बत पर आ चुके संकट और भविष्य में आनेवाले तूफान से अवगत भी करवाया। उन्होंने यह आशंका भी जताई कि भविष्य में चीन भारत पर भी आक्रमण कर सकता है। उन्होंने दिल्ली में लगभग एक घंटा प्रधानमंत्री से बातचीत की। इसमें उन्होंने पं. नेहरू को यह समझाने का पूरा प्रयास किया कि तिब्बत पर निकट भविष्य में संकट आनेवाला है और प्रकारांतर से यह संकट भारत पर ही होगा।

स्पष्ट शब्दों में यह भी बताया कि तिब्बत की स्थिति बंद से बदतर होती जा रही है और अब तिब्बती स्वयं को असुरक्षित महसूस कर रहे हैं। चीन तिब्बत में जो कर रहा था, रिंपोछे ने उसका विस्तृत ब्योरा देते हुए नेहरू से प्रार्थना की कि अब भारत को तिब्बत की ओर से दखलंदाजी करनी चाहिए। नेहरू ने इसके उत्तर में रिंपोछे को इस प्रकार की नकारात्मक बातें करने से मना किया और तिब्बत व भारत-चीन संबंधों के उज्ज्वल भविष्य में आस्था जताई।"[2] बकुला रिंपोछे

की आशंका का जिक्र रामचंद्र गुहा ने भी किया है। "सन् 1957 की गरमियों में लद्दाख के लामा और सांसद कुशोक बकुला ने तिब्बत का दौरा किया था और सिक्यांग की तरफ व्यापक सड़क निर्माण की गतिविधियों का संकेत पाया था।"[3] बकुला रिंपोछे के अपने शब्दों में—"मुझे याद है कि मैंने पं. नेहरू को आनेवाले तूफान के बारे में सचेत किया था और उन्हें तिब्बत के रक्षा के उपाय करने के लिए ठोस कदम उठाने का निवेदन किया था, क्योंकि तिब्बत की आजादी भारत की सुरक्षा के लिए बहुत जरूरी है। मैंने यह भी कहा था कि यदि जरूरत पड़े तो दलाई लामा और पंचेन लामा को भारत में शरण देनी चाहिए और उनकी सुरक्षा के उचित इंतजाम भी किए जाने चाहिए। लेकिन नेहरू को चीन पर इतना विश्वास था कि उन्होंने इस ओर ध्यान ही नहीं दिया।"[4] भगवान् बुद्ध की पच्चीस सौवीं जयंती के समारोहों में भाग लेने के लिए तिब्बत से दलाई लामा और पंचेन लामा आए। दलाई लामा के पूरे प्रवास में कुशोक बकुला उनके साथ रहे। इससे उन्हें तिब्बती मानस को समझने का ज्यादा अवसर मिला। बकुला ने लद्दाख में भी भगवान् बुद्ध की पच्चीस सौवीं जयंती के अवसर पर भव्य आयोजन किए, जिससे वहाँ के समाज में नवप्राण नव चेतना का संचार हुआ। दलाई लामा ने उस समय भी भारत में शरण के लिए नेहरू से आग्रह किया। लेकिन नेहरू नहीं माने। बकुला रिंपोछे की चेतावनी को भी अपनी आदर्शवादिता के चक्रव्यूह में फँसे नेहरू कितना समझ पाए, कितना नहीं, इसके बारे में तो अनुमान ही लगाए जा सकते हैं, लेकिन कुशोक बकुला का तिब्बत को लेकर किया गया आकलन सही निकला और तिब्बत पर चीन ने पूरी तरह आधिपत्य जमा लिया व दलाई लामा को अपने साथियों सहित भारत में शरण लेनी पड़ी। इतना ही नहीं चीन ने 1962 में भारत पर भी हमला कर दिया।

4. दलाई लामा का तिब्बत से निष्कासन—ऐसा कहा जाता है कि चीन ने 1959 को ल्हासा में दलाई लामा को धोखे से बंदी बनाने की योजना बना ली थी। इसकी भनक किसी तरह तिब्बतियों को लग गई। उन्होंने दलाई लामा का आवास स्थान घेर लिया। चीन की दलाई लामा को बंदी बनाने की योजना तो सिरे न चढ़ सकी, लेकिन दलाई लामा छद्म वेश में भारत अवश्य आ गए। भारत सरकार ने उनको सम्मानपूर्वक शरण दी। दलाई लामा के साथ हजारों

की संख्या में अन्य तिब्बती भी भारत में आए। उन तिब्बतियों को उचित ढंग से बसाना पहली प्राथमिकता थी। इस कार्य में कुशोक बकुला रिंपोछे ने बहुत भागदौड़ की। वे उस समय जम्मू-कश्मीर सरकार में उपमंत्री थे। इसलिए उनके पास राजनैतिक रुतबा भी था, जो ऐसे अवसरों पर बहुत काम आता है। तिब्बती शरणार्थियों को लद्दाख में बसाने में तो उनकी ही महत्त्वपूर्ण भूमिका थी। वे यह मसला बराबर लोकसभा में उठाते रहते थे और लद्दाख में तिब्बती बस्तियाँ बसाने में दरपेश दिक्कतों की ओर संकेत करते रहते थे।[5] बकुला रिंपोछे को इस बात का दुःख था कि वे तिब्बत पर चीन के इरादों से सरकार को बार-बार अवगत करवाते रहे, लेकिन किसी ने ध्यान नहीं दिया। यदि सही समय पर भारत सरकार तिब्बत के मामले में चीन से बात करती और अंतरराष्ट्रीय स्तर पर इस प्रश्न को उठाती तो शायद न तो तिब्बत की यह दुर्दशा होती और न ही भारत को 1962 का अपमान झेलना पड़ता। उन्होंने लोकसभा में कहा, "जब तक तिब्बत समस्या का समाधान नहीं हो जाता, तब तक भारत चीन संबंधों में सुधार नहीं हो सकता। दरअसल भारत ने चीन को तिब्बत के मामले में पूरी छूट देकर शुरू में ही गलती की और उसकी हमें कीमत भी चुकानी पड़ी। दुर्भाग्य से उस मरहले पर भारत ने तिब्बत की सहायता नहीं की। यहाँ तक कि भारत ने संयुक्त राष्ट्र संघ में भी इस मसले को नहीं उठाया। चीन ने बौद्ध संस्कृति को नष्ट करने के लिए तिब्बत में प्राचीन बौद्ध विरासत के भंडार जला दिए और विश्वप्रसिद्ध बौद्ध मठ मिट्टी में मिला दिए। इसका उल्लेख अंतरराष्ट्रीय न्याय आयोग की रपट में भी मिलता है।"[6] अब पछताए क्या होत, जब चिड़ियाँ चुग गईं खेत। लेकिन अब तो, बीती ताहि बिसारिए आगे की सुधि लेहु। आगे की सुधि थी तिब्बती शरणार्थियों को बसाना। रिंपोछे ने लोकसभा को बताया—"लद्दाख में जितने तिब्बती शरणार्थी आए हैं, उनको बसाने के लिए राज्य सरकार ने 1200 एकड़ भूमि दी है। लेकिन उनको बसाने का काम जल्दी नहीं हो रहा। मैं चाहता हूँ कि इस काम को जल्दी से किया जाना चाहिए। तिब्बती शरणार्थियों के लिए एक अलग से सहायक विकास आयुक्त होना चाहिए, तभी शरणार्थियों को बसाने का काम जल्दी किया जा सकता है।"[7] तिब्बत में चीन ने अनेक विख्यात बौद्ध मठों को नष्ट कर दिया था। उन मठों के अनेक लामा भाग कर

भारत आ गए थे। बकुला रिंपोछे ने तिब्बत में नष्ट हो गए उनके मठों के भारत में निर्माण में सहायता की। इस मामले में वे सांप्रदायिक संकीर्णता से मुक्त थे। चाहे में स्वयं गेलुग्पा संप्रदाय से ताल्लुक रखते थे, लेकिन बिना किसी भेदभाव के वे निंगमापा, कग्यु और शाक्या संप्रदायों के मठों और भिक्षुओं की सहायता भी करते थे। भारत में बकुला रिंपोछे द्वारा तिब्बतियों की की गई इस सहायता के लिए दलाई लामा ने कहा था कि "उस संकट काल में तिब्बती शरणार्थियों की, जो सहायता उन्होंने की थी हम सदा ही उसे आभार सहित याद रखेंगे।"[8]

5. नेपाल में पंचेन लामा से मुलाकात—बकुला रिंपोछे को पता चला कि काठमांडू में 1986 को वर्ल्ड फेलोशिप ऑफ बुद्धिस्ट सम्मेलन संपन्न होनेवाला है, जिसमें तिब्बत से दसवें पंचेन लामा भी आनेवाले हैं। तिब्बत में दलाई लामा के बाद रुतबे में पंचेन लामा का ही नाम आता है। बकुला रिंपोछे उन्हें 1955-56 में मिले थे। अब तीस साल बाद तिब्बत में बहुत कुछ बदल गया था। चीन ने तिब्बत की संस्कृति और सभ्यता को इतना तहस-नहस किया था कि अब उसको पहचानना भी मुश्किल था। पंचेन लामा के बारे में कहा जाता था कि वे दलाई लामा के खिलाफ चीन के साथ मिल गए हैं। लेकिन फिर एक दिन 18 मई, 1962 को पंचेन लामा का चीन सरकार को 70000 अक्षरों वाला लिखा पत्र दुनिया भर की अखबारों की सुर्खियों में आ गया। पंचेन लामा ने इस पत्र में तिब्बत को लेकर चीन सरकार की कटु आलोचना की थी। चीन सरकार को पंचेन लामा से शायद इस साहस की आशा नहीं थी। उसने लामा को सार्वजनिक रूप से प्रताड़ित किया, शारीरिक यातना दी और अंत में कारागार में डाल दिया। बहुत अरसे बाद पंचेन लामा की बंदीगृह से मुक्ति हुई और चीन सरकार ने उनको पुन: प्रस्थापित किया। लेकिन पंचेन लामा किसी से मिल नहीं सकते थे। विदेशियों से मिलने की बात तो दूर, उनका तिब्बत वालों से मिल पाना भी कठिन था। वही पंचेन लामा काठमांडू आ रहे हैं, यह जानकर बकुला रिंपोछे ने भारतीय प्रतिनिधिमंडल को लेकर नेपाल जाने और किसी तरह उनसे मिलने का निर्णय किया। कार्यक्रम में दोनों ने एक-दूसरे को देखा और अभिवादन किया। बकुला रिंपोछे को आश्चर्य हुआ, जब पंचेन लामा ने स्वयं अकेले में उनसे मिलने की इच्छा जाहिर की। वे दोनों काठमांडू स्थित चीनी

दूतावास में मिले। दोनों के सिवा कमरे में कोई और नहीं था। केवल रिंपोछे के सहायक सोनम वांगचुक वहाँ मौजूद थे। उनके अनुसार, "पंचेन लामा ने कहा, यद्यपि तिब्बत में बहुत बड़े पैमाने पर विध्वंस हुआ है, लेकिन मैं वहाँ बौद्ध संस्कृति को पुनर्जीवित करने का हर संभव प्रयास कर रहा हूँ। उन्होंने इस बात पर गहरा दु:ख प्रकट किया कि कुछ लोग उनमें और परम पावन दलाई लामा में मतभेद पैदा करने की कोशिश कर रहे हैं। लेकिन वे इसमें कभी सफल नहीं होंगे।" पंचेन लामा ने बकुला रिंपोछे को कहा कि "उनके मन में दलाई लामा के लिए बहुत ही सम्मान की भावना है और वे मेरी यह भावना उन तक पहुँचा दें। पंचेन लामा ने कहा कि मुझे अब किसी का कोई डर नहीं है और मैं तिब्बत में मठ परंपरा और बुद्धमत को पुनर्जीवित करने का प्रयास कर रहा हूँ। उन्होंने बकुला रिंपोछे से कहा कि आप भारतीय पक्ष का ध्यान रखें और मैं चीनी पक्ष का ध्यान रखूँगा। उस समय विपरीत परिस्थितियों में भी पंचेन लामा का साहस और संकल्प प्रशंसनीय था।"[9] पंचेन लामा और दलाई लामा के बीच मतभेद की तथाकथित कथा तो अब पुरानी हो चुकी थी। बकुला रिंपोछे का प्रयास था कि पंचेन लामा अपने संबंधों का प्रयोग चीन और दलाई लामा को समझौते की मेज तक लाने के लिए करें। लेकिन इसे विधि का विधान ही कहा जाएगा कि कुछ समय बाद ही 28 जनवरी, 1989 को रहस्यमय हालात में दसवें पंचेन लामा की मृत्यु हो गई।

6. बकुला रिंपोछे की नाफो नवांग जिग्मे से मुलाकात—कुशोक बकुला की इच्छा थी कि तिब्बत समस्या का कोई ऐसा समाधान निकल आए, जो सभी पक्षों को मंजूर हो। मंगोलिया में भारत के राजदूत बनकर जाने के बाद उन्हें आधिकारिक तौर पर चीन जाने की भी सुविधा प्राप्त हो गई। वहाँ उन्होंने उन तिब्बतियों से मिलने का प्रयास किया, जो चीन के साम्यवादी शासन में भी कुछ-न-कुछ दखल रखते थे। इनमें दो महत्त्वपूर्ण व्यक्तियों की चर्चा की जा सकती है। पहले थे नगापो नवांग जिगमे। 1950 में जब चीन ने तिब्बत के चमदो पर हमला किया था तो तिब्बती सेना का नेतृत्व यह नवांग जिग्मे ही कर रहा था। तिब्बत के संकटकाल का सबसे मजेदार पात्र यह नवांग जिग्मे ही था। नवांग जिगमे उस प्रतिनिधिमंडल का हिस्सा थे, जिसने बीजिंग में 23 मई, 1951

को उस सत्रह सूत्रीय समझौते पर हस्ताक्षर किए थे, जिसके बारे में कहा जाता है कि तिब्बत ने पहली बार स्वयं स्वीकार किया कि वह चीन का हिस्सा है। यह सत्रह सूत्रीय समझौता शुरू से ही विवादास्पद माना गया। कहा जाता है कि चीन ने बंदूक के बल पर तिब्बती प्रतिनिधिमंडल से इस समझौते पर हस्ताक्षर करवाए थे, तो उसका खंडन करनेवाला भी यह नवांग जिग्मे ही था। बाद में दलाई लामा ने इस समझौते को आधिकारिक तौर पर रद्द भी कर दिया था। नवांग जिगमे इस तथाकथित समझौते के बाद बीजिंग में ही रहने लगे थे। वे तिब्बत में चीन के प्रतिनिधि के तौर पर पहचाने जाते थे। आम तिब्बती भी उसे इसी नजर से देखता था। चीन सरकार उनका प्रयोग कभी-कभी दलाई लामा के खिलाफ बयान दिलवाने के लिए भी करती थी।

1955 में जब कुशोक बकुला दलाई लामा को भारत में आने का निमंत्रण देने के लिए तिब्बत गए थे, तब वे नवांग जिग्मे से मिले थे। 1959 में जब दलाई लामा तिब्बत से चलकर भारत आ गए तो तिब्बत में ही रहकर चीन सरकार का साथ देने वाला भी यही था। वैसे यह भी कहा जाता है कि नवांग जिग्मे को चीन ने बलपूर्वक रोक रखा था। मंगोलिया में राजदूत का पद सँभालने के लिए बकुला रिंपोछे दिसंबर 1989 को बीजिंग गए थे। उन्हें बीजिंग से ही उलानबतार के लिए जहाज लेना था। बीजिंग में वे दो दिन रहे। यहाँ उनकी इच्छा नाफो नवांग जिग्मे[10] से मिलने की थी। तिब्बत की वर्तमान हालत को भीतर से जान लेने के लिए नवांग जिग्मे से मिलना बहुत जरूरी था। नवांग जिग्मे अब बीजिंग में ही रहते थे। बीजिंग स्थित भारतीय दूतावास की सहायता से उन्होंने नब्बे वर्षीय जिग्मे से उनके घर में ही भेंट की। यद्यपि यह केवल शिष्टाचारवश भेंट थी और दोनों ने पुरानी स्मृतियों को ताजा किया, लेकिन इससे आगे मिलने का रास्ता खुल गया। बाद में दोनों की अनेक बार मुलाकात हुई। ऐसी ही एक भेंट में, “रिंपोछे ने जिगमे को याद दिलाया कि आप उस पुरानी पीढ़ी के बचे हुए गिने-चुने लोगों में से हो, जिनके सामने ही तिब्बत में भारी राजनैतिक परिवर्तन हुए हैं। आपको प्रयास करना चाहिए कि चीन और परम पावन दलाई लामा, दोनों पक्ष आपस में बैठ सकें और समस्या का समाधान कर लें। जब तक दलाई लामा कायम हैं और सारे मामले के केंद्रबिंदु में हैं, तब तक तो कोई सर्वमान्य

समाधान संभव है। दलाई लामा के इस संसार से जाने के बाद यह मामला और पेचीदा हो जाएगा।"[11]

7. एक बार फिर तिब्बत में—1992 में कुशोक बकुला रिंपोछे एक बार फिर तिब्बत की यात्रा पर गए। उन्हें वीजा मुश्किल से मिला। अंततः नवांग जिग्मे ने प्रयास किया, तब जाकर वीजा मिला। जिग्मे ने व्यक्तिगत तौर पर उनसे गुजारिश की कि वे तिब्बत में कोई राजनैतिक बयान न दें, अन्यथा उनकी अपनी स्थिति खराब हो जाएगी। उस समय वे मंगोलिया में भारत के राजदूत थे। जिग्मे की दखलंदाजी से ही उन्हें तिब्बत विकास फंड नाम की एक संस्था की ओर से निमंत्रित किए जाने की व्यवस्था की गई, जिसके अध्यक्ष दसवें पंचेन लामा थे। लेकिन उनका यह प्रवास केवल उत्सांग प्रांत तक ही सीमित था, जिसे चीन तिब्बत स्वायत्त क्षेत्र कहता है। वे वहाँ तीन अगस्त से लेकर सोलह अगस्त तक रहे। उस समय तिब्बत की स्थिति का वर्णन उन्होंने अपनी रपट में किया। उनके अनुसार—"विकास के मामले में ल्हासा शहर की हालत ही इतनी भयानक थी कि उससे ग्रामीण जीवन का अंदाजा सहज ही लगाया जा सकता है। बौद्ध उपासकों के लिए सर्वाधिक पवित्र मंदिर जोखांग के प्रवेश द्वार पर ही जमी गंदगी से भयंकर दुर्गंध आती है। तिब्बतियों ने मुझसे शिकायत की कि चीन सरकार ने तिब्बत के विभिन्न हिस्सों में हान चीनियों को बसाने के लिए लाखों युयान खर्च किए, लेकिन उन्होंने तिब्बतियों की दयनीय हालत को सुधारने की ओर ध्यान नहीं दिया। ल्हासा शहर के चारों ओर चीनी सेना तैनात की गई है, जो हर समय सन्नद्ध रहती है।"[12] इस प्रवास की उन्होंने बाद में एक विस्तृत रपट भी तैयार की, जिससे तिब्बत में चीनी दखलंदाजी और उसके दुष्परिणामों की तसवीर दिखाई देती है।

उत्सांग प्रांत की अपनी इस यात्रा के बाद उनकी इच्छा अमदो और खम प्रांत में जाने की थी, जो चीन की सीमा के साथ लगते हैं। तिब्बत पर कब्जा करने के बाद चीन ने इन दोनों प्रांतों को साथ लगते चीनी प्रांतों में ही शामिल कर लिया। इन दोनों प्रांतों में चीनीकरण बहुत तेजी से हुआ है और इतनी संख्या में हान चीनी बसाए जा रहे हैं कि तिब्बती वहाँ अल्पसंख्यक हो गए हैं। चीन सरकार भारतीयों को वहाँ जाने की अनुमति नहीं देती। बाद में नवांग जिगमे की सहायता

से ही रिंपोछे को चीन के अधिकार वाले तिब्बत स्वायत्त क्षेत्र और शिंघाई जाने की अनुमति मिली और वे अपने सचिव समेत अगस्त 1993 को इन क्षेत्रों में गए। इन क्षेत्रों का उन्होंने पंद्रह दिन दौरा किया और 14 अगस्त को वापस मंगोलिया पहुँच गए। इन क्षेत्रों में रिंपोछे ने तिब्बतियों की वास्तविक दयनीय स्थिति को स्वयं देखा। "मैंने कुमबुम विहार देखा। काफी लोग मठ की परिक्रमा कर रहे थे, लेकिन उनमें तिब्बतियों की संख्या नगण्य थी। उनमें भी वही तिब्बती थे, जो इस मठ के आसपास रहते हैं। चीन का प्रभाव इतना ज्यादा था कि तिब्बती भिक्षु भी आपस में बातचीत तिब्बती भाषा भोटी में न कर चीनी में कर रहे थे। मैंने स्थानीय मार्केट भी देखी, जहाँ पूजा की सामग्री व अन्य सामान बेचने की दुकानें थीं। लेकिन इनमें से नब्बे प्रतिशत दुकानें चीनियों और मुसलमानों की थीं। मठ की इस मार्केट में कोई इक्का-दुक्का तिब्बती दुकानदार ही था।"[13] इसके बाद बकुला रिंपोछे Qinhai शंघाई के प्रवास पर गए। उनके अनुसार, "कम्युनिस्ट सरकार की योजनाबद्ध आर्थिकी के अनुसार सरकार ने तिब्बतियों की सारी जमीनों पर कब्जा कर लिया। इस पर साँझी खेती शुरू की गई। यह स्थिति तब तक रही, जब तक चीनी सेना ने इस इलाके और उसके निवासियों पर पूरी तरह नियंत्रण नहीं कर लिया। इसके बाद चीन के विभिन्न प्रांतों से बहुत बड़ी संख्या में चीनी आने शुरू हो गए। देखते-देखते वे इस क्षेत्र में बहुसंख्यक हो गए और तिब्बती अल्पसंख्यक। बाद में जब चीन में आर्थिक उदारीकरण का दौर शुरू हुआ और जमीन वापस लोगों में बाँटने की योजना बनी तो सरकार ने यह जमीन तिब्बतियों को न बाँटकर चीनी और मुसलिम प्रवासियों को बाँट दी गई। परिणामस्वरूप आज शहरी क्षेत्रों में चीनी बहुमत में हैं और गाँवों में उनके पास उपजाऊ भूमि है।"[14] वहाँ की शिक्षा पद्धति का भी चीनीकरण हो चुका है। बकुला के अनुसार, "अब इस क्षेत्र में चीनी इतनी ज्यादा संख्या में लाकर बसा दिए गए हैं कि तिब्बती अपने ही घर में ही अल्पसंख्यक हो गए हैं। स्कूल के बच्चों को चीनी भाषा के ग्रंथों से पढ़ाया जाता है। स्कूलों में तिब्बती बच्चे बहुत कम हैं और स्थानीय बच्चों को शुरू से ही चीनी भाषा में पढ़ाया जाता। इससे दुःखी होकर बहुत से तिब्बती बच्चे बीच मँझधार पढ़ाई छोड़ देते हैं। दूर-दूर तक कहीं एक आध तिब्बती बस्ती दिखाई देती है। लेकिन सड़क पर जन मुक्ति

मोर्चा के सैनिक बंदूकें सँभाल सन्नद्ध खड़े दिखाई देते हैं।"[15] चीन ने बाँह मरोड़ने की कला का अब तक अभ्यास और विस्तार कर लिया था।

8. तिब्बत समस्या का समाधान—बकुला रिंपोछे का मानना था कि दलाई लामा की 1988 की स्टार्सवर्ग घोषणा के बाद तिब्बत मामले की पूरी दिशा ही बदल गई है। दलाई लामा ने स्वयं ही अपनी पंचसूत्रीय घोषणा में स्वीकार किया है कि इस समय तिब्बत चीन का हिस्सा है। इस घोषणा से चीन की सबसे बड़ी आपत्ति दूर हो गई है। अब मसला केवल व्यावहारिक स्वायत्तता का बचा है। इसलिए चीन और दलाई लामा के बीच संवाद का रास्ता प्रशस्त हो सकता है। यह बात बकुला रिंपोछे ने एक बैठक में नवांग जिग्मे से भी कही। रिंपोछे ने कहा, "तिब्बत समस्या दिन-प्रतिदिन गुंझलदार होती जा रही है। उसको सुलझाने के लिए दलाई लामा कई कदम चलकर आगे आए हैं। आप चीन प्रशासन में महत्त्वपूर्ण स्थान रखते हैं। इसलिए आप कोई ऐसा समाधान तलाश सकते हैं, जो दोनों पक्षों को मान्य हो। अब तो दलाई लामा ने तिब्बत का आध्यात्मिक और राजनैतिक नेतृत्व भी छोड़ दिया है। अब उनकी माँग तिब्बत के लिए वास्तविक स्वायत्तता की ही बची है। दोनों पक्षों को एक साथ बिठाने में नवांग जिग्मे महत्त्वपूर्ण भूमिका हो सकती है।"[16] बकुला रिंपोछे के इस प्रस्ताव पर नवांग जिग्मे ने आश्चर्यजनक रहस्योद्‌घाटन किया। उन्होंने कहा, "1989 में दसवें पंचेन लामा के देहांत के बाद उन्होंने चीन सरकार को सुझाव दिया कि पंचेन लामा के अंतिम संस्कारों के अवसर पर दलाई लामा को तिब्बत आने की अनुमति दे देनी चाहिए। चीन सरकार ने इस प्रस्ताव को स्वीकार भी लिया था। लेकिन जब धर्मशाला में निर्वासित तिब्बती सरकार के पास यह प्रस्ताव भेजा तो उसने चीन जाने से इनकार कर दिया।"[17] बाद में रिंपोछे ने धर्मशाला में तिब्बती सरकार से इस घटना के बारे में पता किया तो उन्होंने इसकी पुष्टि की। तिब्बत सरकार को चीन पर विश्वास नहीं था, "उसको डर था कि चीन की सेना तिब्बत में दलाई लामा को गिरफ्तार कर सकती है।"[18] बकुला रिंपोछे समझ गए कि तिब्बत और चीन के बीच किसी तीसरे पक्ष को ही मध्यस्थता करनी होगी। उन्होंने भारत सरकार से भी आग्रह किया कि वह दोनों पक्षों में संवाद स्थापित करने के लिए मध्यस्थ की भूमिका निभाए। तत्कालीन प्रधानमंत्री अटल बिहारी वाजपेयी को

लिखे एक पत्र में उन्होंने कहा, "अब मसला केवल व्यावहारिक स्वायत्तता का बचा है। भारत सरकार को दोनों पक्षों में संवाद स्थापित करने के लिए मध्यस्थ की भूमिका निभानी चाहिए।"[19] रिंपोछे की चिंता किसी प्रकार से तिब्बतियों के कष्ट कम करने की रहती थी।

9. कैलाश मानसरोवर की तीर्थयात्रा के मार्ग—तिब्बत की सीमा लद्दाख से लेकर अरुणाचल प्रदेश तक भारत के साथ लगती है। इसमें से अनेक रास्ते कैलाश मानसरोवर की तीर्थयात्रा के लिए खुलते हैं। शताब्दियों से एशिया के लोग कैलाश मानसरोवर की तीर्थयात्रा के लिए जा रहे थे। तिब्बत सरकार ने कभी किसी को मना नहीं किया। लेकिन 1959 तक आते-आते तिब्बत पर चीन का पूरी तरह कब्जा हो गया। उसके साथ ही बंद हो गए कैलाश मानसरोवर को जाने के रास्ते। अब चीन भारत के तीर्थयात्रियों को किसी भी प्रकार से उस तीर्थयात्रा के लिए निर्धारित मार्ग के के अतिरिक्त किसी अन्य मार्ग से जाने की आज्ञा नहीं देता। बहुत साल बाद चीन तिब्बत में कैलाश मानसरोवर हेतु उत्तराखंड में धारचूला का रास्ता खोलने के लिए राजी हुआ। बकुला रिंपोछे स्वयं भी कैलाश मानसरोवर की यात्रा कर चुके थे। लद्दाख में बहुत से बौद्ध साधक कैलाश मानसरोवर जाते थे। इसलिए रिंपोछे की इच्छा थी कि किसी तरह लद्दाख के डैमचोक से कैलाश यात्रा का रास्ता, फिर खुलना चाहिए। इसके साथ ही रिंपोछे का मत था कि भारत-तिब्बत के परंपरागत व्यापार मार्गों को पुनः खोले जाने के प्रयास भी करते रहना चाहिए। इससे सीमांत पर रहनेवाले लोगों को बहुत लाभ हो सकता है। लेकिन वे यह भी जानते थे कि तिब्बत पर चीन का कब्जा हो जाने के बाद अब यह न तो भारत सरकार के हाथ में है और न ही तिब्बत सरकार के हाथ में। इसके लिए तो अब चीन सरकार की अनुमति लेनी होगी। इसलिए बकुला रिंपोछे भारत सरकार से आग्रह करते रहते थे कि वह इस विषय पर निरंतर चीन सरकार से बातचीत करती रहे। द्विपक्षीय वार्त्ता की कार्यसूची में यह विषय भी रखा जाना चाहिए। दरअसल यह करोड़ों भारतीयों की माँग थी। बकुला रिंपोछे ने 9 मई, 1994 को प्रधानमंत्री नरसिम्हा राव को पत्र लिखकर आग्रह किया—"तिब्बत स्थित तीर्थ स्थान कैलाश मानसरोवर की यात्रा के लिए लद्दाख के लेह से परंपरागत मार्ग खोला जाना चाहिए। इसके साथ ही लेह

और तिब्बत के परंपरागत व्यापार मार्ग को भी खोलने का प्रयास किया जाना चाहिए।"[20] कैलाश मानसरोवर की तीर्थयात्रा का यह मार्ग सरल और सुगम भी है। जम्मू-कश्मीर सरकार ने इसके लिए 1993 में सर्वेक्षण भी किया था, जिसकी रपट इसका प्रमाण है।

संदर्भ—

1. Sonam Wangchuk Shakspo, Kushok Bakula Rinpoche, The Architect of modern ladakh, page-436
2. Sonam Wangchuk Shakspo, Kushok Bakula Rinpoche, The Architect of modern ladakh, page-148
3. रामचंद्र गुहा, भारत गांधी के बाद, गुरुग्राम, पेंगुइन बुक्स, 2011, पृष्ठ-376, गुहा ने बकुला रिंपोछे के तिब्बत प्रवास का काल 1957 की ग्रीष्म ऋतु अंकित किया है, लेकिन रिंपोछे 1956 की मार्च को वहाँ से वापस आ गए थे। गुहा का संकेत शायद इसी प्रवास की ओर है।
4. Sonam Wangchuk Shakspo, Kushok Bakula Rinpoche, The Architect of modern ladakh, page-436
5. यहाँ यह बताना रुचिकर होगा कि जम्मू-कश्मीर सरकार ने तिब्बत से आए मुसलमानों को राज्य में बसाने में अतिरिक्त तत्परता दिखाई। ये मुसलमान तिब्बत में आम तौर पर कसाई का काम करते थे। लेकिन बौद्धों को बसाने में सरकार आनाकानी कर रही थी। यही कारण था कि 1969 में जब लद्दाख में अन्य माँगों को लेकर आंदोलन शुरू हुआ तो उसमें एक माँग तिब्बती बौद्धों को बसाने की भी थी। लेकिन प्रत्येक प्रश्न को सांप्रदायिक नजर से देखने वाली कश्मीर केंद्रित सरकार इसे भी लद्दाख में जनसांख्यिकी अनुपात के बदल जाने के लिहाज से देख रही थी।
6. लोकसभा की 15 फरवरी, 1968 की कारवाई में से
7. लोकसभा की 28 जुलाई, 1971 की कारवाई में से
8. Sonam Wangchuk Shakspo, Bakula Rinpoche, A Visionary Lama and Statesman, page-92
9. Sonam Wangchuk Shakspo, Bakula Rinpoche, A

Visionary Lama and Statesman, page-54

10. 2009 में 99 साल की आयु में नवांग जिग्मे का देहांत हो गया
11. Sonam Wangchuk Shakspo, Bakula Rinpoche, A Visionary Lama and Statesman, page-56
12. Sonam Wangchuk Shakspo, Kushok Bakula Rinpoche, The Architect of modern ladakh, page-437-438
13. Sonam Wangchuk Shakspo, Kushok Bakula Rinpoche, The Architect of modern ladakh, page-449
14. Sonam Wangchuk Shakspo, Kushok Bakula Rinpoche, The Architect of modern ladakh, page-451
15. Sonam Wangchuk Shakspo, Kushok Bakula Rinpoche, The Architect of modern ladakh, page-450
16. Sonam Wangchuk Shakspo, Kushok Bakula Rinpoche, The Architect of modern ladakh, page-321
17. Sonam Wangchuk Shakspo, Kushok Bakula Rinpoche, The Architect of modern ladakh, page-321
18. Sonam Wangchuk Shakspo, Kushok Bakula Rinpoche, The Architect of modern ladakh, page-322
19. Sonam Wangchuk Shakspo, Bakula Rinpoche, A Visionary Lama and Statesman, page-57
20. Sonam Wangchuk Shakspo, Kushok Bakula Rinpoche, The Architect of modern ladakh, page-458

□

9

साम्यवादी देशों में बौद्ध जागरण

1. बौद्ध देश साम्यवाद की चपेट में—रूस में 1917 की क्रांति के कारण साम्यवादी पार्टी का शासन स्थापित हुआ। पार्टी ने रिलीजन या मजहब को अफीम की संज्ञा देकर पूरे देश में मजहबी क्रिया-कलापों पर रोक लगा दी। रूस मोटे तौर पर ईसाई मत को मानने वाला था, लेकिन उसके कुछ हिस्से, मसलन साइबेरिया का बुरयात और कलमयाक बुद्ध वचनों को मानने वाले थे। लेकिन लेनिन-स्टालिन के मार्क्सवाद ने बुद्ध मत पर ग्रहण लगा दिया। उसने व्यावहारिक रूप से सभी संप्रदायों या रिलीजनों को प्रतिबंधित कर दिया। इसमें बुद्धमत भी था। रूस के बाद 1927 में बौद्ध देश मंगोलिया ने भी मार्क्सवाद की छतरी ग्रहण की और बौद्ध विहारों की छत्तें उड़ा दीं। भिक्षुओं के चीवर ही उनके दुश्मन बन गए। 1949 को तो चीन भी मार्क्सवाद की चपेट में आ गया। चीन शताब्दियों से बौद्ध वचनों का गान कर रहा था, लेकिन अब वह भगवान् बुद्ध को ही प्रतिक्रियावादी बताने लगा। इन सब देशों में भगवान् बुद्ध की पोथियाँ बाँचने की कौन कहे, बुद्ध का नाम लेने वालों को राजकीय प्रकोप का शिकार होना था। दक्षिण-पूर्व एशिया के अनेक बौद्ध देश भी चाहे-अनचाही साम्यवाद की चपेट में आ गए थे। लाओस, वियतनाम और कंबोडिया इसी प्रकार के देश थे। सम्राट् अशोक के राज्यकाल में भगवान् बुद्ध के वचनों का प्रचार-प्रसार भारत से बाहर बहुत दूर-दूर तक अनेक देशों में हुआ था। संपूर्ण एशिया बुद्ध वचनों से आच्छादित था। लेकिन अरबस्तान में इसलाम के प्रादुर्भाव के बाद उसका जोर एशिया और यूरोप के दूसरे देशों में बढ़ा। एशिया के बहुत से देश इसलाम की इस आँधी के

आगे टिक नहीं सके। मध्य एशिया तो पूरी तरह ढह गया। पूरा मध्य एशिया, जहाँ पहले बुद्धं शरणं गच्छामि के स्वर गूँजते थे, वहाँ इसलाम का परचम फहराने लगा और बौद्ध विहारों का विध्वंस हुआ। बीसवीं शताब्दी में वर्ग संघर्ष की हिंसा में लिपटा साम्यवाद कुछ बौद्ध देशों को भी लील गया। मंगोलिया और तिब्बत इसी श्रेणी के देश थे। रही सही कसर संगठित चर्च ने इन बौद्ध देशों को अपने निशाने पर लेकर पूरी कर दी। उन्होंने सेवा की आड़ में मतांतरण का खेल शुरू कर दिया। भारत में इसका उत्तर भीमराव रामजी आंबेडकर ने दिया और विश्व स्तर पर कुछ सीमा तक कुशोक बकुला रिंपोछे ने दिया। लद्दाख के बकुला रिंपोछे के मन में था कि इन देशों में एक बार फिर से भगवान् बुद्ध की मंगलकारी वाणी गूँजे। संयोगवश इसका अवसर भी उन्हें मिल गया।

2. बकुला रिंपोछे साम्यवादी देशों में—बकुला रिंपोछे ने विश्व भर के बौद्धों से मिलने और उन्हें जानने का प्रयास किया। पहली बार वे 1954 में म्याँमार में हो रही वर्ल्ड फेलोशिप ऑफ बुद्धिस्ट के तृतीय सम्मेलन में भाग लेने के लिए गए। दुनिया भर में प्रचलित बुद्ध परंपराओं को समीप से जानने बूझने का अवसर उन्हें मिला। इसी सम्मेलन में उनको म्याँमार, थाईदेश, कंबोडिया जैसे थेरवादी देशों के विद्वान् बौद्धों से मिलने का अवसर प्राप्त हुआ। इसी सम्मेलन में उनकी बाबा साहेब भीमराव आंबेडकर से भी मुलाकात हुई। श्रीलंका के बौद्ध भिक्षुओं से भी संवाद रचना हुई। वर्ल्ड फेलोशिप ऑफ बुद्धिस्ट संस्था का मुख्य कार्यालय बैंकॉक में था/है। रिंपोछे ने लद्दाख बौद्ध परिषद् को भी इस संस्था के क्षेत्रीय केंद्र के तौर पर जोड़ दिया। इसके बाद वे जापान में भी गए और अंतरराष्ट्रीय बौद्ध संगठनों में सक्रिय हुए।

लेकिन बकुला रिंपोछे की इच्छा तो उन देशों में जाकर भगवान् बुद्ध के उपदेशों का प्रसार करने की थी, जहाँ उनको प्रतिबंधित कर दिया गया है। वे कम्युनिस्ट देशों में बुद्ध की चर्चा करने की इच्छुक थे। यह मार्ग कंटकाकीर्ण था, लेकिन यही असली मार्ग था। इसका अवसर भी रिंपोछे के जीवन में अनायास ही आ उपस्थित हुआ।

कुशोक बकुला रिंपोछे 1967 में लोकसभा के सदस्य बने और दिल्ली आ गए। दिल्ली आने से उनके कार्यक्षेत्र का विस्तार हुआ और उन्हें अनेक बौद्ध देशों

के प्रतिनिधियों से मिलने के और अवसर प्राप्त हुए। बीसवीं शताब्दी में पश्चिमी देशों, विशेषकर यूरोप और अमेरिका महाद्वीप में भगवान् बुद्ध के वचनों को लेकर खासा उत्साह दिखाई देने लगा था। उससे पहले बुद्ध वचनों का प्रचार-प्रसार एशिया के देशों में ही था। एशिया के अनेक देशों में भी इसलाम की आँधी ने उसे ग्रस्त कर लिया था। चीन द्वारा तिब्बत पर कब्जा कर लेने के बाद पश्चिमी देशों का ध्यान तिब्बत के भूगोल की ओर तो गया ही, साथ ही वहाँ के सांस्कृतिक परिवेश की ओर भी गया, जो बुद्ध वचनों से रचा-बसा था। अनेक तिब्बती भिक्षु भी पश्चिमी देशों में जाकर रहने लगे और उन्होंने वहाँ विहारों की स्थापना कर ली। उनके नाम और काम दोनों को ही प्रसिद्धि मिलने लगी। इसलिए भारत से बहुत से विद्वान् लामा और भिक्षु भी भगवान् बुद्ध के चिंतन और दर्शन का प्रसार करने के लिए जा रहे थे। ऐसे समय कुशोक बकुला रिंपोछे को भी पश्चिमी देशों में जाकर बुद्ध वचनों का प्रचार-प्रसार करने का निमंत्रण मिला। एक विद्वान् और साधक के नाते उनकी ख्याति तो फैल ही चुकी थी। लेकिन रिंपोछे ने पश्चिमी देशों में जाने का विकल्प नहीं चुना। बकुला रिंपोछे के शब्दों में ही, "मेरी पश्चिमी देशों में इस काम के लिए जाने की इच्छा भी नहीं थी। उसका कारण पश्चिमी देशों के लोगों को तंत्रयान की सही समझ नहीं है। तंत्र की अनेक गुह्य क्रियाएँ रहस्यमयी भी हैं। पश्चिमी साधक यद्यपि इस मामले में गहरे विश्वासी माने जा सकते हैं, लेकिन तांत्रिक शिक्षा को लेकर उनकी मूल अवधारणा ही अलग है। वे इस साधना के निर्धारित सोपानों का पालन नहीं करते। इसलिए मैंने पूर्व के उन देशों पर स्वयं को केंद्रित किया, जहाँ बौद्धमत का क्षय हो रहा था। मैं उन लोगों की दशा देखकर व्यथित होता था, जिनको दंड का भय दिखा कर अपनी आस्था का पालन करने के अधिकार से वंचित कर दिया गया था। इसलिए मेरी इच्छा रहती थी कि मुझे ऐसे देशों में बुद्ध वचनों की पुनर्स्थापना और धर्म कार्य करने का अवसर मिले।"[1] उनका ध्यान हमेशा उन देशों में बौद्ध परंपरा को पुनर्जीवित करने और प्रोत्साहित करने पर केंद्रित रहता था, क्योंकि उन देशों की राजनीतिक प्रणाली ने अपने लोगों को इससे वंचित रखा था। यह रिंपोछे की अद्भुत योग्यता थी कि वे कठोर शासन प्रणाली वाले उन देशों के लोगों के साथ आसानी से अपना आध्यात्मिक संबंध बना लेते थे।

3. साम्यवादी रूस में भगवान् बुद्ध के उपदेश—लोकसभा के सदस्य चुने जाने के बाद जब उन्हें यह अवसर प्राप्त हुआ तो उन्होंने सबसे पहला रुख उन देशों की ओर ही किया, जहाँ धर्म का क्षय हो रहा था। जाहिर है, रूस का नाम इसमें नंबर एक पर ही था। सोवियत रूस के दो गणतंत्रों में बौद्धमत को मानने वाले लोगों की जनसंख्या पर्याप्त थी। इनमें से पहला बुरयात आटोनोमस सोवियत सोशलिस्ट रिपब्लिक था। साइबेरिया स्थित इस गणतंत्र में बौद्धमत को मानने वालों की जनसंख्या बीस प्रतिशत के लगभग थी।[2] दूसरा स्वायत्त गणतंत्र कलमयाक आटोनोमस सोवियत सोशलिस्ट रिपब्लिक था। यह गणतंत्र सोवियत रूस के यूरोपीय क्षेत्र में स्थित है।[3] इस गणतंत्र में लगभग 37 प्रतिशत संख्या भगवान् बुद्ध के उपासकों की है। कलमयाक के बौद्धों ने स्टालिन के युग में भीषण अत्याचार सहे थे। यह कुछ-कुछ ऐसा ही था, जैसे मुगल वंश के औरंगजेब के राज्यकाल में भारतीयों के साथ हुआ था। रूस के इन हिस्सों में बुद्ध-वचनों का प्रसार तिब्बत और मंगोलिया के बौद्ध साधकों ने अठारहवीं शताब्दी में किया था। रूस में 1917 में साम्यवादी क्रांति हुई थी। साम्यवादी शासन ने रिलीजन या मजहब को अफीम घोषित कर दिया और व्यावहारिक रूप से सभी संप्रदायों या रिलीजनों को प्रतिबंधित कर दिया। इसमें बुद्धमत भी था। उन दिनों सोवियत रूस ने भी अपनी रणनीति बदली और अपने यहाँ के बौद्धों को आधार बनाकर, उस समय चल रहे शीत युद्ध में, बौद्ध कार्ड खेलने का निर्णय किया, ताकि अन्य बौद्ध देशों में अपना आधार बढ़ाया जा सके।

कुशोक बकुला जुलाई 1968 में पहली बार रूस गए। वे प्रथम भिक्षु थे, जिन्होंने पांथिक स्वतंत्रता पर प्रतिबंध लगे पूर्व सोवियत संघ में जाकर लोगों को धर्मोपदेश दिया। बुरयात में उन्हें खांबोलामा जामपेल दोर्जी गोमबोएव ने निमंत्रित किया था। बुरयात की राजधानी उलान उदे के इवोलगिंस्की मठ में उनका भव्य स्वागत हुआ। वैसे भी पूरे बुरयात क्षेत्र में यही एकमात्र मठ बचा था, जहाँ पूजापाठ होता था। अन्य मठों को साम्यवादी शासकों ने नष्ट कर दिया था। बकुला रिंपोछे के शब्दों में ही—"हजारों पुरुष स्त्रियाँ नीले रंग के खतक लेकर स्वागत के लिए खड़े थे। भिक्षु परंपरागत ढंग से बौद्ध ध्वज और पताकाएँ लेकर मेरे स्वागत के लिए खड़े थे। वे शंखध्वनि कर रहे थे। अगरबत्ती जला रहे थे।

ढोल-मंजीरे, सींग की तुरही बजा रहे थे। बुरयात परंपरा के अनुसार नमक-रोटी के साथ दही भरे चाँदी के पात्र के साथ मेरा स्वागत किया। मैंने वहाँ कालचक्र पूजा की। मैं सुदूर साइबेरिया में वहाँ के अनजान श्रद्धालुओं के बीच एकात्म भाव का अनुभव कर रहा था।"[4]

सोवियत रूस में पहले पहल भगवान् बुद्ध के उपासक कुशोक बकुला रिंपोछे के पास आने से डरते थे। आनेवालों में से कई बार सरकारी गुप्तचर भी होते थे। कई बार एक श्रद्धालु अंदर रिंपोछे के वचन सुनता था और दूसरा दरवाजे पर रहकर बाहर नजर रखता था। बाद में तो साम्यवादी पार्टी के कुछ पदाधिकारी भी रिंपोछे से उपदेश लेने के लिए आने लगे थे। यह सचमुच खतरों से खेलने जैसा था। लेकिन रिंपोछे सहज भाव से बोधिसत्त्व होने के कारण जो उनका कर्तव्य था, उसी का पालन कर रहे थे। 1968 के बाद वे सोवियत रूस में अनेक बार गए। 1989 में पहली बार कलमाई किया गए। वहाँ के बौद्धों में उस समय का उत्साह देखते ही बनता था। बकुला रिंपोछे का रूस में सबसे बड़ा काम सेंट पीटर्सवर्ग में पुराने बौद्ध मठ का पुनरुद्धार करना था। अठारहवीं शताब्दी में यह मठ मंगोलिया के एक बौद्ध साधक अवांग लोबजंग दोरजेव ने बनाया था। दोरजेव तेरहवें दलाई लामा के शिक्षक भी रह चुके थे। दोरजेव का प्रयास था कि पीटर्सबर्ग का यह मठ तिब्बत के दलाई लामा का रूस में दूतावास बनेगा।[5] लेकिन रूस की साम्यवादी क्रांति के बाद इस मठ का जो हश्र हो सकता था, वही हुआ। रिंपोछे के प्रयासों से 1988 में यह बौद्ध मंदिर एक बार फिर वहाँ के बौद्ध समाज के हवाले कर दिया गया। यह रिंपोछे के लिए बहुत बड़ी संतुष्टि थी। जिस समय कुशोक बकुला रिंपोछे सोवियत रूस के बुरयात में बौद्ध मतावलंबियों में बिचर रहे थे, उस समय वहाँ मंगोलिया के खांबोलामा भी थे। उन्होंने ही मंगोलिया में बौद्धमत की दयनीय स्थिति के बारे में बताया। बुरयात के खांबोलामा भी रूस में बुद्धमत पर लगे हजारों प्रतिबंधों से चिंतित थे। दोनों की इच्छा थी कि इन विपरीत परिस्थितियों में भी बौद्धमत के उद्धार का रास्ता निकाला जाए। कुशोक बकुला रिंपोछे ही यह काम कर सकते थे। एक तो वे टुलकु थे, दूसरे वे पश्चिमी जगत् में जाने का आकर्षण त्यागकर एशिया में काम करना चाहते थे।

4. शांति हेतु एशिया बौद्ध परिषद् का गठन—लेकिन एक प्रश्न अभी भी अनुत्तरित था कि मंगोलिया और सोवियत रूस की सरकारों ने अपने खांबोलामाओं को बुरयात में एकत्र होकर एक भारतीय लामा से मंत्रणा करने की अनुमति कैसे दे दी? दूसरा प्रश्न इससे भी बड़ा था। आखिर कुशोक बकुला रिंपोछे को उलान उदे में बौद्धमत पर चर्चा करने की अनुमति कैसे दे दी? इसका रहस्य भी बकुला रिंपोछे को पता था। उनके अपने विश्लेषण के अनुसार, "सोवियत रूस और मंगोलिया दोनों ही एक अंतरराष्ट्रीय बौद्ध परिषद् स्थापित करने के इच्छुक थे, जिसका मुख्यालय मंगोलिया में स्थापित किया जाना था। इस परिषद् के माध्यम से अन्य देशों के बौद्धों से संपर्क स्थापित किया जाना था। इस उद्देश्य की पूर्ति के लिए सोवियत व मंगोलिया ने अपने खांबोलामाओं को योजनापूर्वक स्वीकृति दी हुई थी।" मामला साफ था। सोवियत रूस अपने यहाँ के बौद्धों को आगे करके एशिया के बौद्ध देशों में अपना प्रभाव निर्माण करना चाहता था। इस उद्देश्य की पूर्ति के लिए कुशोक बकुला रिंपोछे के ही शब्दों में—"शांति हेतु एशिया बौद्ध परिषद् का गठन 1970 में किया गया। अंग्रेजी में एशियन बुद्धिस्ट कॉन्फ्रेंस फॉर पीस यानी ए.बी.सी.पी.। ए.बी.सी.पी. ने 1979 में दलाई लामा को सोवियत रूस और मंगोलिया में आमंत्रित किया। सोवियत रूस व मंगोलिया की सरकारों ने अपने संविधान में पांथिक स्वतंत्रता का सैद्धांतिक तौर पर तो प्रावधान किया हुआ था, लेकिन व्यवहार में वहाँ कोई मजहबी स्वतंत्रता नहीं थी। मात्र दिखावे के लिए कुछ मंदिर खोलने की अनुमति दी गई। 1970 में हेलसिंकी समझौते के कारण सोवियत रूस और उसके प्रभामंडल के दूसरे साम्यवादी देश अपने यहाँ नाममात्र की पांथिक स्वतंत्रता देने के लिए तैयार हुए। इसके बाद ही मंगोलिया में गांदेन मठ को कार्य करने की अनुमति दी गई थी। सोवियत संघ ने इवोलगिंस्की मठ को यही अनुमति दी। यद्यपि ये मठ भी सरकार द्वारा नियुक्त भिक्षुओं से भरे हुए थे और सरकार के सख्त नियंत्रण में ही कार्य करते थे। इसके बावजूद मैं सोचता हूँ कि इन सरकारों की यह प्रतीकात्मक ढील भी इन देशों के बौद्ध मतावलंबियों को अपनी विरासत से जोड़ने में अत्यंत सहायक सिद्ध हुई, अन्यथा इन देशों में बौद्ध मत पूरी तरह समाप्त हो गया होता।"[6] सोवियत रूस अपने यहाँ के बौद्धों का उपयोग अपने साम्राज्यवादी राजनैतिक हितों के लिए

करना चाहता था और कुशोक बकुला उसके इसी छिद्र का लाभ उठाकर वहाँ मृतप्राय: हो चुके बौद्ध समाज को पुन: संजीवनी प्रदान करने के लिए करना चाहते थे। उनके अपने ही शब्दों में—"उनके लिए चाहे इसके राजनैतिक अर्थ हों, परंतु हमारी प्राथमिकता तो इसी का लाभ उठाकर उस क्षेत्र में बौद्धमत की पुनर्स्थापना ही था।"[7] वैसे भी इस काल तक आते-आते सोवियत संघ के संबंध रूस से बिगड़ चुके थे। मंगोलिया के संबंध तो चीन से कभी अच्छे थे ही नहीं। शीतयुद्ध का जमाना था। इसलिए सोवियत रूस और मंगोलिया, दलाई लामा को बुलाने में क्यों झिझकता ? लेकिन रिंपोछे इसी शीतयुद्ध का लाभ इन देशों में भगवान् बुद्ध की मूर्तियों पर जम गई बर्फ को हटाने में कर रहे थे।

5. चीन और तिब्बत में भगवान् बुद्ध के उपदेश—इसी प्रकार बकुला रिंपोछे तिब्बत भी जाते रहते थे और वहाँ तिब्बत में बुद्ध उपासना पर लगे प्रतिबंधों के बावजूद जीवट के उपासकों को धर्मोपदेश देते थे। मंगोलिया में राजदूत नियुक्त हो जाने के कारण रिंपोछे के लिए चीन और हांगकांग जाने का रास्ता खुल गया। चीन में भी रूस की तरह ही कुछ उपासक छिपते हुए रिंपोछे से धर्मोपदेश सुनने के लिए आते थे। वे भी उतना ही डरे हुए होते, जितने रूस के लोग डरे होते। लेकिन कुशोक बकुला ने एक स्थितप्रज्ञ की तरह धैर्य बनाए रखा। भय और अविश्वास के उन दिनों में भी वे नवांग जिग्मे और दसवें पंचेन लामा का विश्वास जीतने में सफल रहे। दरअसल कम्युनिस्ट देशों में भगवान् बुद्ध की चर्चा करना कुछ-कुछ उसी प्रकार का अभियान था, जो वर्षों पहले चर्च पूर्वी यूरोप के देशों में चोरी छिपे बाइबिल बाँटकर व ईसा मसीह के प्रवचन सुनाकर चलाया करता था। उसमें अनेक खतरे छिपे हुए थे। अंतर केवल इतना था कि पूर्वी यूरोप के देशों में चलाया जानेवाला वह अभियान संगठित था, जबकि कुशोक बकुला रिंपोछे अकेले अपने बलबूते, अपनी शक्ति और सामर्थ्य के अनुसार यह बुद्ध अभियान चला रहे थे। "शुरू में रिंपोछे के पास धर्म की शिक्षा लेने के लिए चीनियों के बहुत ही कम समूह आते थे। कुछ इक्का-दुक्का व्यक्ति होटल के कमरे में उनसे मिलते थे। मुझे यकीन है, उनमें से भी कुछ तो जासूस होंगे, जो इस बात पर नजर रखते होंगे कि क्या कहा गया है। ऐसे संवाद होटल के कमरे में बहुत ही गुपचुप तरीके से होते थे। बहुत से लोगों को इस प्रकार की

षड्यंत्रनुमा बैठकों को लेकर आपत्ति थी, लेकिन बकुला रिंपोछे को सोवियत संघ में इस प्रकार की बैठकों का अनुभव था और वे यह भी जानते थे कि इस प्रकार की मीटिंगों को कैसे सँभाला जाना चाहिए।"[8] रिंपोछे अपने श्रद्धालुओं के घरों में निरंतर दस साल तक इस प्रकार लुक-छिपकर पूजा-अर्चना करवाते रहे, लेकिन इसे संयोग ही कहा जाए कि कहीं भी राजनैतिक स्तर पर कोई असुखद घटना नहीं हुई। यह विदित ही है कि चीन में यह सब प्रतिबंधित है।

तिब्बत में भी बकुला रिंपोछे ने सही-सही कहने में कभी कोताही नहीं की। जुलाई 1992 में जब वे तिब्बत के प्रवास पर थे तो रायदी, जो उस समय क्षेत्रीय लोक राजनैतिक सलाहकार समिति के अध्यक्ष थे और रुतबे में तिब्बत स्वायत्त क्षेत्र के पार्टी सचिव से केवल एक दर्जा कम थे, ने रिंपोछे के सम्मान में भोज दिया। साम्यवादी चीन में इस प्रकार की औपचारिकताएँ कम्युनिस्ट पार्टी के जन-अभियान का हिस्सा ही होती हैं। इस प्रकार के भोजों में चीन के साथ इच्छा या अनिच्छा से सहयोग कर रहे अनेक तिब्बती अधिकारी भी होते हैं, लेकिन उनका काम केवल सुनना होता है। इस भोज में रायदी ने स्वाभाविक ही चीन सरकार द्वारा तिब्बत में किए जा रहे सांस्कृतिक प्रकल्पों की प्रशंसा की। लेकिन रिंपोछे ने बेबाकी से अपनी बात रखने में कोताही नहीं की। उन्होंने कहा, "वे इस बात से उदास हैं कि तिब्बत में परंपरागत ज्ञान-विज्ञान के संवाहक मठों को निर्दयतापूर्ण ढंग से तोड़ा गया है। उन्हें आशा है कि चीन सरकार तिब्बत के बौद्ध विहारों के पुराने वैभव को पुनः प्रस्थापित करने का प्रयास करेगी और भिक्षु-भिक्षणियों को धार्मिक स्वतंत्रता भी देगी। उन्होंने आशा व्यक्त की कि परम पावन दलाई लामा वापस अपनी मातृभूमि तिब्बत में आ सकेंगे और तिब्बत की निराली सांस्कृतिक व संजाति विषयक पहचान की रक्षा की जाएगी।"[9] चीन के लिए तिब्बत अभी भी बहुत संवेदनशील मामला है। इसलिए चीनी अधिकारियों की हाजिरी में यह सब कहना बड़े ही साहस का काम है। बकुला रिंपोछे यही करते थे। इसके कारण तिब्बतियों में आशा का संचार होता था। कुल मिलाकर कहा जा सकता है कि साम्यवादी देशों में सब प्रकार के प्रतिबंधों के बावजूद रिंपोछे यथासंभव भगवान् बुद्ध के उपदेशों का प्रचार-प्रसार करते रहे।

संदर्भ—

1. Maya Joshi, my life my times, page-42
2. सोवियत संघ के विघटन के बाद 1992 में इस गणतंत्र ने अपना नाम बुरियातिया गणतंत्र कर लिया, लेकिन रूसी परिसंघ में ही बना रहा।
3. सोवियत संघ के विघटन के बाद इस गणतंत्र ने अपना नाम कलमयाक गणतंत्र कर लिया, लेकिन रूसी परिसंघ का सदस्य बना हुआ है।
4. Maya Joshi, my life my times, page-43-44
5. यह अलग बात है कि ग्रेट गेम के दिनों में दोरजेव के इन्हीं प्रयासों के कारण ब्रिटेन को शक हुआ कि रूस तिब्बत पर नजर गढ़ाए हुए है। जिसके कारण उसने तिब्बत पर चीन के अधिकार को मान्यता दे दी।
6. Maya Joshi, my life my times, page-45
7. Maya Joshi, my life my times, page-45
8. Sonam Wangchuk Shakspo, Kushok Bakula Rinpoche, The Architect of modern ladakh, page-314
9. Sonam Wangchuk Shakspo, Kushok Bakula Rinpoche, The Architect of modern ladakh, page-331

□

10

मंगोलिया में सांस्कृतिक पुनरुत्थान

1. भारत-मंगोलिया संबंध—भारत और मंगोलिया के बीच भौगोलिक दूरी चाहे बहुत ज्यादा है और दोनों देशों की सीमा कहीं नहीं मिलती, लेकिन इस दूरी के बावजूद मंगोलिया के साथ भारत के प्राचीन काल से सांस्कृतिक संबंध रहे हैं। पं. जवाहरलाल नेहरू ने इसका उल्लेख करते हुए कहा था—"भारत मंगोलिया के प्रति विशेष भाव रखता है। मंगोलिया के साथ हमारे पंद्रह सौ साल से भी ज्यादा शताब्दियों पुराने विशेष संबंध चले आ रहे हैं।"[1] मंगोलिया के इतिहास और जनजीवन में भगवान् बुद्ध का विशेष स्थान है। "तेरहवीं शताब्दी से ही, जब मंगोलिया एक राज्य या देश के तौर पर स्थापित हुआ, भारत-मंगोलिया संबंधों के इतिहास में बुद्ध मत एक प्रमुख कारक बन गया। शुरुआती दौर में तो उग्र और सोगदियन मध्यस्थ की भूमिका में थे, जिनके माध्यम से मंगोलिया में बुद्धमत और भारतीय संस्कृति का प्रसार हुआ। उसके उपरांत यह भूमिका तिब्बत ने सँभाल ली। चंगेज खान के पौत्र कुबलियाई खान ने तो बुद्ध मत को राज्य का मत ही घोषित कर दिया।"[2] आधुनिक काल में भी दोनों देशों के ये संबंध प्रगाढ़ होते रहे। जिन दिनों चीन पूरे मंगोलिया को निगलने का प्रयास कर रहा था और मंगोलिया अपनी रक्षा का प्रयास कर रहा था, उन्हीं दिनों उसने अपने इन प्रयासों में रूस के साम्यवादी शासन की सहायता ली। यद्यपि यह प्रयास आकाश से गिरकर खजूर में लटकने जैसा था, लेकिन उन परिस्थितियों में शायद और कोई विकल्प नहीं था। आंतरिक मंगोलिया चीन के पंजे में आ चुका था। बाह्य मंगोलिया ने विद्रोह करके 1924 में ही वहाँ साम्यवादी सरकार स्थापित कर ली, इसलिए उसे रूस

का समर्थन प्राप्त हो गया। इस प्रकार एशिया में कम्युनिस्ट होनेवाला मंगोलिया पहला देश था। द्वितीय विश्वयुद्ध के बाद उभरे सोवियत ब्लॉक ने बाह्य मंगोलिया को मान्यता देकर उसे चीन की गिद्ध दृष्टि से बचा लिया। सोवियत ब्लॉक के बाहर भारत पहला देश था, जिसने मंगोलिया जन गणतंत्र को राजनैतिक मान्यता दी और उसके साथ दौत्य संबंध स्थापित किए। उसके बाद मंगोलिया संयुक्त राष्ट्र संघ की सदस्यता के लिए प्रयास कर रहा था। लेकिन चीन इसका डटकर विरोध कर रहा था, क्योंकि चीन का कहना था कि पूरा मंगोलिया चीन का हिस्सा है। यहाँ तक कि मंगोलिया की सदस्यता का विरोध करने में दोनों चीन (माओ का चीन और च्यांग काई शेक का चीन) एकमत हो गए। लेकिन भारत ने उस समय मंगोलिया का डटकर समर्थन किया। कहा जा सकता है कि भारत मंगोलिया के हर सुख-दुःख में साथ रहा है। जिस प्रकार तिब्बत के लोगों का भारत में गहरा विश्वास है, उसी प्रकार मंगोलिया के लोगों का भी भारत में गहरा विश्वास है। मंगोलिया के लोग "भारत को धर्म का स्थान कहते हैं।"

2. मंगोलिया की लोककथा में बकुला—मंगोलिया के लोकसाहित्य में एक कथा शताब्दियों से प्रचलित है। इस लोक विश्वास का आधार उन्नीसवीं शताब्दी के शुरू में ही मंगोलिया के आठवें जेबछुंदंबा अथवा बोद गेगीन की एक भविष्यवाणी है। इस के अनुसार एक समय ऐसा आएगा, जब मंगोलिया में बौद्ध वचनों पर संकट आ जाएगा। विहार में जानेवाले भक्तों को शासक दल के लोग प्रताड़ित करेंगे। बौद्ध विहारों को गिरा दिया जाएगा। त्रिपिटकों को जला दिया जाएगा। मंगोलिया में किसी भिक्षु के दर्शन करना कठिन हो जाएगा। लेकिन निराशा का यह कठिन कालखंड ज्यादा देर नहीं रहेगा। फिर एक दिन भारत से अर्हत बकुला के अवतार मंगोलिया में आएँगे और यहाँ पुनः बौद्ध वचनों का प्रसार होगा। महान् मंगोलियाई भिक्षु विद्वान् जावा दम्दीन ने अर्हत बकुल के मंगोलिया में आने की आशा में उनकी स्तुति में एक काव्य-रचना की, जिसे मंगोलिया में साम्यवादी शासन से पूर्व देश के सभी बौद्ध-विहारों में पढ़ा जाता था। बौद्ध जगत् में सोलह अर्हत वाले थांका बहुल प्रचलित हैं। इम थांकाओं में केंद्र में भगवान् बुद्ध होते हैं और उनके इर्द-गिर्द सोलह अर्हत दिखाए जाते हैं। लेकिन आठवें बोद गेगीन की भविष्यवाणी के बाद मंगोलिया में इन थांकाओं का क्रम बदल

गया। मंगोलिया में इन थांकाओं में सबसे ऊपर भगवान् बुद्ध विराजमान होते हैं और उनके नीचे सोलह अर्हत चित्रित होते हैं। इन सोलह अर्हतों में से बकुला केंद्र में होते हैं और शेष पंद्रह अर्हत उनके चारों ओर चित्रित होते हैं। लेकिन ये सब बातें मंगोलिया में कम्युनिस्ट शासन स्थापित होने से पहले की हैं। यह अलग बात है कि उसके बाद भी ये थांका बहुत से लोगों के घरों में चोरी-छिपे सुरक्षित रहे। आज भी ये पुराने थांका कुछ घरों में देखे जा सकते हैं।

मंगोलिया में जब साम्यवादी शासन शुरू हुआ तो लोगों को इस लोककथा में सत्यता का आभास होने लगा। मंगोलिया में साम्यवादी शासन के दिनों में सरकार ने पूरी तरह कोशिश की थी कि मंगोलिया से बौद्ध वचनों के प्रभाव को समाप्त कर दिया जाए। वहाँ बौद्ध विहारों पर एक प्रकार से प्रतिबंध ही लगा हुआ था। देश ने अपने आप को निरीश्वरवादी घोषित किया हुआ था। 1924 से ही देश पर मंगोलिया जन-क्रांतिकारी दल का एकाधिकारवादी शासन था और वह सोवियत रूस का पिछलग्गू बना हुआ था। कम्युनिस्टों ने बौद्ध धर्म ग्रंथों को जला दिया था। मंगोलियाँ में तीन सौ से भी ज्यादा मठ थे और वहाँ की एक-तिहाई जनसंख्या मठों में भिक्षु थी। साम्यवादी शासन ने बौद्ध मठों को गिरा कर भिक्षुकों को वहाँ से निष्कासित कर दिया गया था। हजारों चीवरधारी भिक्षुकों की गोली मारकर हत्या कर दी गई। शासन ने भिक्षु संघों को प्रतिबंधित कर दिया। बौद्ध दर्शन व साहित्य के अध्ययन और साधना को लगभग समाप्त कर दिया। लेकिन मंगोलिया के लोगों के हृदय के भीतर घर किए गए बौद्ध वचनों को मिटाना क्या इतना आसान था? कुशोक बकुला की दृष्टि सदा मंगोलिया में हो रहे बौद्ध वचनों के इस संहार की ओर ही लगी रहती थी, क्योंकि तिब्बत में वे यह सबकुछ प्रत्यक्ष देख चुके थे। उन्होंने टिप्पणी भी की थी—"बुद्ध वचनों के प्रचारक पश्चिम की ओर जा रहे हैं, क्योंकि वहाँ जाना आसान है और सुविधापूर्ण भी। लेकिन जहाँ सचमुच बौद्ध वचन संकट में हैं, उधर का रुख कौन करता है? क्योंकि वहाँ किसी प्रकार की सुविधा नहीं है।"[3] सन् 1970 ई. में कुशोक बकुला मंगोलिया की यात्रा पर गए। इससे पहले वे 1968 में साम्यवादी रूस की यात्रा कर आए थे। वहाँ उन्होंने बुरयात बौद्धों की दुर्दशा देखी थी। अब मंगोलिया में बौद्ध समाज का उत्पीड़न उन्होंने स्वयं अपनी आँखों से देखा। यहाँ भी वे बौद्ध

मठों के भग्नावशेषों को देख रहे थे। पददलित चीवर, साम्यवादियों के अत्याचारों की साक्षी दे रहे थे। मंगोलिया में उन परिस्थितियों में कुशोक बकुला का आगमन साम्यवाद की तप्त हवाओं में ठंडी हवा का एक झोंका था। बुद्धं शरणं गच्छामि की एक मद्धम ध्वनि। मंगोलिया के लोगों ने इसे स्पष्ट सुना। शायद कुशोक बकुला मंगोलिया के लोगों को भविष्य में आने के प्रति आश्वस्त कर रहे थे। दो दशक बाद सचमुच वही घटित होने लगा, जिसकी किसी ने कल्पना भी नहीं की थी। बीसवीं शताब्दी का अंतिम दशक विश्व इतिहास का सबसे महत्त्वपूर्ण दशक बन गया।

3. बकुला रिंपोछे राजदूत नियुक्त—भारत सरकार ने 1990 में कुशोक बकुला को मंगोलिया में भारत के राजदूत बनाकर उलानबतार भेजा। 4 जनवरी को प्रचलित परंपरा के अनुसार कुशोक बकुला ने मंगोलियाई संसद् के सभापति श्री बातमुंख को राजदूत के नाते अपना आधिकारिक नियुक्ति-पत्र प्रस्तुत किया और कहा, शताब्दियों पहले भगवान् बुद्ध मंगोलिया में भारत के पहले राजदूत थे और उस भिक्षु परंपरा का मैं दूसरा राजदूत हूँ। बातमुंख एकबारगी तो स्तब्ध रह गए। उन दिनों मंगोलिया में महात्मा बुद्ध की बात करना भी गुनाह था और यहाँ भारत का राजदूत चीवरधारी भिक्षु स्वयं को उसी परंपरा का वाहक बता रहा था। लेकिन भविष्य में क्या लिखा हुआ है, इसे कौन जान सकता है?

4. मंगोलिया में साम्यवाद विरोधी प्रदर्शन—आगे आनेवाला समय भारी उथल-पुथल का समय था। सोवियत संघ में दरारें पड़नी शुरू हो गईं। लोकतंत्र की आवाजें उठने लगीं। देखते-देखते मध्य एशिया के वे सब देश जो अब तक रूस की छाया में सिकुड़े हुए थे, आकार ग्रहण करने लगे। शायद मंगोलिया के लिए भी वह कालखंड आ गया था, जिसकी प्रतीक्षा वहाँ के लोग शताब्दियों से कर रहे थे। भारत से कुशोक बकुला के आने की प्रतीक्षा। यह काल मंगोलिया के इतिहास का संक्रमण काल था। वहाँ की साम्यवादी सरकार के खिलाफ युवा पीढ़ी का विद्रोह शुरू हो चुका था। उलानबतार का सुखबतार चौक लोकतांत्रिक प्रदर्शनकारियों का केंद्र बन गया था। यह सत्तर साल के साम्यवादी शासन के अंत की पूर्वपीठिका थी। 9 मार्च, 1990 तक आते-आते सुखबतार चौक पर प्रदर्शनकारियों की संख्या बेतहाशा बढ़ रही थी। साम्यवादी शासक दल के सशस्त्र

बल भी सन्नद्ध थे। दोनों पक्ष आमने-सामने थे। किसी समय भी हिंसा भड़क सकती थी। नरसंहार हो सकता था। एक साल पहले ही बीजिंग के तियानमेन चौक पर चीन की साम्यवादी सरकार द्वारा अपने ही प्रदर्शनकारियों का किया गया नरसंहार लोगों की स्मृति में अभी भूला नहीं था। उसकी पुनरावृत्ति यहाँ भी हो सकती थी। दोनों पक्ष आमने-सामने डटे थे। कौन उनको संवाद की स्थिति में ला सकता था? प्रदर्शनकारियों के कुछ प्रमुख लोग भारतीय दूतावास में कुशोक बकुला से मिलने के लिए आए। किसी विदेशी राजदूत से सरकार विरोधी पक्ष का उस प्रकार के उत्तेजित वातावरण में मिलना कितने ही भ्रम पैदा कर सकता था। लेकिन मंगोलिया के लोगों के लिए, चाहे वे सरकारी पक्ष के हों या फिर विरोधी पक्ष के, भारत विदेश था ही कहाँ! भगवान् बुद्ध की भूमि मंगोलिया के लिए विदेश कैसे हो सकती थी? कुशोक बकुला ने उनको किसी भी स्थिति में अहिंसा का रास्ता ही अपनाने के लिए कहा। उन्होंने उन्हें महात्मा गांधी का स्मरण करवाया। उन्होंने उनकी कलाई पर मौली का अभिमंत्रित धागा बाँधा। कुछ और अभिमंत्रित धागे उन्हें दिए। कुछ देर के बाद ही सुखबतार के प्रदर्शनकारी वे अभिमंत्रित धागे अपनी-अपनी कलाई पर बाँध रहे थे। उधर साम्यवादी पार्टी की पोलित ब्यूरो की बैठक शुरू हो चुकी थी। महासचिव बातमुंख को हस्ताक्षर करने के लिए एक अध्यादेश दिया गया, जिसमें देश में मार्शल कानून लागू करने और प्रदर्शनकारियों को नजरबंद करने का आदेश था। सरकारी टैंक एक्शन लेने के लिए तैयार थे। सेना सन्नद्ध थी। लेकिन महासचिव ने हस्ताक्षर करने से इनकार कर दिया। उसने कहा, "मैं इस पर कभी हस्ताक्षर नहीं करूँगा। हम मंगोल संख्या में पहले ही बहुत कम हैं और अभी वह मुकाम नहीं आया है, जहाँ हम आपस में ही एक-दूसरे को लहूलुहान कर दें।" सरकार ने प्रदर्शनकारियों पर गोली न चलाने का निर्णय किया। संवाद का रास्ता खुला और इस संवाद ने बिना एक भी गोली चलाए देश का इतिहास बदल दिया। मंगोलिया में साम्यवादी शासन के अंत की शुरुआत हो गई। उस कालखंड में जितने देश साम्यवादी शिकंजे से मुक्त हुए, उन सभी में हिंसा के चलते रक्तपात हुआ। लेकिन मंगोलिया ही एकमात्र ऐसा देश था, जहाँ बिना रक्त की एक बूँद बहाए सत्ता परिवर्तन हो गया। यह रहस्य आज तक बना हुआ है कि महासचिव ने ऐसा क्यों किया? कुछ लोगों का मानना है कि यह

कुशोक बकुला के प्रभाव के कारण ही हुआ था। देखते-देखते मंगोलिया का पूरा वातावरण ही बदल गया।

5. भिक्षु संघ को संबोधन—बौद्ध विहारों में फिर से चीवरधारी भिक्षु दिखाई देने लगे। मानो दशकों से प्यासी धरा में नव प्राण संचार हो गया हो। मठों/मंदिरों में पुनः भगवान् बुद्ध के वचन गूँजने लगे। भिक्षु संघ शक्ति प्रदर्शन करने की स्थिति में आ गया था। लेकिन यह भीतरी शक्ति का प्रदर्शन था। मन को नियंत्रित रखने की शक्ति का प्रदर्शन। 15 नवंबर, 1990 को उलानबतार में कुशोक बकुला रिंपोछे ने पहली बार भिक्षु संघ को संबोधित किया। रिंपोछे ने कहा, "प्राणिमात्र की प्रसन्नता व सुख समृद्धि का आधार बुद्ध मत भी हो सकता है। इस संसार में रहनेवाले सभी प्राणी, जो इस संसार में कहीं भी रहते हों, चाहे मंगोलिया में ही क्यों न रहते हों, अपने सभी क्रिया-कलाप अपने जीवन में, यह समझकर करते हैं कि इससे प्रसन्नता प्राप्त होगी। कोई भी व्यक्ति आखिर इसलिए तो काम नहीं करता कि उसे इससे दुःख मिले। बुद्ध मत का प्रचार-प्रसार और आचरण में उसका अभ्यास, बुद्ध मत की सुरक्षा इत्यादि का दायित्व भिक्षु संघ पर ही आता है।"[4] दलाई लामा को अपने बीच पाकर भिक्षुओं के उत्साह का पारावार न थी। बकुला ने कहा कि मठों के लामाओं को अपने अपने मठ के भिक्षुओं के लिए रोल मॉडल होना चाहिए।

6. मंगोलिया में सत्ता-परिवर्तन—मंगोलिया में शासन का स्वरूप बदला। साम्यवादी शासन पद्धति के स्थान पर लोकतांत्रिक शासन पद्धति की स्थापना हुई। 1992 में श्री पी. ओचिरबात राष्ट्रपति के पद पर निर्वाचित हुए और 1994 में वे भारत आए। दोनों देशों में परस्पर सहयोग और मित्रता को लेकर ऐतिहासिक संधि हुई, जिसे राष्ट्रपति ने स्वयं दोनों देशों के द्विपक्षीय संबंधों में unprecedented and a landmark agreement कहा। इसमें बकुला रिंपोछे की भूमिका की चर्चा करते हुए उन्होंने कहा था—"रिंपोछे ने मंगोलिया के इतिहास में भी अपने लिए स्थान बनाया। उन्होंने मंगोलिया की विरासत के अभिन्न अंग बौद्ध मत की प्रतिष्ठा की पुनर्स्थापना हेतु मंगोलिया की राष्ट्रीय संस्कृति के विकास के ऐतिहासिक महत्त्व को पहचाना। इस संधि के संपन्न होने में रिंपोछे के व्यक्तिगत प्रयासों की भूमिका अविस्मरणीय है।"

7. लोकतांत्रिक मंगोलिया में दलाई लामा का आगमन—मंगोलिया में

कुशोक बकुला की नियुक्ति दो साल के लिए की गई थी, लेकिन एक बार वे वहाँ जाकर रम गए तो दस साल तक वहीं भारत के राजदूत बनकर रहे। मंगोलिया में बुद्ध वचनों और विहारों को पुनर्जीवित करने में उनका सर्वाधिक योगदान रहा। साम्यवादियों द्वारा किए गए मंगोलिया के इस सांस्कृतिक विनाश को देखकर बहुत दु:खी थे। वे मंगोलिया को पुन: उसके सांस्कृतिक उत्स से जोड़ने में सक्रिय हो गए। उन्होंने मंगोलिया में आते ही घोषणा कर दी थी कि मंगोलिया में भारत के सबसे पहले राजदूत तो भगवान् बुद्ध ही थे। उनका आशय स्पष्ट था कि वे बुद्ध की उसी परंपरा को आगे बढ़ाने के लिए आए हैं। मंगोलिया के लोगों को भी उनका यह संदेश समझते देर नहीं लगी, क्योंकि वे तो सहस्त्रों साल से बकुला के आने की प्रतीक्षा कर ही रहे थे। उनके आने मात्र से सत्तर साल का साम्यवादी प्रभाव उसी प्रकार उड़ गया, जिस प्रकार तेज हवा चलने से बादलों का झुंड गायब हो जाता है। कुशोक बकुला समझ गए थे कि भिक्षुओं की नई पीढ़ी को प्रशिक्षित करने में अब अनेक वर्ष लग जाएँगे। लेकिन एक बार दलाई लामा के आ जाने से मंगोलिया में धर्म के प्रति पुन: जन ज्वार उमड़ेगा। युवा पीढ़ी पुन: महाविहारों की ओर आकर्षित होगी और मंगोलिया अपने वास्तविक स्वरूप को प्राप्त कर लेगा, ऐसा उनका विश्वास था। पहले भी 1979 और 1982 में दलाई लामा मंगोलिया में आ चुके थे, लेकिन उस समय देश में साम्यवादी शासन था। अब देश में लोकतांत्रिक प्रक्रिया शुरू हो चुकी थी।

8. मंगोलिया में वैशाख पूर्णिमा—इस नए माहौल में 1991 में दलाई लामा धर्मशाला से मंगोलिया पहुँचे। पिछले सात दशकों से बौद्ध संस्कृति से संबंधित सभी उत्सवों पर एक अघोषित प्रतिबंध लगा हुआ था। लगभग सत्तर साल बाद एक बार फिर मंगोलिया में भगवान् बुद्ध की जयंती मनाई गई। नए मुक्त वातावरण में बकुला रिंपोछे की प्रेरणा से 29 मई, 1991, को पहली बार उलानबतार में भगवान् बुद्ध के जन्म दिन के अवसर पर वैशाख पूर्णिमा का उत्सव मनाया गया। हजारों उपासक शामिल हुए। इस अवसर पर कुशोक बकुला ने अवलोकितेश्वर के मंत्रों का पाठ किया। "सबसे बड़ी बात कि मंगोलिया के राष्ट्रपति के नेतृत्व में अनेक राजनेताओं ने इस पावन पर्व में भाग लिया। राष्ट्रपति ने श्रद्धालुओं को संबोधित भी किया।"[5]

9. भगवान् बुद्ध के अवशेषों का मंगोलिया में सार्वजनिक प्रदर्शन—1992 में कुशोक बकुला के प्रयासों से मंगोलिया बौद्ध परिषद् की स्थापना हुई। उन्होंने अनुभव किया कि यदि भगवान् बुद्ध के कुछ अवशेष मंगोलिया में लोगों के दर्शन के लिए रखे जाएँगे तो लोगों में सुप्त चेतना पुनः जाग्रत् हो जाएगी। उन्होंने भारत सरकार से आग्रह किया कि दिल्ली के राष्ट्रीय म्यूजियम में सुरक्षित बुद्ध के कुछ अवशेषों को मंगोलिया में सार्वजनिक प्रदर्शन के लिए रखा जाए। भारत सरकार ने उनके इस आग्रह को स्वीकार किया और पहली बार अगस्त 1993 में बुद्ध के अवशेष मंगोलिया में प्रदर्शित किए गए। इन अवशेषों को उलानबतार में भारत सरकार के संस्कृति मंत्रालय में उप मंत्री स्वयं लेकर आए। इससे उमड़े जन ज्वार का अंदाजा इसी से लगाया जा सकता है कि सुदूर पठारों में भेड़-बकरियाँ चराने वाले चरवाहों से लेकर देश के राष्ट्रपति तक एक ही पंक्ति में दर्शन के लिए खड़े थे। 1994 में कुशोक बकुला के प्रयासों से मंगोलिया में कालचक्र दीक्षा का आयोजन किया गया। इस अवसर पर प्रवचन के लिए एक बार पुनः धर्मशाला से दलाई लामा को आमंत्रित किया गया। मंगोलिया में बहुत लंबे अरसे के बाद कालचक्र दीक्षा का आयोजन हुआ था। ऊपर से दलाई लामा उसमें आ रहे थे। यह मणिकांचन संयोग ही था। उसके बाद 1995 में वे फिर मंगोलिया गए। कुशोक बकुला जानते थे कि मंगोलिया में दलाई लामा का हर प्रवास वहाँ बौद्ध वचनों को पुनः जाग्रत् करता है। इस प्रसंग का स्मरण करते हुए मंगोलिया के पूर्व राष्ट्रपति एन. एनखवयार ने कहा था, "मंगोलिया के लोगों को अनेक वर्षों तक अपनी संस्कृति में विश्वास रखने के कारण ही सत्ता के हाथों कष्ट सहने पड़े थे। उन्हों अपनी आस्थाओं के लिए दंडित किया गया। इस पृष्ठभूमि में मंगोलिया में बुद्ध के अवशेषों का आना मानो स्वयं भगवान् बुद्ध का आना ही था।"[6]

10. बकुला रिंपोछे मंगोलिया में बौद्ध प्रचारक के रूप में—कुशोक बकुला स्वयं बौद्ध समाज में गेलुग्पा संप्रदाय के थे, लेकिन उनका प्रयास था कि मंगोलिया के बौद्ध समाज में एकता और समरसता के लिए अन्य संप्रदायों के विद्वानों को भी बुलाया जाना चाहिए। इसी कारण से उन्होंने 1995 में शाक्य संप्रदाय के ठिपोन रिंपोछे को मंगोलिया आमंत्रित किया। रिंपोछे ने अनेक लोगों को धम्म शिक्षा दी और उन्हें भिक्षुसंघ में दीक्षित भी किया। कुशोक बकुला मंगोलिया

में दस साल तक रहे। सैकड़ों बंद हो चुके गोंपाओं को उन्होंने पुनः खुलवाया। अनेक बौद्ध शांति सम्मेलनों का आयोजन किया। उनके प्रयासों से उलानबतार में बौद्ध अध्ययन के लिए एक महाविद्यालय की स्थापना की गई। महाविद्यालय के लिए भारत से बौद्ध ग्रंथ मँगवाए गए। मंगोलिया में जो युवा भिक्षुसंघ में दीक्षित हुए, उन्हें उच्च अध्ययन के लिए बकुला ने धर्मशाला और सारनाथ भिजवाया। भारत से बौद्ध विद्वानों को मंगोलिया बुलाया गया। कुशोक बकुला ने बदली परिस्थितियों में सारे देश में बुद्ध वचनों का उपदेश देते हुए यात्रा की। कुशोक बकुला के प्रति मंगोलिया के लोगों की श्रद्धा इतनी थी कि पुराने बुजुर्ग भिक्षु धरती पर लेटकर उन्हें साष्टांग प्रणाम करते दिखाई देते थे। युवा लड़के केवल उनके हस्ताक्षर और आशीर्वाद लेने के लिए पंक्तियों में खड़े रहते थे। कुशोक बकुला उनकी कलाई में मौली बाँधकर आशीर्वाद देते थे। सत्तर साल में नष्ट हो चुकी बौद्ध परंपराओं को पुनः जीवित करने का महत्त्वपूर्ण कार्य करने में कुशोक बकुला की भूमिका सचमुच ऐतिहासिक ही मानी जाएगी। मंगोलिया और रूस में बौद्ध मत को पुनर्जीवित करने और उनका भारत के निर्वासित तिब्बती समुदाय से संपर्क स्थापित करवाने में उन्होंने महत्त्वपूर्ण भूमिका अदा की। उन्होंने मंगोलिया में अनेक युवाओं को बौद्ध भिक्षु के रूप में दीक्षा दी। बकुला ने 1999 में उलानबतार में The Bakula Rinpoche Sum की स्थापना की। उलानबतार में पेथुप गोंपा का निर्माण करने और उसे बौद्ध क्रिया-कलापों का केंद्र बनाने में बकुला ने दिन-रात एक कर दिया। कालांतर में कुशोक बकुला का यह पारंपरिक मठ बौद्ध शिक्षा का एक बड़ा केंद्र बना।

संदर्भ—

1. history and culture of mongolia, page-66
2. history and culture of mongolia, page-68
3. Buddhists: Understanding Buddhism Through the Lives of Practitioners edited by Todd Lewis, page-224
4. Sonam Wangchuk Shakspo, Kushok Bakula Rinpoche, the Architect of Modern Ladakh Page-434

5. Sonam Wangchuk Shakspo, Who was Bakula Rinpoche for Mongolia ? In The mongolian obserber, Edition: No. 16–August 10-2016
6. Sonam Wangchuk Shakspo, Who was Bakula Rinpoche for Mongolia ? In The mongolian obserber, Edition: No. 16, August 10-2016

□

11

सामाजिक समरसता, संवाद रचना और भविष्य दृष्टि

1. विभिन्न पंथों में संवाद की आवश्यकता—कुशोक बकुला सभी संप्रदायों, मतों और पंथों के बीच सामंजस्य बनाकर चलने के पक्षधर थे। वे मानते थे कि सभी मजहबों और पंथों को एक-दूसरे की आस्थाओं और विश्वासों का सम्मान करना चाहिए और आपस में संवाद बनाए रखना चाहिए। संवाद से समस्या सुलझती भी है और प्रगति का रास्ता भी संवाद से ही निकलता है। 1964 में विश्व भर के हिंदुओं की सामाजिक आचार-विचार पर चर्चा के लिए एक मंच की आवश्यकता अनुभव की जा रही थी। विश्व भर में फैले हिंदू मोटे तौर पर समय-समय पर हिंदुस्तान से ही गए थे। कुछ अन्य देशों में वहाँ की स्थानीय जनता हिंदू थी, उदाहरण के लिए नेपाल, इंडोनेशिया के कुछ हिस्से इत्यादि। वे अपनी संस्कृति और रीति-रिवाजों से जुड़े रहें, इसके लिए आपस में विचार-विमर्श करने के लिए एक व्यास पीठ की आवश्यकता अनुभव की जा रही थी। भारत भूमि से अनेक पंथ, मत और संप्रदाय विकसित हुए हैं। उन सभी को एक आसन पर बैठकर युगानुकूल समस्याओं के समाधान का रास्ता निकालना चाहिए और कालबाह्य हो चुके रिवाजों से छुटकारा पा लेना चाहिए। इसी उद्‌देश्य की पूर्ति के लिए केरल के स्वामी चिन्मयानंदजी के मुंबई स्थित संदीपनी आश्रम में एक सम्मेलन आयोजित किया जा रहा था। लेकिन इसके साथ ही यह भी अनुभव किया जा रहा था कि बौद्ध और हिंदू समाज को मिलकर यह प्रयास करना चाहिए। इसी का संकेत 21 अगस्त, 1964 को दादा साहेब आप्टे

ने मुंबई में दिया। उन्होंने कहा, "वैदिक काल से ही यह हमारी परंपरा रही है कि हम समाज-सुधार और बुराइयों को दूर करने के निमित्त संकट की घड़ियों में एकत्र होते रहे हैं। जैन सम्मेलनों और बौद्ध परिषदों के भी ऐसे आयोजन होते रहे हैं। हमारे महान् सिक्ख धर्मगुरुओं ने पंथ-सम्मेलनों की महत्ता का बखान किया है, जिनमें समय समय पर अपने समाज में फैली बुराइयों को दूर करने के उपायों पर विचार-विमर्श होते रहे।"[1] इस उद्देश्य के लिए दादा साहेब आप्टे देश भर में विद्वानों, साधु-संतों, भिक्षुओं से मिले। वे उन्नीसवें कुशोक बकुला रिंपोछे से भी मिले और उन्हें सभा में आने का निमंत्रण दिया। बकुला चाहते थे कि भारत में वैदिक-श्रमण परंपरा में सामंजस्य स्थापित किया जाए और इसके स्वाभाविक विकास की तलाश की जाए। बकुला रिंपोछे ने स्वामी चिन्मयानंद को इस सम्मेलन की सफलता के लिए अपना शुभकामना संदेश भेजा।

2. बकुला रिंपोछे के संन्यासी भाई राजा फुंछोक नमग्याल—विभिन्न आस्थाओं और विश्वासों में सामंजस्य बकुला के लिए कोई नई अवधारणा नहीं थी। यह उनके परिवार की परंपरा थी। उनके बड़े भाई फुंछोक नमग्याल घरबार छोड़कर संन्यासी हो गए थे। कुशोक बकुला उस समय तिब्बत के द्रेपुंग विश्वविद्यालय में उच्च अध्ययन के लिए गए हुए थे। 1940 में वहाँ से अपनी शोध की सर्वोच्च डिग्री 'गेशे' लेकर वापस लद्दाख अपने घर लौटे तो पता चला, कुछ साल पहले उनके बड़े भाई फुंछोक नमग्याल घरबार छोड़कर चले गए थे। वे सांसारिक परिवेश से उपराम रहने लगे थे और धीरे-धीरे सभी से कटने लगे थे। संसार असार है, जगत् नश्वर है, इस प्रकार की बातें करने रहते थे। फिर एक दिन वे घर से गायब हो गए और लाख खोज करने पर भी उनका कुछ अता-पता नहीं चला। कुशोक बकुला ने भी अपने बड़े भाई को खोजने के अनेक प्रयास किए, लेकिन उन्हें भी सफलता नहीं मिली। कुशोक बकुला को जब भी कोई ज्योतिषी या तांत्रिक मिलता तो उससे अपने भाई का अता-पता जरूर पूछते। ज्योतिषियों ने इतना तो बताया कि वे संसार त्यागकर साधु बन गए हैं, अब पुनः सांसारिक बंधनों में नहीं फँसेंगे और न ही अब कभी आपसे मिलेंगे। वह हिमालय की गुफाओं में तपस्या और साधना कर रहे हैं। लेकिन इसके बावजूद बकुला निराश नहीं हुए। वे बड़े भाई की खोज में निरंतर लगे रहे।

तब एक दिन किसी ज्योतिषी ने बताया कि आपको आपका भाई जरूर मिलेगा, लेकिन उसका और आपका मिलन पचास साल बाद ही संभव है। पचास साल की बात सुनकर बकुला निराश तो हुए, लेकिन इससे उन्हें यह आशा भी जग गई कि वे कभी-न-कभी अपने भाई को जरूर मिल सकेंगे।

उनकी यह आशा ही थी कि वे एक दिन वाराणसी के गंगा घाट पर जा पहुँचे। वहाँ साधुओं में अपने भाई की शिनाख्त का प्रयास करने लगे। घाट के कुछ लोगों ने वहाँ घूम रहे सभी साधुओं को बुला लिया, ताकि बकुला अपने भाई की शिनाख्त कर सकें। वहाँ देश के अनेक पर्वतीय क्षेत्रों के रहनेवाले साधु तो मौजूद थे, लेकिन लद्दाख का वह साधु कहीं नहीं था, जिसकी तलाश वे कर रहे थे। बकुला ने अनेक परिचितों को अपने भाई का हुलिया बताते हुए प्रार्थना कर रखी थी कि यदि कहीं इस साधु के बारे में कुछ पता चले तो अवश्य बताएँ। समय बीतता गया, लेकिन माठो गाँव के उस साधु की कोई खोज खबर नहीं मिली। कुशोक बकुला जम्मू-कश्मीर सरकार में मंत्री भी बन गए, लोकसभा के सदस्य भी हो गए, लेकिन भाई को खो देने की वेदना उनको कहीं भीतर ही भीतर सालती रहती थी। उन्हें वह दिन अब भी याद था, जिस दिन वे तिब्बत से अपनी पढ़ाई पूरी करके घर वापस लौटे थे और भाई के चले जाने की खबर उन्हें मिली थी। वह 1940 का वर्ष था और आज 1985 आ गया था। पूरे पैंतीस साल हो गए थे। लेकिन उस साधु का कोई अता पता नहीं था।

फिर एक दिन किसी ने बताया कि हिमाचल प्रदेश के मनाली में इस प्रकार का एक लद्दाखी साधु देखा गया है। बकुला ने तुरंत अपने एक परिचित को पता लगाने के लिए मनाली भेजा। वहाँ इस साधु का पता चल गया और सारे लद्दाख में खबर फैल गई कि नमग्याल राजवंश का राजा फुंछोक नमग्याल मनाली में हिमालय की उपत्यकाओं में संन्यासी बनकर रह रहा है। लद्दाख से अनेक व्यक्ति उस संन्यासी से मिलने के लिए जाते रहे। संन्यासी मिलता तो था, लेकिन अपने सांसारिक जीवन के बारे में कुछ नहीं बताता था। वह फुंछोक नमग्याल है, इससे तो वह पूरी तरह इनकार ही कर रहा था। जब कोई पूछता कि आप कहाँ के रहनेवाले हैं और आप के माता-पिता कौन हैं तो उसका उत्तर होता—संन्यासी का कोई माता-पिता नहीं होता और न कोई स्थायी स्थान होता

है। न उसकी कोई जाति होती है और न ही कोई कुल-गोत्र होता है। एक दिन संन्यासी ने अपनी धुन में लद्दाख का वर्णन करते हुए कहा कि इस शरीर ने नुबरा घाटी में आकार ग्रहण किया है। उन्होंने एक परिवार का नाम भी बताया, जिस परिवार में उनका जन्म हुआ था। सुनने वालों ने नुबरा घाटी में जाकर उस परिवार की तलाश शुरू कर दी। परिवार का तो पता चल गया, लेकिन उस परिवार का कोई सदस्य न कभी गुम हुआ था और न ही साधु बना था। फुंछोक नमग्याल का बेटा रिजोंग सरस रिंपोछे, बेटी नमग्याल वांगमो और उनकी बहन नोरजिन वांगमो, इस चर्चित संन्यासी से मिलने के लिए मनाली पहुँचे। वे अपने बच्चों और बहन से देर तक जन्म-मरण, मोक्ष-निर्वाण की बातें करते रहे, लेकिन संन्यासी बनने से पूर्व के जीवन का रहस्य उन्होंने फिर भी नहीं खोला। लगता था संन्यासी स्थितप्रज्ञ हो गए हैं। सांसारिक मोहमाया को उन्होंने अरसा पहले जीत लिया है। अपने बच्चों को सामने देखकर भी वे भावशून्य ही रहे और दर्शनशास्त्र की गुत्थियों की चर्चा करते रहे। लेकिन उनके बेटे और बेटी व बहन को पक्का विश्वास हो गया कि सामने बैठा संन्यासी उनका राजा फुंछोक नमग्याल ही है।

अंत में कुशोक बकुला ने स्वयं मनाली जाने का निर्णय किया। दोनों भाइयों में प्रगाढ़ स्नेह तो था ही। अब एक संन्यासी दूसरा भिक्षु! कौन किससे अपने आपको छिपा पाएगा? अक्तूबर 1986 में कुशोक बकुला मनाली पहुँचे। उनके साथ उनके सचिव सोनम वांगचुक भी थे। शाम हो चुकी थी। दोनों सरकारी गेस्ट हाउस में ठहरे। रिंपोछे ने कहा, जाकर उस स्थान का पता करो, जहाँ वह संन्यासी रहता है। सोनम उस जगह की तलाश में निकल पड़े। लोगों ने बताया कि वह स्थान मनाली से बाहर रोहतांग की ओर है। वहाँ संन्यासी एक गुफा में रहता है। रोहतांग की ओर चलते-चलते सोनम नेहरू कुंड पहुँच गए। उजाड़ और सुनसान। वहीं वह गुफा थी, जहाँ संन्यासी रहता था। सोनम ने स्थान को अच्छी तरह देख और पहचान लिया। लेकिन वे उसके अंदर नहीं गए। वहीं से वापस आ गए। वापस आकर उन्होंने बकुला रिंपोछे को सबकुछ बताया।

आगे की कहानी उनके सचिव सोनम वांगचुक के ही शब्दों में—"अगली सुबह रिंपोछे साधु को मिलने के लिए नेहरू कुंड की ओर चल पड़े। वहाँ पहुँचने पर रिंपोछे ने मुझे कहा कि तुम अंदर जाओ और साधु को मेरे आने की सूचना

दो। जहाँ साधु रहता था, वह कोई घर तो था नहीं, केवल एक गुफा थी, जिसका न कोई दरवाजा था और न कोई खिड़की। सड़कों पर पड़े डामर के खाली ड्रम को काटकर बनाया टीन का पत्ता गुफा के दरवाजे का काम कर रहा था। जब मैंने उसे खटखटाया तो अंदर से किसी ने हिंदी में पूछा, कौन है ? मैं अंदर चला गया, उनको नमस्कार किया और बताया कि मैं कुशोक बकुला रिंपोछे का सचिव हूँ और रिंपोछे आपसे मिलने के लिए आए हैं। वह शीत भरी सुबह थी और संन्यासी अपने बिस्तर में लेटे हुए थे। लेकिन जैसे ही उन्होंने बकुला का नाम सुना तो उनका चेहरा दमक उठा। उस उत्साह को मैं साफ देख सकता था। वे तुरंत अपने बिस्तर से बाहर निकले और मुझे गुफा को व्यवस्थित और साफ करने व रिंपोछे के बैठने के लिए आसन तैयार करने के लिए कहा। वहाँ कोई मेज तो था नहीं, इसलिए मैंने टीन के एक पीपे को मेज के तौर पर रख दिया। संन्यासी ने बकुला के बैठने के लिए एक छोटी सी चटाई निकाली और उस पर अपना शॉल बिछा दिया। जब मैंने रिंपोछे के बैठने की सारी व्यवस्था कर दी और गुफा को भी साफ कर दिया तो संन्यासी ने बकुला को अंदर बुला लाने के लिए कहा। लेकिन इस साफ-सफाई के कारण गुफा में इतनी धूल उड़ रही थी कि मैंने कुछ देर के लिए धूल छँट जाने की प्रतीक्षा की। साधु की दाढ़ी लंबी थी और सिर के बाल लंबे थे। वे पद्म आसन में बैठे थे और उन्होंने आगे सफेद शॉल डाल रखा था। उन्होंने रिंपोछे को अंदर बुला लाने के लिए कहा।

"मैं कार में से रिंपोछे को ले आने के लिए बाहर आ गया। जब हम दोनों गुफा की ओर जा रहे थे तो रिंपोछे ने पूछा कि इतनी देर गुफा में क्या करते रहे तो मैंने उन्हें गुफा की सफाई के बारे में बताया। वे हँस पड़े। जैसे ही रिंपोछे ने गुफा में प्रवेश किया, साधु उनका स्वागत करने के लिए अपने स्थान से उठ खड़े हुए। उस समय के दृश्य और भावनाओं को शब्दों में व्यक्त करना मेरे लिए बहुत ही कठिन है। एक क्षण के लिए दोनों चुप रहे। अगले ही क्षण साधु ने अपने उत्साह को रोकने में असमर्थ होकर रिंपोछे को आलिंगन में भर लिया और कहा, आज मैं अपने भाई को मिलकर कितना प्रसन्न हूँ, इसका अनुमान नहीं लगाया जा सकता। संन्यासी बनने के बाद किसी के साथ किसी प्रकार का पारिवारिक संबंध नहीं रहता। लेकिन संन्यासी बनने के बाद उन्होंने शायद पहली

बार किसी को अपना भाई कहा था। यह दो बिछुड़े भाइयों का भावभीना मिलन था और मैं वहाँ खड़ा बरबस रो पड़ा। दोनों एक-दूसरे से अलग हुए तो साधु ने रिंपोछे को बैठने के लिए कहा। वे बहुत प्रसन्न दिखाई दे रहे थे और रिंपोछे विचार-तंद्रा में खो गए थे। तभी अचानक राजा फुंछोक नमग्याल ने रिंपोछे से कहा कि हम केवल इस बार दो भाइयों के तौर पर मिल रहे हैं। जब अगली बार मिलेंगे तो केवल संन्यासी के रूप में ही मिलेंगे। साधु ने इस नश्वर संसार की अस्थिरता की बातें कीं। हिंदू और बौद्ध ग्रंथों के अनेक उद्धरण उद्धृत किए। उसके बाद उन्होंने अपनी बाँसुरी उठाई और एक गीत गाया। दोनों भाई लगभग एक घंटे से भी ज्यादा समय तक बातें करते रहे। संन्यासी बार-बार धूम्रपान कर रहे थे और इससे रिंपोछे को असुविधा हो रही थी। मैंने किसी प्रकार उनकी माचिस की डिबिया छिपा ली। वे सिगरेट को बिना सुलगाए हाथों में लिये रहे। उस गुफा में फुंछोक नमग्याल के पास सूत्र व अन्य ग्रंथों का ढेर था। हिंदू और बौद्ध दर्शन का उनका ज्ञान अप्रतिम था। उन्होंने एक ग्रंथ के पन्ने पलटते हुए उनमें से बकुला रिंपोछे की एक बहुत ही पुरानी फोटो निकाली और रिंपोछे को दिखाते हुए कहा कि यह उनका बहुमूल्य खजाना है। संन्यासी रिंपोछे को 'राजा' कहकर संबोधित कर रहे थे। रिंपोछे के पूछने पर उन्होंने कहा, राजा वह होता है, जो लोगों के दिलों पर राज करता है। मुझे पता है, लद्दाख के लोग आपको कितना प्यार करते हैं और सम्मान देते हैं। इसलिए आप लद्दाख के राजा हो। रिंपोछे ने कहा, क्या आप अपनी पुत्री और परिवार से मिलने के लिए अपने गाँव माठो चलेंगे? संन्यासी ने कहा, जरूर चलूँगा यदि राम के साथ लक्ष्मण भी चले।"[2] कुशोक बकुला रिंपोछे ने अंततः अपने भाई को ढूँढ़ निकाला था। चाहे अब वह राजा फुंछोक नमग्याल न रहकर एक संन्यासी थे, जो हिमालय की एक गुफा में बैठकर हिंदू-बौद्ध दर्शन की गुत्थियाँ सुलझा रहे थे। उधर कुशोक बकुला मंगोलिया और रूस के बेलारुस में भगवान् बुद्ध के वचनों को पहुँचाने में दिन-रात एक किए हुए थे। बौद्धिक-श्रमण परंपरा से ही अंततः विश्व की समस्याओं का समाधान निकलेगा, इसलिए दोनों भाई उन्हीं परंपराओं को जीवंत करने के प्रयासों में तल्लीन थे। राम-लक्ष्मण की यह जोड़ी लद्दाख में अपने पैतृक गाँव माठो में कुछ समय के लिए गई भी, लेकिन जल्दी ही संन्यासी भाई मनाली की

अपनी उसी गुफा में वापस लौट गए, जिसमें उनके ढेरों ग्रंथ भरे पड़े थे।

3. मतांतरण का विरोध—कुशोक बकुला सामाजिक समरसता के हिमायती थी। ईसाई मिशनरियाँ दूसरे देशों में छल-बल से मतांतरण करती है। बकुला मानते थे कि इससे स्थानीय समाज में तनाव बढ़ता है। कोई भी पंथ या संप्रदाय उस अनंत की तलाश की यात्रा का वाहक है। उसके लिए प्रत्येक स्थान समाज की अपनी परंपराएँ हैं। विभिन्न पंथ संख्या बढ़ाने के माध्यम नहीं हैं, बल्कि साधना के रास्ते हैं। लेकिन उनको दु:ख था कि ईसाई मिशनरियाँ अपने पैसे के बल पर गरीब देशों में मतांतरण द्वारा सामाजिक-सांस्कृतिक संतुलन को नष्ट करती हैं। बकुला रिंपोछे को अपने अठारहवें अवतार में भी इस तथ्य का एहसास हो गया था कि चर्च लद्दाख में मतांतरण का काम करने में रुचि रखता है। अठारहवें बकुला रिंपोछे की श्रीनगर में पादरी अहमद शाह से भेंट हुई थी। यह पादरी बरास्ता लद्दाख तिब्बत जा रहा था। वहाँ इसको ईसाई मत का प्रसार करना था। इस पादरी ने अठारहवें बकुला रिंपोछे से भी यह पूछा था कि वे ईसा के बारे में कितना जानते हैं और क्या ईसा पर भोटी भाषा में कोई पुस्तक उपलब्ध है ?[3] कुशोक बकुला रिंपोछे भारत की उस महान् साधक परंपरा के प्रतिनिधि थे, जिसके लिए धर्मोपासना वैयक्तिक मुक्ति और निजी उपलब्धि का साधन न होकर समस्त समाज की उन्नति और मुक्ति का उपक्रम है। धर्म उनके लिए आध्यात्मिक साधना का वाहक था, मजहबी संख्या में इजाफा करने के लिए नहीं।

सन् 1996 ई. में ब्रिटेन में मजहबों और प्रकृति संरक्षण पर सम्मेलन हो रहा था। इसमें दुनिया भर के विभिन्न संप्रदायों के विद्वान् आमंत्रित थे। सम्मेलन का मूल उद्देश्य था कि विभिन्न संप्रदाय प्रकृति व पर्यावरण के संरक्षण में क्या भूमिका निभा सकते हैं। विभिन्न भारतीय संप्रदायों का प्रतिनिधित्व इस सम्मेलन में कुशोक बकुला रिंपोछे व स्वामी चिदानंद कर रहे थे। अपना वक्तव्य देते हुए रिंपोछे ने कहा, "कुछ अति उत्साही ईसाई मिशनरियाँ दूसरों की संस्कृतियों एवं विश्वासों को नष्ट कर मात्र अपनी संख्या बल में वृद्धि करना चाहती हैं, जो अत्यंत दुर्भाग्यपूर्ण है और प्रतिक्रियापरक है। ये मिशनरियाँ गरीब देशों के लोगों की दयनीय आर्थिक दशा का शोषण करती हैं और उन्हें अपने मजहब

में मतांतरित करती हैं और वहाँ की परंपरागत आस्थाओं की खिल्ली उड़ाती हैं। मैं इसके सख्त खिलाफ हूँ और इसकी कड़ी निंदा की जानी चाहिए। बाँह मरोड़कर किए गए मतांतरण की प्रतिक्रिया भी हो सकती है। दूसरे की परंपरा और आस्था को गहरी समझ के बाद स्वेच्छा से अपनाया जा सकता है। इसमें किसी को कोई आपत्ति नहीं हो सकती। अपनी बात को पुख्ता करने के लिए रिंपोछे ने मंगोलिया का उदाहरण दिया और कहा कि वहाँ ईसाई मिशनरियाँ बौद्ध मत को पिछड़ा हुआ मत बता रही हैं और इसे मंगोलिया की निर्धनता के लिए जिम्मेदार ठहरा रही हैं।"[4]

बकुला रिंपोछे की इस खरी-खरी से कैंटरबरी के बिशप हत्थे से उखड़ गए। उन्होंने रिंपोछे से कहा कि आप सम्मेलन के निर्धारित विषय तक अपने को सीमित रखें। आपकी इन बातों का प्रकृति व पर्यावरण के संरक्षण से क्या ताल्लुक है? रिंपोछे ने एक बार फिर बिशप को आड़े हाथों लिया। उन्होंने कहा, "यही मजहबी असहनशीलता विभिन्न मजहबों में प्रकृति पर्यावरण संरक्षण और लोक संस्कृति में अंतर-संवाद को बाधित करती है। उन्होंने मंगोलिया का उदाहरण देते हुए कहा कि वहाँ सत्तर साल से साम्यवादी शासन रहा। तब वहाँ मजहबी रीति-रिवाज व कर्मकांड प्रतिबंधित था। लेकिन इसके बावजूद मंगोलियाई अपने प्रकृति प्रेम और अपनी परंपराओं से जुड़े रहे। यह सब परंपरागत आस्थाओं के कारण ही संभव था। अभी भी कोई मंगोलियाई, चाहे वह मजहब में विश्वास न भी करता हो, जब वोदका भी पीता है तो थोड़ा-थोड़ा चारों दिशाओं में छिड़ककर प्रकृति को अर्पित करता है। मंगोलिया में आज भी दुनिया के सबसे पुराने पवित्र पर्वत हैं, जहाँ सदियों से शिकार व विनाश की मनाही है। यह सब इसलिए है कि वे अपनी प्राचीन परंपराओं में विश्वास करते हैं, जो कहीं-न-कहीं इनकी बुद्ध मत में आस्था से जुड़ा है। यदि ये किसी दूसरे मजहब में मतांतरित हो जाएँगे तो यह सब नष्ट हो जाएगा।"[5] बिशप के पास अब कोई उत्तर नहीं था। लेकिन यह भारतीय पंथों, मतों और संप्रदायों के आंतरिक संवाद व सहनशीलता से उपजा निष्कर्ष था, जिसका उद्घोष रिंपोछे ने इंग्लैंड में सबके सामने किया था।

कुशोक बकुला ईसाई मिशनरियों की इस मतांतरण पद्धति को भारतीय संदर्भों में भी अच्छी तरह जानते थे और उन्होंने इसको अच्छी तरह अनुभव किया

था। लद्दाख से अस्सी बच्चों को ईसाई मिशनरियाँ बाहर लेकर चली गई थीं, उसका हाहाकार अभी भी लद्दाख में समाप्त नहीं हुआ था। मंगोलिया में तो वे इस सारे अभियान को नित्य अपनी आँखों से देखते थे। बौद्ध मत को निकृष्टतम बताकर लोगों को चर्च की ओर खींचा जा रहा था। मंगोलिया में भी इस प्रकार की एक घटना कुशोक बकुला के साथ हुई थी। 1992 में परम पावन चौदहवें दलाई लामा मंगोलिया की यात्रा पर थे। देश अभी हाल ही में साम्यवाद के तानाशाही शिकंजे से मुक्त हुआ था। लोगों में दलाई लामा के आगमन को लेकर भारी उत्साह था। उनका इस प्रकार का भव्य स्वागत हुआ जिसकी मिसाल मिलना मुश्किल है। एक दिन दलाई लामा देश की राजधानी उलानबतार में विश्व के अन्य पंथों के बारे में अपने अनुभव बता रहे थे। उन्होंने ईसाई मिशनरियों के काम की भूरि-भूरि प्रशंसा की। उन्होंने कहा, ये मिशनरियाँ गरीबों के लिए विद्यालय, चिकित्सालय खोलती हैं। सेवा के अन्य कार्यों में लगी रहती है। निर्धनों के प्रति करुणा और दया का भाव रखती हैं। दलाई लामा ने मिशनरियों की प्रशंसा के पुल बाँध दिए। महात्मा बुद्ध के बारे में उन्होंने प्रसंगवश ही जिक्र किया। मंगोलिया में साम्यवादी शासन समाप्त हो जाने के बाद पश्चिमी देशों की ईसाई मिशनरियाँ भी सक्रिय हो गई थीं। उनके पास अकूत धन था। मंगोलिया में निर्धनता व्याप्त थी। मिशनरियाँ अपने धन के बल पर सेवा के नाम से मतांतरण का काम कर रही थीं और भगवान् बुद्ध के वचनों को पिछड़ा होने की निशानी बता रही थीं।

कुशोक बकुला भलीभाँति समझ गए कि अपने कामों के बारे में दलाई लामा का प्रमाण-पत्र मिल जाने के बाद ये मिशनरियाँ उसका प्रयोग मंगोलिया के भोले-भाले लोगों के बीच अपने मतांतरण अभियान को आगे बढ़ाने के लिए हथियार के तौर पर इस्तेमाल करेंगी। मीडिया भी इसको कवरेज देगा। कुशोक बकुला जानते थे कि दलाई लामा तो यह सबकुछ शुद्ध और निर्मल भाव से कह रहे थे। लेकिन देश की युवा पीढ़ी को साम्यवादियों के लंबे शासन में बुद्ध मत के बारे में नकारात्मक भाव से ही बताया गया है। यही काम अब मिशनरियाँ कर रही थीं। दलाई लामा के उद्बोधन को निश्चित ही संदर्भ से काटकर देखा जाएगा। कार्यक्रम के बाद बकुला रिंपोछे दलाई लामा से मिले और उन्हें मंगोलिया की स्थिति से परिचित करवाया और उनके वक्तव्य की भी चर्चा की। उन्होंने दलाई

लामा को बताया कि मंगोलिया में उनके प्रत्येक शब्द का युवा पीढ़ी के मन-मस्तिष्क पर गहरा प्रभाव पड़ता है। दूसरे दिन भी उलानबतार में ही दलाई लामा का कार्यक्रम था। उसमें उन्होंने विस्तार से बौद्धमत के बारे में बताया। उन्होंने कहा कि बौद्धमत वैज्ञानिक है व तर्क पर आधारित है। ईसाई मत की चर्चा करते हुए उन्होंने कहा कि यह मत यूरोप में फला-फूला है। इसलिए इसकी परंपराएँ यूरोप की सभ्यता के अनुकूल हैं और यह वहाँ के लोगों की प्रकृति के अनुकूल है। लेकिन मंगोलिया जैसे बौद्ध देशों के लिए भगवान् बुद्ध का दिखाया मार्ग ही हितकारी है, क्योंकि यही मार्ग उनके संस्कार, संस्कृति और स्वभाव के अनुकूल है। उपरोक्त प्रसंग में कुशोक बकुला ने अत्यंत ही सावधानी से रास्ता निकाला।[6] बकुला रिंपोछे किसी मत या संप्रदाय के खिलाफ नहीं थे, बल्कि वे मानते थे कि छलकपट और लोभ लालच से किया गया मतांतरण किसी के भी हित में नहीं है। विभिन्न मत और पंथ अपनी संख्या बढ़ाने के राजनैतिक आंदोलन नहीं हैं, बल्कि अनुभूति की साधना है। यही सामाजिक समरसता का मूलमंत्र है।

4. विरासत व आधुनिकता में तालमेल—बकुला रिंपोछे समय की गति के साथ-साथ चलने के हिमायती थे। समय के साथ चलना ही गति और प्रगति है। समय से पिछड़ जाना ही जड़ता का द्योतक है। महात्मा गांधी तभी तो कहा करते थे कि सभी खिड़कियाँ खुली रखने चाहिए, ताकि सभी ओर से स्वच्छ हवा अंदर आए। लेकिन यह भी ध्यान रखना चाहिए, ताजा हवा के साथ कूड़ा-कर्कट और गंदगी न आए। पंडित दीनदयाल उपाध्याय इसको दूसरे तरीके से बताते था। उनका कहना था कि एक परिवार में चार सौ साल पुरानी चारपाई पड़ी है। एक बार उसका एक हिस्सा टूट गया तो उसको बदलकर दूसरा लगा दिया गया। दो साल बाद एक और हिस्सा टूटा तो वह भी बदल गया। इस प्रकार चार सौ साल में न कितने हिस्से टूटे और कितने बदले, लेकिन चारपाई की चार सौ साल पुरानी पहचान बनी रही, क्योंकि कभी एक साथ पूरी चारपाई नहीं बदली गई। इसी बात पर बकुला रिंपोछे पूरे लद्दाख के युवकों का ध्यान आकर्षित करते रहते थे। अपने देहांत से कुछ दिन पहले ही उन्होंने मुख्यमंत्री के सामने प्रदेश के, खासकर लद्दाख के युवकों से कहा था कि वे पश्चिमी सांस्कृतिक प्रवाह में इतना न बह जाएँ कि अपनी विरासत और रीति-रिवाजों को न भूल जाएँ।

उन्हें परंपरागत धंधों खासकर कृषि को नहीं भूलना चाहिए। परिवार के मूल्यों को बनाए रखना चाहिए। हम पश्चिमी जीवन की उन्हीं बातों को ग्रहण करें, जो हमारी जीवन पद्धति में कुछ और गुणकारी व लाभदायक जोड़ सकें। हमें अपनी जीवन पद्धति को त्यागकर पश्चिमी जीवन पद्धति को नहीं अपनाना है। उन्होंने अपने जीवन काल में लद्दाख की जीवन-शैली में युगांतरकारी परिवर्तन देख लिए थे। उन्होंने प्रयास किया था कि लद्दाख की युवा पीढ़ी आधुनिक शिक्षा से जुड़कर जमाने के साथ कदम से कदम मिलाकर चले। उनके इन प्रयासों से सचमुच लद्दाख के दुर्गम क्षेत्रों में भी आधुनिक विद्यालयों की घंटियाँ बजने लगी थीं। लेकिन बकुला रिंपोछे जानते थे कि पश्चिम से आनेवाली आधुनिक शिक्षा और सभ्यता अपने साथ सांस्कृतिक प्रदूषण भी लेकर आती है। जुलाई 2003 के अपने इसी अंतिम सार्वजनिक भाषण में रिंपोछे ने अपनी इस आशंका को जाहिर किया। उन्होंने कहा, "पश्चिमी सभ्यता के प्रभाव और उसके फलस्वरूप हमारे लोगों में सामाजिक मूल्यों के प्रति बदलते प्रतिमानों के चलते, मसलन कृषि कार्य का त्याग, पारंपरिक वास्तुकला और सामाजिक रीति-रिवाजों का त्याग, हमारे लिए सचमुच चिंता का विषय है। विकास और आधुनिकीकरण के चलते, यदि हमें अपनी परंपरागत जीवनशैली छोड़नी पड़ी और अपनी धरती को हाउसिंग प्लॉट्स के भद्दे निर्माण में बदलना पड़ा, जैसा कि लेह में आजकल हो रहा है, तो हमारे लिए निश्चय ही यह बहुत दुर्भाग्यपूर्ण होगा।"[7]

संदर्भ—

1. रघुनंदन प्रसाद शर्मा, प्रेरणा के अमर स्वर, पृष्ठ-61
2. Sonam Wangchuk Shakspo, Bakula Rinpoche, A visionary Lama and Statesman, page-34-47
3. Ahamad shah, Four years in tibet page-5-8
4. Sonam Wangchuk Shakspo, Bakula Rinpoche, A visionary Lama and Statesman, page-80
5. Sonam Wangchuk Shakspo, Bakula Rinpoche, A visionary Lama and Statesman, page-81

6. Sonam Wangchuk Shakspo, Kushok Bakula Rinpoche, The Architect of modern ladakh, page-274-275
7. Nawang Tsering Shakspo and Henry M Vyner, Kushok Bakula Rinpoche, page-xiii

□

12

अंतिम यात्रा और आगामी बकुला

1. अधूरा काम, लद्दाख को केंद्र शासित राज्य का दर्जा—मंगोलिया में अपने कर्तव्य की पूर्ति करके 2000 के अंत में कुशोक बकुला भारत लौट आए। लद्दाख में वे अपने पेथुप मठ में रहने लगे। उन्होंने अपने जीवन के आठ दशक से भी ज्यादा बसंत देख लिये थे। उन्होंने अपनी इस जन्म की कथा लिपिबद्ध करनी शुरू कर दी। बकुला का यह उन्नीसवाँ संसार आगमन था। इस जन्म का कार्य उनका पूरा हो गया लगता था। एक दिन उनकी आत्मकथा Rang rnam padma dkar po'i phreng ba भी पूरी हो गई। 17 सितंबर, 2001 को लेह में एक भव्य आयोजन में जम्मू-कश्मीर के तत्कालीन राज्यपाल गिरीश चंद्र सक्सेना ने उनकी हाजिरी में उनकी इस आत्मकथा का विमोचन किया। 2001 में उन्होंने भगवान् बुद्ध की 2545वीं जयंती का आयोजन लेह में किया। इस अवसर पर लद्दाख के कोने-कोने से श्रद्धालु एकत्र हुए थे। ये केवल बौद्ध और हिंदू समाज के ही लोग नहीं थे। इनमें शिया समाज के बल्ती और मुसलमान समाज के लोग भी थे। उन्होंने सभी को मिल-जुलकर रहने का उपदेश किया, क्योंकि सभी का मूल एक ही है। कुशोक बकुला ने संतोष प्रकट किया कि लंबे संघर्ष के बाद लद्दाख के निवासियों को जनजाति का दर्जा भी मिल गया है और क्षेत्रीय पर्वतीय स्वायत्त परिषद् भी स्थापित हो गई है। लेकिन लद्दाख के पूर्ण विकास और पहचान के लिए जरूरी है कि इसे केंद्र शासित राज्य का दर्जा दिया जाए। उन्होंने कहा कि इसकी प्राप्ति के लिए संघर्ष जारी रहना चाहिए, लेकिन उसमें हिंसा के लिए कोई स्थान नहीं है।

2. अंतिम मंगोलिया यात्रा—धीरे-धीरे वे अंतर्मुखी हो रहे थे। लेकिन अभी उनकी एक मंगोलिया यात्रा शेष थी। मंगोलिया सरकार ने उन्हें अपने देश का सबसे बड़ा सिविल सम्मान 'पोलार स्टार' प्रदान करने का निर्णय किया था। उसे प्राप्त करने के लिए वे 2001 में फिर मंगोलिया गए। 2002 के अंतिम दिनों में वे लंदन प्रवास पर गए। महारानी ने उन्हें बकिंघम महल में ठहरने के लिए निमंत्रित किया, जिसे उन्होंने स्वीकार कर लिया। सत्तर साल पहले इसी प्रासाद से भारत का शासन नियंत्रित होता था। अब उसी में कुशोक बकुला एक सम्मानित अतिथि के नाते विराजमान थे। लंदन प्रवास से वे वापस आकर धीरे-धीरे अपने आप को समेटने में लग गए। बकुला का यह उन्नीसवाँ संसार आगमन था। इस जन्म का कार्य उनका पूरा हो गया लगता था। साल 2003 आधे से भी ज्यादा बीत गया था। अगस्त में वे निमोनिया का शिकार हो गए। उन्हें दिल्ली के अस्पताल में भरती कराया गया। रोग पर काबू पा लिया गया और वे ठीक हो गए। अस्पताल से भी छुट्टी मिल गई। लेकिन दिल्ली की भीषण गरमी और उमस ने उन्हें परेशान कर रखा था। वे अगस्त मास में ही कुछ दिनों के लिए फिर मंगोलिया चले गए।

3. संन्यासी भाई का देहांत—उधर मनाली के उस संन्यासी की उम्र भी सौ साल की हो गई थी, जिसे वे 1986 में उसकी गुफा में मिलकर आए थे। आश्रम व्यवस्था भी तो सौ साल की ही होती है। ब्रह्मचर्य आश्रम, गृहस्थ आश्रम, वानप्रस्थ आश्रम और अंत में संन्यास आश्रम। सौ साल के हो जाने पर संन्यास आश्रम की अवधि पूरी हो जाती है। मनाली का संन्यासी अपने आश्रम की अवधि पूरी हो जाने पर अनंत लोक को चला गया था। यह संन्यासी कुशोक बकुला रिंपोछे का बड़ा भाई था। बकुला को अपने भाई के देहांत की यह सूचना मंगोलिया में मिली।

4. इलाज के लिए बीजिंग में—मंगोलिया में वे फिर निमोनिया का शिकार हो गए। वहाँ उचित इलाज की व्यवस्था नहीं थी। उनके बहुत से शिष्यों ने उन्हें बीजिंग ले आने के लिए कहा, क्योंकि वहाँ चिकित्सा की उच्चकोटि की व्यवस्था विद्यमान थी। उन्हें तुरंत बीजिंग ले जाया गया और अस्पताल में भरती करवा दिया गया। लेकिन डॉक्टरों के लाख प्रयासों के बावजूद रोग काबू में नहीं आ

रहा था। डॉक्टरों ने उन्हें दिल्ली ही ले जाने की सलाह थी। लेकिन अब तक रिंपोछे का स्वास्थ्य इतना बिगड़ चुका था कि उन्हें साधारण फ्लाइट से दिल्ली ले जाना संभव नहीं था। वे एयर एंबुलेंस से ही ले जाए जा सकते थे। लेकिन उन दिनों भी बीजिंग से दिल्ली तक का एयर एंबुलेंस का किराया सत्तर हजार अमेरिकी डालर था। इतनी धनराशि कहाँ से आएगी। आगे की कथा रिंपोछे के सचिव रह चुके सोनम वांगचुक के ही शब्दों में—"भारतीय दूतावास यह धनराशि देना भी चाहे तो फायलों की औपचारिकताएँ पूरी करते-करते महीनों लग जाते। नौकरशाही के तौर-तरीके तो मैं अच्छी तरह जानता हूँ। रिंपोछे अब राजदूत तो थे नहीं। उस समय बीजिंग में भारतीय राजदूत चंद्रशेखर दासगुप्ता थे। वे चिंतित तो थे, लेकिन इतनी बड़ी धनराशि पर तो वे स्वयं भी निर्णय नहीं ले सकते थे। मैं दूतावास से वापस जा ही रहा था कि दासगुप्ता का बुलावा आ गया। उन्होंने कुछ देर रुकने के लिए कहा और स्वयं तत्कालीन प्रधानमंत्री अटल बिहारी वाजपेयी से संपर्क साधने लगे। वाजपेयीजी उस समय विदेश यात्रा पर थे, लेकिन किसी तरह उनसे संपर्क हो गया। बकुला रिंपोछे की हालत सुनकर वाजपेयी ने तुरंत सारी व्यवस्था करने और पैसों की चिंता न करने का आदेश दिया। जब दासगुप्ता ने यह सूचना मुझे दी तो मैं एक प्रकार से भारमुक्त हो गया। इतना ही नहीं वाजपेयी ने यह व्यवस्था भी कर दी कि रिंपोछे को लेकर जैसे ही एयर एंबुलेंस एयरपोर्ट पर पहुँचे, वहीं से उन्हें अखिल भारतीय आयुर्विज्ञान चिकित्सा संस्थान ले जाने की सुविधा हो।[1]

5. दिल्ली के आयुर्विज्ञान चिकित्सा संस्थान में—दस अक्तूबर की रात को वे वापस दिल्ली आ गए। दिल्ली के आयुर्विज्ञान चिकित्सा संस्थान में उनका इलाज शुरू हो गया। इस मृत्युलोक में विभिन्न रूपों में आते हुए बकुला को भी तो 2547 साल हो गए थे। उन्होंने भगवान् बुद्ध से प्रण किया था कि जब तक बुद्ध, मैत्रेय बुद्ध के रूप में इस संसार में पुनः प्रकट नहीं होंगे, तब तक वे स्वयं भी बार-बार जन्म ग्रहण करते रहेंगे। लगता था कि कुशोक बकुला की इस जन्म की यात्रा और कर्तव्य पूरा हो चुका था। उन्हें अपने अगले जन्म में पुनः लौट आने की तैयारी भी करनी थी। और एक दिन वे भी उसी रास्ते पर चले गए, जिस रास्ते पर तीन महीने पहले उनका संन्यासी भाई राजा फुंछोक नमग्याल चला गया था।

6. निर्वाण और अंतिम दर्शन—4 नवंबर, 2003 को मंगलवार के दिन उन्होंने दिल्ली में 86 वर्ष की आयु में अपनी देह त्याग दी। संन्यासी ने सत्रह साल पहले कहा था, "अगली बार मिलेंगे तो भाई के तौर पर नहीं बल्कि संन्यासी के तौर पर मिलेंगे।" लेकिन वह अवसर फिर नहीं आया। बकुला रिंपोछे और संन्यासी दोनों की ही जीवन यात्रा पूरी हो गई थी। बकुला रिंपोछे की नश्वर देह साकेत में उनके आवास पर रखी गई थी। किसी भिक्षु के मुँह से बरबस निकला, तिब्बत के लिए जो दलाई लामा हैं, लद्दाख के लिए वैसे ही कुशोक बकुला थे। अंतिम दर्शनों के लिए आनेवालों का ताँता लगा रहा। कांग्रेस अध्यक्षा सोनिया गांधी, जम्मू-कश्मीर के राज्यपाल, मुख्यमंत्री, अनेक देशों के राजदूत अपने श्रद्धा-सुमन अर्पित करने के लिए आ रहे थे। तत्कालीन प्रधानमंत्री अटल बिहारी वाजपेयी श्रद्धांजलि अर्पित करने के लिए स्वयं जम्मू-कश्मीर भवन में आए और उनके पार्थिव शरीर पर पुष्प अर्पित करते हुए कहा, 'कुशोक बकुला के बिना लद्दाख की कल्पना ही नहीं की जा सकती।'[2] जम्मू-कश्मीर सरकार ने तीन दिन के राजकीय शोक की घोषणा की। रिंपोछे का पार्थिव शरीर लद्दाख लाया गया। हवाई अड्डे से लेकर उनके पेठुप मठ तक के बारह किलोमीटर के रास्ते पर व्याकुल लोगों का सागर उमड़ आया था। मानो लद्दाख अनाथ हो गया हो। 16 नवंबर रविवार के दिन पूरे राजकीय सम्मान के साथ पेठुप गोंपा के महाकाल मंदिर के पास उनका अंतिम संस्कार कर दिया गया। उनकी देह अग्नि की लपटों में समा गई। मंगोलिया के तत्कालीन प्रधानमंत्री एन. एनखबायर ने कहा, "मुझे बकुला रिंपोछे का शिष्य होने पर गर्व हैं। मंगोलिया के सच्चे मित्र, सरल हृदय निष्ठावान लामा होने के नाते वे सदा हमारे दिलों में बास करेंगे। सहायता और आध्यात्मिक चेतना के लिए जो भी उनके पास गया, उन्होंने हर प्रकार से उनकी मदद की।"[3] चौदहवें दलाई लामा ने कुशोक बकुला के बारे में कहा, "प्रख्यात शिक्षकों से सूत्र और तंत्र की शिक्षा प्राप्त करने और उन्हें अपने दैनंदिन आचरण में ढालने के बाद उन्होंने कठिन प्रयास किया कि लद्दाख और मंगोलिया के आम जन के मन में भी ज्ञान का उदय हो। उन्होंने बुद्ध शाक्यमुनि के उपदेशों की रक्षा, संचार और पुनर्स्थापित करने के लिए परिश्रम किया। हमारे संकट काल में उन्होंने

हम तिब्बतियों की जो सहायता की हम उसे सदैव याद रखेंगे। कुशोक बकुला के चले जाने से हम सभी को अपार क्षति हुई है। मेरी कामना है कि उनके श्रद्धालुओं के विश्वास और उनकी अपनी प्रार्थनाओं के प्रभाव के चलते शीघ्र ही उनका पुन: अवतार हो, ताकि वे सांसारिक जीवों के दु:ख दूर करने के लिए अपने धर्म के क्रियाकलापों का उत्तरदायित्व सँभाल सकें।"[4]

आधुनिक लद्दाख के निर्माता कुशोक बकुला का उन्नीसवें अवतार के रूप में सांसारिक काम भी पूरा हो गया था और आध्यात्मिक कार्य भी। संन्यासी का तो पता नहीं, लेकिन बकुला को तो एक बार फिर वापस मृत्यु लोक में आना था, ताकि अधूरे कामों को पूरा किया कर सकें। मंगोलिया में कुशोक बकुला के शिष्यों और श्रद्धालुओं की इच्छा थी कि उनकी भस्म का कुछ हिस्सा उलानबतार के पेठुप मठ में भी रखा जाए। यह मठ कुशोक बकुला का ही मठ था। उनकी इच्छा पूर्ति के लिए उनके सचिव रहे सोनम वांगचुक 7 जुलाई, 2004 को उनका भस्मी कलश लेकर उलानबतार पहुँचे। वायुपत्तन से पेथुप मठ की दूरी पंद्रह किलोमीटर है। रास्ते भर भस्मी कलश के दर्शन के लिए लालायित लोगों की भीड़ जमा थी। सभी की आँखों में आँसू थे। पेथुप मठ के बड़े हाल में भस्मी कलश आम आदमी के दर्शनों के लिए रख दिया गया। बाद में मंगोलिया के लोगों ने बकुला के भस्मी कलश को पचास टन चाँदी के एक विशाल स्तूप में रख दिया।

10 जून, 2005 को बकुला रिंपोछे को श्रद्धांजलि देते हुए भारत सरकार ने लेह के विमानपत्तन का नाम कुशोक बकुला के नाम पर रखा। इस अवसर पर श्रद्धासुमन अर्पित करते हुए तत्कालीन प्रधानमंत्री डॉ. मनमोहन सिंह ने कहा, 'कुशोक बकुला आधुनिक लद्दाख के निर्माता थे। वे संत, अध्यापक, देशभक्त, लोकप्रिय जन नेता, सच्चे बौद्ध और सबसे बढ़कर एक महान् भारतीय थे।' यह हवाई अड्डा हिमालय के उन्नत शिखरों को नीचे के संसार से जोड़ता है। इसलिए उस लद्दाख पुत्र और भगवान् के दूत कुशोक बकुला से अच्छा नाम इसका और क्या हो सकता है।

7. नरेंद्र मोदी द्वारा पुण्य स्मरण—कुशोक बकुला के देहांत के बारह साल बाद भारत के प्रधानमंत्री नरेंद्र मोदी 17 मई, 2015 को मंगोलिया पहुँचे।

दूसरे दिन रविवार को वे मंगोलिया की राजधानी उलानबतार में स्थित गांदेन मठ में गए। उन्नीसवीं शताब्दी के इस मठ में साम्यवादी शासन के दिनों में भी पूजा-अर्चना होती रहती थी। प्रधानमंत्री ने इस मठ के प्रधान मठाधीश को वट वृक्ष की शाखा भेंट की, जिसके नीचे भगवान् बुद्ध को ज्ञान की प्राप्ति हुई थी। इससे बड़ा उपहार इस मठ को कोई दूसरा नहीं हो सकता था। यह वही मठ था, जिसमें बैठकर उन्नीसवें कुशोक बकुला ने 1990 के कालखंड में मंगोलिया में पुनः बुद्ध वचनों का शंखनाद किया था। मंगोलिया की संसद् को संबोधित करते हुए उन्होंने दोनों देशों के सांस्कृतिक संबंधों में कुशोक बकुला के योगदान का स्मरण किया। उन्होंने उनको श्रद्धांजलि अर्पित करते हुए कहा कि बकुला रिंपोछे ने भारत-मंगोलिया संबंधों को मजबूत करने में ऐतिहासिक भूमिका निभाई। जो पेथुप मठ उन्होंने यहाँ स्थापित किया, वह वह भारत और मंगोलिया के जीवंत रिश्तों का प्रतीक है।

8. बकुला रिंपोछे का बीसवाँ अवतार—बकुला के उन्नीसवें अवतार की यात्रा पूरी हुई थी। अब वे कब और कहाँ अवतार लेंगे, इसकी परंपरागत ढंग से सूक्ष्म पड़ताल शुरू हो गई थी। अंत्येष्टि के दौरान कुछ विशिष्ट चिह्न प्रकट हुए। अंत्येष्टि के चौथे दिन जब कुछ भिक्षु एवं सामान्यजन अंत्येष्टि स्थल पर पवित्र राख का संग्रह करने के लिए गए, तब वहाँ अप्रत्याशित रूप से हिमपात हुआ। हिमपात के दौरान हिम-पँखुड़ियाँ मात्र उस स्थान पर गिरीं, जहाँ भिक्षु श्वेत-वस्त्रों से आवृत्त थे, जबकि आकाश पूर्णतः साफ था। अंत्येष्टि-स्थल के अंदर बालू पर युवा और वृद्धावस्था के पद-चिह्न दिखाई पड़े, जो उनके संभावित अवतार का संकेत था। पेथुप गोंपा के आँगन में उन्नीसवें कुशोक बकुला रिंपोछे के सिंहासन के समक्ष आश्चर्यजनक रूप से अर्हत बकुला का प्रतीक नेवला प्रकट हुआ। आश्चर्य की बात यह थी कि वह शांत रहा और वहाँ उपस्थित मानव समुदाय से भयभीत नहीं हुआ। बाद में नेवला गोंपा में रिंपोछे के कक्ष में भ्रमण करने लगा और भिक्षु सेवकों द्वारा कुछ भी चीज देने पर उसे खाने और पीने लगा। यह विचित्र प्रसंग लगभग दो महीनों तक जारी रहा, जब तक कि गोंपा में रिंपोछे की नवीन प्रतिमा का निर्माण और अभिषेक नहीं कर दिया गया। उक्त नेवले की लीला को भिक्षुओं द्वारा कैमरे में कैद कर लिया गया। वे

छायाचित्र आज भी उनके कमरे में देखे जा सकते हैं। उन्नीसवें कुशोक बकुला के देह त्याग देने के दो साल बाद 24 नवंबर, 2005, को लद्दाख की नुबरा घाटी के क्यागर ग्राम में एक बालक का जन्म हुआ। विभिन्न पद्धतियों से जाँच कर लेने के बाद यह निश्चित हो गया कि यही बालक उन्नीसवें बकुला का अवतार है। बालक का नाम तेनजिंग नवांग जिगमेत वांगचुक हुआ और उसे 6 अगस्त, 2010 को लद्दाख के स्पितुक गोंपा में गद्दीनशीन किया गया।

संदर्भ—

1. Sonam Wangchuk Shakspo, Bakula Rinpoche, A visionary Lama and Statesman, page-87-88
2. Sonam Wangchuk Shakspo, Kushok Bakula Rinpoche, The Architect of modern ladakh, page-354
3. Sonam Wangchuk Shakspo, Bakula Rinpoche, A visionary Lama and Statesman, page-93
4. Sonam Wangchuk Shakspo, Bakula Rinpoche, A visionary Lama and Statesman, page-92

□

13

मूल्यांकन

1. टुलकु और राजनीति—बकुला परंपरा में उन्नीसवें बकुला रिंपोछे का मूल्यांकन दो प्रकार से किया जा सकता है। एक रास्ता पूरी परंपरा का उसकी निरंतरता में मूल्यांकन करने का है। क्योंकि प्रत्येक बकुला, अपने से पूर्व बकुला की निरंतरता में ही देखा जाना चाहिए। लेकिन हमारा यह विषय उतना व्यापक नहीं है और न ही इस प्रकार का अध्ययन करना हमारे ग्रंथ लेखन का उद्देश्य है। हमारा यह अध्ययन तो इस लंबी परंपरा के केवल उन्नीसवें बकुला का अध्ययन एवं मूल्यांकन करना ही है। इस प्रकार का संकेत चौदहवें दलाई लामा ने भी दिया था। 29 जून, 2014 को लेह में कुशोक बकुला रिंपोछे का बुत चौदहवें दलाई लामा द्वारा स्थापित किया गया। दलाई लामा ने उस अवसर पर कहा था कि "लद्दाख के आधुनिकीकरण का श्रेय रिंपोछे को ही जाता है।"[1] जाहिर है दलाई लामा उन्नीसवें बकुला की इस अवतार में लद्दाख को दी गई विशिष्ट देन की ही चर्चा कर रहे थे। जम्मू-कश्मीर विधानसभा में सोनिया कांग्रेस के विधायक नवांग रिगजिन जोरा ने एक बार कहा था, "लद्दाख, कुशोक बकुला रिंपोछे को कभी भूल नहीं सकता। जम्मू-कश्मीर विधानसभा में आज मैं लोगों के प्रतिनिधि के तौर पर बैठा हूँ, इसका श्रेय बकुला रिंपोछे को ही जाता है। मैं बारह साल तक मंत्री रहा, उसका श्रेय भी बकुला को ही है। यह कुशोक बकुला रिंपोछे ही थे, जिन्होंने हम लद्दाखवासियों को शिक्षा दी और हम में आत्मविश्वास पैदा किया।"[2] जोरा भी अपनी इस भावभीनी श्रद्धांजलि में बकुला रिंपोछे के इस अवतारी काल में किए गए कार्यों की ही

चर्चा कर रहे हैं। जम्मू-कश्मीर को देश में बनाए रखने के लिए कुशोक बकुला ने अत्यंत कारगार भूमिका निभाई है। जिस समय सत्ता के साथ समझौता कर जम्मू, कश्मीर और लद्दाख में बहुत से लोग शेख मोहम्मद अब्दुल्ला के आस पास मँड़राने को ही जन सेवा मान रहे थे, उस समय कुशोक बकुला रिंपोछे सत्ता में रहते हुए भी न्याय के पक्ष में सत्ताधीशों को चुनौती दे रहे थे। 1952 में जम्मू-कश्मीर विधानसभा और आपातस्थिति में लोकसभा में दिया गया उनका भाषण इसका साक्षी है।

जब उन्होंने राजनीति में प्रवेश किया तो कुछ लोगों ने यह विवाद खड़ा करने का प्रयास भी किया कि एक भिक्षु या टुलकु लामा को राजनीति में भाग नहीं लेना चाहिए। रिंपोछे के अंतर्मन में भी यह प्रश्न पैदा हुआ था। लेकिन रिंपोछे ने अपने अंतर्मन में उसका समाधान भी पा लिया था। अध्यात्म की चर्चा, शील और आचरण की चर्चा तभी प्रभावी हो सकती है, जब सुननेवाला भौतिक रूप से सुखी हो। गोस्वामी तुलसीदास ने कहा है, दैहिक दैविक भौतिक तापा, राम राज्य सपनेहुँ नहिं न व्यापा। राजनीति में रहकर बकुला रिंपोछे लोगों के दैहिक और भौतिक ताप हरने का प्रयास ही कर रहे थे। इन तापों को हरने का प्रयास ही शील और आचरण को सुधारने प्रयास था। उस समय लद्दाख में तो इन प्रयासों की नितांत आवश्यकता थी। रिंपोछे की राजनीति साध्य नहीं थी, बल्कि एक बड़े उद्देश्य की पूर्ति के लिए साधन मात्र थी। ऊपर से आभास होता था कि वे नेशनल कॉन्फ्रेंस से जुड़े हुए हैं। या फिर कालांतर में कांग्रेस से जुड़े हुए हैं। लेकिन रिंपोछे को पूरी तरह समझने वाले यह देख सकते थे कि वे अपने इस अवतार काल में विभिन्न उपकरणों के माध्यम से एक बोधिसत्त्व के कर्तव्य का निर्वाह कर रहे थे।

2. लद्दाख में शिक्षा प्रसार में उनका योगदान—बकुला रिंपोछे जीवन भर लद्दाख के लोगों और उनकी समस्या के समाधान के लिए जूझते रहे। तिब्बत पर चीन का कब्जा हो जाने से हिमालयी क्षेत्रों में बौद्ध दर्शन के अध्ययन अध्यापन पर भी एक नया संकट उपस्थित हुआ था, जिसके दुष्परिणामों को बकुला स्पष्ट देख रहे थे। तिब्बत पर चीन के कब्जे से पूर्व भारत के अनेक प्रदेशों, मसलन अरुणाचल प्रदेश, सिक्किम, उत्तरांचल, हिमाचल प्रदेश के

लाहुल स्पीति और किन्नौर, जम्मू-कश्मीर के लद्दाख से हजारों छात्र तिब्बत के मठों/विहारों में बौद्ध दर्शन का अध्ययन करने के लिए जाते थे। ल्हासा के तीन प्रसिद्ध विश्वविद्यालय ड्रेपुंग, गांदेन और सेरा तो भारतीय विद्यार्थियों के लिए मुख्य आकर्षण थे। लेकिन चीन ने ल्हासा पर कब्जा कर लेने के बाद इन तीनों विश्वविद्यालयों को बहुत हद तक नष्ट कर दिया था। वैसे भी किन्नौर, लाहुल स्पीति और लद्दाख से ल्हासा जाने के रास्ते बंद हो गए। इससे पहले तो लद्दाख के हर घर से एक लड़का तिब्बत में पढ़ने के लिए जाता था और लामा बनता था। लेकिन अब लामा बनने की बात तो दूर बौद्ध दर्शन की पढ़ाई कर पाना मुश्किल हो गया था। अब भारत के विद्यार्थियों के लिए ही नहीं बल्कि तिब्बत के अपने साधु/भिक्षुकों के लिए अध्ययन के ये द्वार बंद हो रहे थे। यदि यह स्थिति ऐसे ही बनी रही तो निश्चय ही बौद्ध दर्शन की अध्ययन परंपरा को भीषण आघात पहुँचेगा। इसलिए इसकी वैकल्पिक व्यवस्था करना बकुला रिंपोछे की प्राथमिकता थी। कुशोक बकुला ने भारत सरकार से आग्रह किया कि लद्दाख के छात्रों को छात्रवृत्ति प्रदान की जाए, ताकि वे किसी तरीके से अपना अध्ययन जारी रख सकें। 1959 में भारत सरकार ने इस उद्देश्य के लिए सोलह छात्रवृत्तियाँ स्वीकार कीं। इस प्रकार लद्दाख के सोलह छात्र वाराणसी, सारनाथ में पढ़ने के लिए गए। वहाँ इनके आवास व अध्ययन की व्यवस्था महाबोधि सोसाइटी में की गई। इसी प्रकार 1961 में श्रीलंका में बौद्ध धर्मदर्शन का अध्ययन करने हेतु जानेवाले छात्रों के लिए भी पाँच छात्रवृत्तियाँ स्वीकार कीं।

लेकिन यह समस्या का स्थायी समाधान नहीं था। बकुला चाहते थे कि बौद्ध दर्शन के अध्ययन के लिए लेह में ही कोई शिक्षा संस्थान स्थापित किया जाए। इस हेतु उन्होंने लद्दाख बौद्ध परिषद् और अखिल लद्दाख गोंपा परिषद् को प्रेरित किया। उनके इन प्रयासों का ही फल था कि 1959 में केवल बीस छात्रों से लेह में चोगलमसर के स्थान पर बौद्ध दर्शन विद्यालय स्थापित किया गया। उस समय इस विद्यालय को किसी प्रकार की सरकारी सहायता नहीं मिलती थी। यह सार्वजनिक प्रयासों से ही शुरू किया गया था। 23 अक्तूबर, 1959 को इसका उद्घाटन चौदहवें दलाई लामा के वरिष्ठ गुरु लिंग रिनपोछे ने किया।

बाद में यही विद्यालय केंद्रीय बौद्ध अध्ययन संस्थान के रूप में विकसित हुआ और 1962 में केंद्र सरकार के संस्कृति मंत्रालय ने इसका वित्तीय व प्रबंधन का भार स्वीकार किया। इसे वाराणसी के संपूर्णानंद संस्कृत विश्वविद्यालय से संबंद्ध किया गया। तदुपरांत इस संस्थान को विश्वविद्यालय अनुदान आयोग ने विश्वविद्यालय के समकक्ष मान्यता दी।

बकुला रिंपोछे यह भी जान गए थे कि आधुनिक काल में जिस तीव्र गति से पूरा विश्व बदल रहा है, उसमें लद्दाखियों का काम केवल दर्शनशास्त्र जान लेने से नहीं चलेगा, उन्हें आधुनिक ज्ञान विज्ञान में भी पारंगत होना है। लद्दाख का भविष्य इसी में है। यह सचमुच उनकी दूरदृष्टि थी। वे चीवरधारी भिक्षु थे, लेकिन उनकी दृष्टि भविष्य में देख रही थी। इसलिए बौद्ध दर्शन के अध्ययन अध्यापन के साथ-साथ आधुनिक शिक्षा की भी लद्दाख में महती आवश्यकता थी। परंपरागत शिक्षा की व्यवस्था तो कुछ सीमा तक मठों में थी, लेकिन आधुनिक शिक्षा के नाम पर सन्नाटा था। कुशोक बकुला जानते थे कि आधुनिक शिक्षा के क्षेत्र में लद्दाख अत्यंत पिछड़ा हुआ है। उसका कारण निर्धनता के अतिरिक्त हिमालय के शिखरों पर स्थित होना भी था। इतना अंदाजा उन्हें भी हो गया था कि यदि लद्दाख को आधुनिक युग के साथ कदम से कदम मिलाकर चलना है तो उसे पारंपरिक बौद्ध शिक्षा के साथ-साथ आधुनिक शिक्षा भी ग्रहण करनी होगी। उनकी इच्छा थी कि पढ़ने के इच्छुक लद्दाखियों के लिए वहाँ विद्यालयों की स्थापना की जाए। जम्मू-कश्मीर रियासत द्वारा संघीय सांविधानिक व्यवस्था को स्वीकार कर लेने के बाद कुशोक बकुला ने अपने ये प्रयास तेज कर दिए। उन्होंने सरकार से बार-बार आग्रह किया कि लद्दाख में नए स्कूल खोले जाएँ। लेकिन आम लोग इन स्कूलों में अपने बच्चों को भेजने के इच्छुक नहीं थे। वे अपनों बच्चों को गोंपाओं में ही भेजना चाहते थे। लद्दाख के गाँव-गाँव में जाकर बकुला रिंपोछे ने लोगों को प्रेरित किया कि वे अपने बच्चों को नई शिक्षा पद्धति के स्कूलों में पढ़ने के लिए भी भेजें। अत बकुला रिंपोछे गाँव-गाँव टट्टू पर बैठकर जाते थे। लेकिन अंत में उन्होंने ही लद्दाख को टट्टू, पट्टू और सत्तू के युग से बाहर निकाल कर आधुनिक युग में पहुँचाया।

बकुला शिक्षा के अनेक नीति नियामकों से जुड़े हुए थे। वे कश्मीर विश्वविद्यालय की सिंडीकेट के सदस्य (1953-57) थे। गांतोक के नमग्याल तिब्बती अध्ययन संस्थान के बोर्ड ऑफ गवर्नरज के सदस्य रहे। दिल्ली स्थित तिब्बत हाउस के संस्थापक सदस्यों में से थे। केंद्रीय बौद्ध अध्ययन संस्थान लेह की तो अपने प्रारंभिक रूप में स्थापना ही उन्होंने की थी। 1986 में उन्हें पद्मभूषण से सम्मानित किया गया।

जीवन के अंतिम दिनों में वे प्रयास कर रहे थे कि लद्दाख में आधुनिक विद्याओं का एक विश्वविद्यालय भी स्थापित किया जाए। इसको लेकर वे कितने उत्सुक थे, इसका अनुमान इसी से लगाया जा सकता है कि अपनी मृत्यु के कुछ महीने पूर्व जुलाई 2003 में लेह की एक सार्वजनिक सभा में उन्होंने तत्कालीन मुख्यमंत्री मुफ्ती मोहम्मद सैयद से इस हेतु आग्रह किया था। उनका यह सपना कब पूरा होगा, यह तो भविष्यवक्ता ही जानें। लेकिन ये सब उनके उपकरण मात्र थे। यह उनके मठ का ही विस्तार था। एक बोधिसत्त्व साधक की साधना का ही दूसरा रूप था, जो बाहर से अलग दिखाई देता था, लेकिन भीतर से जुड़ा हुआ था।

3. लद्दाख बौद्ध विहार की स्थापना—दिल्ली में कश्मीरी गेट के नजदीक ही यमुना के किनारे, लद्दाख बौद्ध विहार की स्थापना उनके प्रयासों का ही नतीजा है। लद्दाख के बौद्ध तीर्थयात्री, देश में अन्य बौद्ध तीर्थों की यात्रा करते थे, तो उन्हें दिल्ली में ठहरने की बड़ी कठिनाई होती थी। बकुला रिंपोछे के प्रयास से भारत सरकार ने यमुना के किनारे बौद्ध विहार के निर्माण के लिए एक भूखंड आवंटित किया। इसी स्थान पर लद्दाख बौद्ध विहार का निर्माण हुआ। यह विहार पूरे हिमालयी क्षेत्र के लोगों का दिल्ली में एक बहुत बड़ा केंद्र बन गया है। 28 फरवरी, 1963 को इस विहार के उद्घाटन अवसर पर दिया गया उनका उद्बोधन द्रष्टव्य है। उन्होंने कहा, "दिल्ली में इस प्रकार के विहार को लेकर मेरा लंबे समय से एक सपना था। मुझे खुशी है कि वह आज पूरा हो गया है। इस विहार को लेकर मेरे मन में शुरू से ही कुछ योजनाएँ हैं। मेरी इच्छा है कि इस विहार के अंदर ऐसी व्यवस्था हो, जहाँ लद्दाख के साधु-संतों द्वारा विकसित ज्ञान-परंपरा का अध्ययन किया जा सके। लद्दाखी

ज्ञान की यह परंपरा निश्चित ही हमारे साहित्य, दर्शन, संस्कृति और कला के विविध रूपों में परिलक्षित होती है। जिस अनश्वर संदेश पर यह साहित्य कला विकसित हुई है, यह विहार उसके प्रचार-प्रसार का केंद्र बनना चाहिए। मेरा मकसद इस विहार से किसी पंथ, संप्रदाय या मजहब का प्रचार करना नहीं है। मेरा अभिप्राय तो मात्र इतना ही है कि विश्व के साहित्य, दर्शन और कला क्षेत्र में बुद्धमत का भी विशिष्ट स्थान है। मैं चाहता हूँ कि यह विहार आधुनिक आशाओं-आकांक्षाओं के अनुरूप प्राचीन ज्ञान भंडार के अध्ययन का केंद्र बने। मुझे प्रसन्नता है कि जिस ज्ञान परंपरा को हमने लद्दाख में शताब्दियों से सुरक्षित रखा है, वह परंपरा अब देश के सत्ता केंद्र में पहुँच गई है।"[3]

कुशोक बकुला ने अपने राष्ट्रवादी विचारों के आधार पर लद्दाख से लेकर अरुणाचल प्रदेश तक फैले समस्त हिमालयी क्षेत्र की आंतरिक एकता के सूत्रों को सुदृढ़ करने के लिए अनेक उपक्रम प्रारंभ किए, जिनमें विविध शैक्षिक संस्थाओं की स्थापना, हिमालय के लोगों के धर्म, जीवन-प्रणाली और भाषा पर शोध की परियोजनाएँ तथा दिल्ली, वाराणसी, बोधगया आदि में बौद्ध मठों की स्थापना के अनेक प्रयास प्रारंभ किए। इसके अतिरिक्त अंतरराष्ट्रीय स्तर पर भी संयुक्त राष्ट्र संघ, ब्रिटेन, मंगोलिया एवं श्रीलंका सहित अनेक देशों में भारत की आध्यात्मिक जीवन-दृष्टि को स्थापित करने में उनकी महत्त्वपूर्ण भूमिका है।

4. भोटी भाषा को संविधान की आठवीं अनुसूची में शामिल करवाने के प्रयास—भोटी भाषा केवल लद्दाख में ही नहीं बोली जाती, बल्कि पूरे हिमालयी अंचल में बोली जाती है। हिमाचल प्रदेश के किन्नौर और लाहुल स्पीति जिलों में बोली जाती है। उत्तराखंड के उन इलाकों में जिनकी सीमा तिब्बत के साथ लगती है, भोटी बोली और समझी जाती है। अरुणाचल के कामेंग घाटी के बहुत बड़े हिस्से में भोटी बोली जाती है। सिक्किम में भूटिया समाज भोटी भाषा बोलता है। कुशोक बकुला प्रयास कर रहे थे कि इस प्राचीन भाषा को भारतीय संविधान की आठवीं अनुसूची में शामिल किया जाए। उन्होंने यह मुद्दा लोकसभा में भी उठाया। उन्होंने कहा, "इस भाषा को बोलने वालों की तादाद लगभग पाँच लाख है। यह केवल भाषा ही नहीं है, बल्कि इसमें बहुत सारी पांडुलिपियाँ सुरक्षित हैं। भारत में संस्कृत की जितनी मूल पांडुलिपियाँ थीं, वे

तिब्बत में ही थीं। लेकिन उनको चीन वालों ने नष्ट कर दिया है। उनका जो अनुवाद है, वह भोटी भाषा में सुरक्षित है और वे पांडुलिपियाँ लद्दाख में हैं। इसलिए मेरा निवेदन है कि जिस भाषा के बोलने वाले नेफा से लद्दाख तक फैले हुए हैं और जिनकी तादाद करीब पाँच लाख है, उस भाषा को संविधान की आठवीं अनुसूची में स्वीकार किया जाना चाहिए।"[4] उन्हीं के प्रयासों का फल था कि अरुणाचल प्रदेश विधानसभा ने भोटी भाषा को संविधान की आठवीं अनुसूची में शामिल करने का प्रस्ताव पारित किया।

5. मनाली-लेह सड़क मार्ग का निर्माण—लद्दाख की सुरक्षा के लिए हिमाचल प्रदेश में मनाली से लेकर लेह तक के सड़क मार्ग की आवश्यकता है, इसको लद्दाखियों से ज्यादा कौन समझ सकता है! कुशोक बकुला रिंपोछे ने तो 1947 में पाकिस्तान के आक्रमण के समय स्वयं अनुभव किया था। जम्मू-कश्मीर के गिलगित और बल्ती प्रदेश पर तो पाकिस्तान का कब्जा हो ही चुका है, जो लद्दाख के साथ लगता है। इस प्रकार इस ओर से तो लद्दाख पाकिस्तान से घिर ही चुका है। लद्दाख को देश के अन्य भागों से जोड़ने वाला वाला दूसरा रास्ता लेह-श्रीनगर का 434 किलोमीटर लंबा सड़क मार्ग है। (यह सड़क मार्ग भी 1960 में चालू हुआ था) इस मार्ग के ऊपर पाकिस्तान पहले ही बल्ती प्रदेश पर काबिज होने के कारण पसरा हुआ है। लड़ाई के समय इस सड़क मार्ग के अवरुद्ध होने के खतरे को नजरअंदाज नहीं किया जा सकता। कारगिल युद्ध के दिनों में यह खतरा मँडराने लगा था। तब लद्दाख को देश से जोड़ने वाला एकमात्र सड़क मार्ग मनाली-लेह ही बचता है। सैन्य दृष्टि से इस मार्ग की उपादेयता शताधिक है। 1947 में इसका प्रमाण भी मिल चुका है। पाकिस्तान की सेना ने बल्ती प्रदेश के अंतिम छोर कारगिल पर कब्जा कर लिया था। लद्दाख में हवाईपट्टी उस समय तक उपलब्ध नहीं थी। तब लद्दाख में सेना भेजने का एक मात्र विकल्प मनाली-लेह सड़क मार्ग ही बचा था। उस समय यह सड़क नहीं थी, लेकिन स्थानीय निवासियों द्वारा प्रयुक्त की जानेवाली पगडंडियाँ ही थीं, जिनके सहारे पंजाब के फिरोजपुर से सेना की टुकड़ियाँ दुर्गम पहाड़ी रास्तों को पार करके निकाल हालत में लेह पहुँची थीं। अतः बदली परिस्थिति में इस मार्ग के निर्माण की महत्ता और बढ़

गई थी। पाकिस्तान लद्दाख क्षेत्र पर गिद्धदृष्टि लगाए है, इसके अनेक प्रमाण पहले ही उपलब्ध हैं।

लद्दाखियों के लिए इस सड़क मार्ग की महत्ता मनोवैज्ञानिक दृष्टि से थी। यह मानसिकता 1948 से ही बननी शुरू हो गई थी, जब पं. नेहरू ने कहना शुरू कर दिया था कि जम्मू-कश्मीर पाकिस्तान में जाएगा या हिंदुस्तान में रहेगा, इसका निर्णय करने के लिए अंतरराष्ट्रीय निगरानी में जनमत संग्रह करवाया जाएगा। लद्दाखी अच्छी तरह जानते थे कि उनकी बहुत ही कम जनसंख्या के कारण इस जनमत संग्रह में उनकी भूमिका अप्रभावी रहेगी। सांप्रदायिकता भरे विषाक्त वातावरण में लद्दाखियों को भय था कि यदि निर्णय पाकिस्तान के पक्ष में हो गया तो नेहरू तो लद्दाख को भी कश्मीर घाटी के खूँटे से बाँधकर, लोकतंत्र की दुहाई देते हुए दिल्ली जा बैठेंगे।

लद्दाखियों के मन में एक और भय भी था। यदि कभी सैनिक युद्ध में पाकिस्तान लद्दाख पर कब्जा भी कर ले तो भी नेहरू अपना पुराना सूत्र 'इस जमीन पर तो घास का एक तिनका तक नहीं उगता' का जाप करते हुए मौन हो जाएँगे। ऐसी स्थिति में लद्दाखी बौद्धों के पास अपनी संस्कृति और धर्म रक्षा का कोई रास्ता नहीं रहेगा। मध्य एशिया में बौद्ध वचनों को ध्वस्त करते हुए आगे बढ़ रहे इसलाम से लद्दाख का पड़ोसी तुर्किमिनस्तान तक पस्त हो गया था। इसके बावजूद अब तक तो लद्दाखी किसी-न-किसी प्रकार से अपनी रक्षा कर सके थे, लेकिन इन नई परिस्थितियों में यह संभव नहीं हो पाएगा। पूर्वी पाकिस्तान (अब बँगलादेश) में भगवान् बुद्ध के उपासक चकमा जाति के बौद्धों को जिस प्रकार इसलाम स्वीकार करने के लिए प्रताड़ित किया गया और भारत ने उनकी रक्षा के लिए कुछ नहीं किया, कल यदि यही स्थिति लद्दाखी बौद्धों की होती है तो उनका भविष्य क्या होगा? लेह से मनाली तक की सड़क देश की सुरक्षा के लिए तो आवश्यक थी ही, लद्दाखियों की संस्कृति की रक्षा के लिए भी उसकी उतनी ही जरूरत थी।

भारत सरकार ने 1962 में चीन के हमले के बाद 1964 में ही इस सड़क पर काम शुरू किया था, जबकि इस की सामरिक व सांस्कृतिक महत्ता 1948 में पाकिस्तानी हमले में ही स्पष्ट हो गई थी। यह सड़क बने, इसके लिए कुशोक

बकुला रिंपोछे निरंतर भारत सरकार पर दबाव डाल रहे थे। अप्रैल 1968 में जब लोकसभा में 1968-69 का बजट पेश किया गया तो बकुला रिंपोछे ने इस पर बोलते हुए, इस सड़क के निर्माण कार्य में तेजी लाने का आग्रह किया। उस समय के रक्षा मंत्री स्वर्ण सिंह ने रिंपोछे को व्यक्तिगत पत्र लिखकर बताया, "सड़क का निर्माण कार्य दोनों सिरों मनाली व लेह से एक साथ ही शुरू किया गया है। कटान का पैंसठ प्रतिशत कार्य पूरा हो गया है। 1969 के अंत तक वाहनों के चलने के लिए मोटे तौर पर यह सड़क उपलब्ध हो जाएगी।"[5] सड़क तो मोटे तौर पर वाहनों के चलने लायक बन ही गई होगी। लेकिन यह अभी तक कच्ची-पक्की सड़क ही थी और इसके कुछ हिस्से पर तारकोल भी नहीं बिछी थी। न ही इसे सिविल व सैनिक ट्रांसपोर्ट के लिए अभी तक खोला गया था। स्वर्ण सिंह के आश्वासन को भी दस साल हो गए थे। बकुला रिंपोछे ने 26 फरवरी, 1979 को तत्कालीन प्रधानमंत्री मोरारजी देसाई को तत्संबंधी पत्र लिखते हुए कहा, "इस सड़क की सिविल कार्यों के लिए भी महती उपयोगिता रहेगी। परंपरा से चला आ रहा लेह-श्रीनगर-पठानकोट मार्ग लंबा तो है ही, ज्यादा मुश्किल भी है। इस मार्ग से नित्य प्रयोग की सामग्री लद्दाख तक ढोने में बहुत ज्यादा समय लगता है। जिसके कारण दैनंदिन प्रयोग की चीजों की कीमत बढ़ जाती है और गरीब लद्दाखियों को महँगी चीजें लेनी पड़ती हैं। समय पर न पहुँच पाने के कारण दैनिक प्रयोग की वस्तुओं की ढंग से आपूर्ति भी नहीं हो पाती, जिसके लोगों की कठिनाई और बढ़ जाती है।

मेरा व्यक्तिगत मत है कि यदि लेह-मनाली मार्ग खोल दिया जाए, जो अपेक्षाकृत छोटा भी है और आसान भी, तो लद्दाख में स्थिति बहुत हद तक सुधर जाएगी। संयोगवश लद्दाख आनेवाले पर्यटकों के लिए भी यह सड़क ज्यादा सुविधाजनक होगा।[6] लेकिन मोरारजी देसाई का उत्तर बहुत ही रुचिकर है। उनके उत्तर से यह भी स्पष्ट हो जाता है कि दिल्ली में नीति निर्धारक लद्दाख की विशेष सांस्कृतिक-सामाजिक स्थिति को कितना समझाते हैं। मोरारजी देसाई ने अपने 8 मार्च, 1979 के उत्तर में कहा, "पहले कभी सैनिक अधिकारियों ने इस सड़क की जरूरत पर जोर दिया था, लेकिन अब बदली परिस्थितियों और अन्य कारगर विकल्पों की उपलब्धता के चलते उनको इस

मार्ग की जरूरत महसूस नहीं हो रही, ऐसा उनका मत है। इस सड़क पर सिविल ट्रैफिक भी ज्यादा संभव नहीं है, क्योंकि यदि इसे सिविल परिवहन के लिए खोल भी दिया जाए तो पर्यटक मनाली के बजाय श्रीनगर के रास्ते ही लेह जाने को प्राथमिकता देंगे। यह ठीक है कि पठानकोट से लेह बरास्ता मनाली का रास्ता, पठानकोट से लेह बरास्ता श्रीनगर के रास्ते से लगभग दो सौ किलोमीटर छोटा है। मनाली-लेह रास्ते के केलांग-उपशी के 307 किलोमीटर रास्ते को ठीक करने में लगभग चौदह करोड़ का व्यय होगा। उसके बाद रखरखाव का खर्चा तो और भी ज्यादा होगा। इसलिए फिलहाल इस सड़क पर निवेश किए जाने का कोई प्रस्ताव नहीं है।"[7] लेकिन बकुला रिंपोछे नहीं अपना प्रयास नहीं छोड़ा, क्योंकि वे जानते थे कि लद्दाखियों के लिए यह मार्ग पत्थर तारकोल से बनी सड़क ही नहीं होगी, बल्कि यह पर्वतीय क्षेत्र के लोगों के मानसिक अलगाव को भी दूर करेगी। यह सड़क बौद्धों के आत्मविश्वास को बढ़ाने का काम करेगी। यह उनकी कश्मीर घाटी पर निर्भरता के श्राप को समाप्त करेगी। यह सड़क लद्दाख की सांस्कृतिक विरासत को और संतुष्ट करने का काम करेगी। इस सड़क का महत्त्व लद्दाखी बौद्ध ही समझ सकते हैं। मोरारजी देसाई की सरकार गिर जाने के बाद रिंपोछे ने नए बने प्रधानमंत्री चौधरी चरण सिंह को फिर यह प्रश्न उठाते हुए पत्र लिखा। लेकिन इसे लद्दाख का दुर्भाग्य ही कहना चाहिए कि चरण सिंह ने भी मोरारजी देसाई के उत्तर और तर्क को दोहरा दिया।[8] यह अलग बात है कि सत्य वही था, जो कुशोक बकुला रिंपोछे कह रहे थे। कालांतर में जब चीन ने ल्हासा तक रेल की पटरी बिछा दी तो भारत के लिए मनाली-लेह मार्ग की जरूरत और बढ़ गई। अंततः यह सड़क मार्ग तो बना ही, बिलासपुर-कुल्लू-मनाली-लेह रेल मार्ग की जरूरत भी महसूस होने लगी।[9] हिमाचल प्रदेश के मुख्यमंत्री जयराम ठाकुर ने 18 अप्रैल, 2018 को इस रेलमार्ग की माँग जोर से उठाई।

6. लद्दाख को केंद्र शासित राज्य का दर्जा—जम्मू-कश्मीर के तीनों संभागों से न्याय होना चाहिए, ऐसा रिंपोछे का मानना था। लेकिन इतने लंबे काल तक स्वयं राजनीति में रहकर और निरंतर प्रयास करके वे इस निष्कर्ष पर पहुँचे थे कि राज्य में कश्मीर घाटी केंद्रित सरकार के रहते ऐसा संभव नहीं है।

इसलिए कुशोक बकुला का अंतिम लक्ष्य लद्दाख को केंद्र शासित राज्य का दर्जा दिलवाना ही था, इसमें कोई संशय नहीं। जिन दिनों लालकृष्ण आडवाणी देश के उप प्रधानमंत्री थे, तो वे 2002 की गरमियों में लेह आए। बकुला रिंपोछे की तबीयत ठीक नहीं थी, लेकिन फिर भी वे भारत-तिब्बत सीमा पुलिस के अतिथि-गृह में हठपूर्वक उनसे मिलने पहुँचे। उन्होंने आडवाणी से लद्दाख को केंद्र शासित क्षेत्र का दर्जा देने का आग्रह किया। वे तर्क देकर बताते रहे कि इससे भारत की अखंडता और संप्रभुता और मजबूत होगी। लेकिन उनका यह सपना कब पूरा होगा, यह तो भविष्य वक्ता ही जाने।

संदर्भ—

1. Excelsior Dated 30/6/2014, Jammu
2. Excelsior Dated 4/10/2016, Jammu
3. सेंट स्टेटसमैन 134
4. लोकसभा 25 जुलाई, 1971 की काररवाई
5. Sonam Wangchuk Shakspo, Kushok Bakula Rinpoche, The Architect of modern ladakh, 396
6. Sonam Wangchuk Shakspo, Kushok Bakula Rinpoche, The Architect of modern ladakh, 307
7. Sonam Wangchuk Shakspo, Kushok Bakula Rinpoche, The Architect of modern ladakh, 398
8. Sonam Wangchuk Shakspo, Kushok Bakula Rinpoche, The Architect of modern ladakh, 399

□

संदर्भ ग्रंथ-सूची

(क) अंग्रेजी भाषा की पुस्तकें

1. Ahmad shah, Four years in tibet, Banaras, E j lazarus & Co, Banaras 1906
2. Alex Wallace Bridges, Two Monasteries in Ladakh, unpublished Ph.d thesis of Case Western Reserve university, 2017
3. B.L. Kak, Chasing Shadows in Ladakh, Delhi, Light & Life Publishers, 1978
4. B.L. Kak, Kashmir, the Untold Story of Men and Matters, Jammu, Jay Kay Book House, 1987
5. B.L. Kak, The Fall of Gilgit: The Untold Story of Indo-Pak Affairs from Jinnah to Bhutto, 1947 to July 1977, Delhi, Light and Life Publishers, 1977
6. Buyantyn Dashtseren, The history and culture of Mongolia, kolkata, The asiatic society, 1997
7. Chapman F. Spencer, Lhasa the Holy City, London, Readers Union Ltd.
8. Crystal Mirror, volume VI, Dharma Publishing, 1984
9. Fernanda Pirie, Peace and Conflict in Ladakh: The Construction of a Fragile Web of Order, Brill, Netherlands, 2007

10. Henry Osmaston & Nawang Tsering (Ed) Recent research on Ladakh, Delhi, Motilal Banarsidas, 1997

11. H.N. Kaul, Rediscovery of Ladakh, Delhi, Indus Publishing Company

12. I.C.C.R., International conference on kushokbakula Rinpoche-Saint and statesman, 2016

13. Johan Elverskog, Buddhism and Islam on the Silk Road, Philadelphia, university of Pennsylvania press

14. K.L. Hazra, Ladakh A Buddhist Populated Region, Buddhist World Press, New Delhi, 2012.

15. K.L. Hazra, Lamaism of Tibet & the Dalai Lamas, Buddhist World Press, New Delhi, 2012

16. Kushok Bakula, Maya Joshi (ed), My life My times, Delhi, World Buddhist Culture Trust, 2006.

17. Nawang Tsering Shakspo and Henry M. Vyner (ed) Kushak Bakula Rinpoche, saint and statesman, New Delhi, World Buddhist Culture Trust, 2006.

18. Nawang Tsering Shakspo, An insight into Ladakh, Shakspo, 1996

19. Nawang Tsering Shakspo, A Cultural History of Ladakh, Centre for Research on Ladakh, The solitarian, Sabu-Leh, 2010

20. Normal Bora, Ladakh: Society and Economy, Delhi, Anamika Publishers

21. Osmaston, Henry and Denwood, Philip (Editors) Recent Research on Ladakh 4 & 5, Proceedings of the fourth and Fifth International colloquia on Ladakh, Motilal Baranasidass Publishers Pvt. Ltd, New Delhi, 1995.

22. Prem Singh Jina, Recent Researches on the Himalaya, Delhi, Indus Publishing Company, 1997

23. Prem Singh Jina, Ladakh: The Land and the People, Delhi, Indus Publishing Company, 1998

24. Prem Singh Jina, (ED.), Religious History of Ladakh, Sri Satguru Publications, New Delhi, 2001.

25. Prem Singh Jina, Buddhism in the Land of the Gods Lahul-Western Himalayas, Sri Satguru Publications, New Delhi, 2010.

26. Prem Singh Jina, Ladakh Buddhist Culture and Tradition, Kalpaza Publications, New Delhi, 2007.

28. Prem Singh Jina, Tourism and Buddhist Monasteries of Ladakh Himalayas, Kalpaza Publications, New Delhi, 2007.

29. Rann Singh Mann, Ladakh Then and Now: Cultural, Ecological, and Political, Delhi, Mittal Publications, 2002

30. Robert Thorp (Ed) F.M. Hassnain, Kashmir Misgovernment (second edition)

31. Satish Chandra Saxena, Trade in Ladakh (During Dogra period 1842-1947 A.D.) Central Institute of Buddhist Studies, Choglamsar, Leh-Ladakh, 2006.

32. Sheikh Mohammad Abdullah, The blazing chinar, srinagar, Gulshan books, 2013

33. Sonam Wangchuk Shakspo, Bakula Rinpoche—A Visionary Lama and Statesman, Delhi, Published by the author, 2008

34. Sonam Wangchuk Shakspo, Kushok Bakula Rinpoche—The Architect of Modern Ladakh, Delhi, Published by the author, 2017

35. Sonam Joldan, Ladakhis Traditional ties with Buddhist Tibet, Delhi, Kalpaza Publications, 2012.

36. Sridhar Kaul & H.N. Kaul, Ladakh Through the Ages,

Towards a New Identity. Delhi, Indus Publishing Company.

37. Suchandana Chatterjee, Trans Himalayan Buddhism: Re-connecting Spaces, Sharing Concerns, Delhi, KW Publishers

38. Sunil Sethi (ed) The Jammu and Kashmir Constitution Assembly Debates, Jammu, Jay Kay Law Reporter, 2015

39. Tilak Ranjan Bera, Ladakh: A Glimpse of the Roof of the World, Partridge Publishing,

40. Todd Lewis (ed) Buddhists: Understanding Buddhism Through the Lives of Practitioners John Wiley and sons, West Sussex, U.K., 2014

41. Vesna A. Wallace, Bakulaarhats journeys to the north: The life and work of 19th kushokbakula in Russia and Mongolia

42. William Brown, Gilgit Rebellion, South Yorkshire, Pen and Swords Books, 2014

(ख) हिंदी भाषा की पुस्तकें

1. रघुनंदन प्रसाद शर्मा, प्रेरणा के अमर स्वर, दिल्ली, विश्व हिंदू परिषद्, प्रथम संस्करण

2. राहुल सांकृत्यायन, मेरी जीवन यात्रा भाग दो, दिल्ली, राधाकृष्ण, 2002

3. श्याम लाल रैना (संपादक), हमारा साहित्य, लद्दाख विशेषांक, जम्मू, जे एंड के अकादमी ऑफ आर्ट, कल्चर एंड लैंगवेजेज, 2002

(ग) भोटी भाषा की पुस्तकें

1. Ba Ku La Thubbstanmchog nor, Rang rnampad madkarpo' iphrengba, Leh, Bakula Foundation, 2001

(घ) जम्मू-कश्मीर के विभिन्न संभागों से भेदभाव की जाँच के लिए गठित आयोगों की रपटें

1. Glancey commission report 1931
2. Gajendragadkar commission report 1968
3. S.M. Sikri commission report 1979

□

परिशिष्ट-1

कुशोक बकुला रिंपोछे द्वारा 15 मई, 1952 को बजट प्रस्ताव पर जम्मू-कश्मीर विधान सभा में दिया गया ऐतिहासिक भाषण

Mr. Speaker and Hon'ble members. The Budget Estimates, presented by the Finance Minister evoked reactions among the members of this House. My own reaction, I must say clearly, can hardly be called pleasant. The budget estimates, if I describe them lucidly, are extremely disappointing for us the unfortunate people of Ladakh who are professedly the most backward and woefully poor in the whole State. If the estimate is read from one end to the other, no mention of Ladakh is found anywhere in it. What to speak of the economic and other requirements of Ladakh, which being so urgent and necessary; merit prompt attention for their fulfillment ? No mention is found with regard to education facilities in Ladakh. Similar is the case with the expansion of elementary education in the area, which depicts the beckoning and crying picture of the District. The Frontier Scholarships granted to the students of elementary, secondary and college in the district by the erstwhile government have been withdrawn with a stroke of a pen by the present government. The old government had sanctioned grants in aid to three primary schools run by Shias, Sunnis and Buddhists communities, which the present government withdrew. The Bodhi language is being taught in the high schools. But no books have been published for the same and the subject is being taught to the students of middle and high schools without any books. No budget has been provided for preparation and publication of such books. In the schools, Urdu, which is a foreign language for our children, is still the medium of instruction. This unnatural medium of instruction proves to be a great stumbling block in the educational development of our children. But no provision for the development of Bodhi in our area has been made in the Education budget. These essential requirements have been totally ignored even though it is crystal clear to all that so far our area has not been able to produce not more than one dozen matriculates or half a dozen graduates. Technical education, which is making great strides in J&K, does not exist even nominally in our area. No arrangement for the rehabilitation of the Zangskar refugees has been shown in the budget in spite of the fact that these helpless people have been wandering like beggars in the Kullu Valley. Dozens of these wandering refugees have succumbed to death. Nor is there any mention in the budget about the repairs of the religious places (Gonpas), which have suffered tremendous damage at the hands of the Pakistani tribal raiders. Apathy does not end here. The economic development of our area has not come to the thought of budget makers because there is no mention of it even by mistake in the budget. We were confident that the Cooperative, Panchayati and Rural Development programmes would include our neglected area as well in their sphere of activities. But alas, all these aspirations turned to ashes as usual. No mention of this either was found in the budget. In this respect, our disappointment is much more woeful for those at the helms of affairs had on many occasions assured us of establishing such developmental departments in our area as well. Here I recall that historic event when the Prime Minister of the State of J&K and Mr. Jawaharlal Nehru, Prime Minister of India, here I cannot remain without mentioning the gratitude we owe to the Indian Army for they have constructed a jeep-able road up to Kargil. No step is being taken by the state to carry forward this feat. There are two posts and telegraph offices in our area at Leh and Kargil towns. In Zangskar, the people get post and telegraph facility only after going to Kargil. But can you estimate as to how far Padum, Zanskar is from Kargil ? 150 miles of hilly journey across two high mountain Passes, which are more than 4400 meters high in altitude ? Now, under such circumstances, can you imagine how impatient we are that adequate provision is earmarked for the development of the means of communication in our area and a scheme is formulated which could create the conditions for our development a possibility within a few years ? But I am concerned that in this Budget of the Hon'ble Finance Minister, I do not find even half a word about Ladakh. From the Budget it seems that in the mind of the Budget makers, there is no locational existence of Ladakh, nor has this area been considered any part of the state. Perhaps some people might argue that from our Illaqa (area) the government gets a meager income of rupees two lacs and the government has to bear the burden of expenditure of about Rupees nine lacs. But I cannot help submitting that this pretty heavy amount of Rupees nine lacs is not spent on the development of our area. This is spent solely on the salaries of the government employees and other such type of expenditure. In this connection, our area cannot be grateful to the Government. Perhaps the very burden of the expenditures of the salaries of the Government employees is a reason for no steps being taken for the development of our area. Does it not substantially indicate that for very long our area has been left backward and that for lifting it out of poverty and squalor nothing has been done? Yes, one ordinary type of work has been implemented. A Special Forest Officer, whose status in the Department is no more than that of a Ranger, has been appointed for promoting plantations. But here too, I would like to draw the attention of the Hon'ble members to the fact that the major portion of the fund provided for it is spent only on the salaries and a meager, so called, sum is spent on the development of plantations. This useless scheme of development is the exception, which proves the rule that our area has been left to remain backward. We had profound expectations that a board of experts would be set up to survey the natural resources of our area, to explore the possibilities of taking advantage of these, and to formulate schemes which when implemented properly and permanently could put an end to the economic backwardness of our area. But in the Estimates this point has not even been touched. And it seems that our area has been regarded as an occupied territory. The allegation of the government ministers that others put the demands of the Ladakh is into their mouths has come to be heard more than once. On this occasion I strongly contradict this point, which is an accusation or an insult or whatever you may deem fit to call it. This allegation is not based on truth. When we are oppressed by starvation, you may kindly tell whether we need someone else to convince us that rats are running into our stomachs. When a supply of cloth is sent to us from Srinagar and out of the same not a piece is available to us and we roam about naked, at that time, do we need a sermon from someone from outside that we are shivering from cold and burning from heat? From Srinagar, a stock of kerosene oil is dispatched for us. But it is not known where the stock is spent, whether this goes to the black market or how it is used. But the fact, which appears, is that even at this time we are required to buy every bottle of kerosene oil at an exorbitant price. Even in such circumstances, to understand as to what price we have to pay for any article, would we need lessons from outsiders? From us land revenues are realized at rates that have not been heard of even in the worst of extortionist times. And we are crushed under the burden of this rate. Then, at times our cries of agony are echoed in the air. Is this voice, this cry also that of outsiders? Is this the expression of other people's sentiments? Responsible officers loot our people. For the first time in the history, police called from outside is posted in our area. Such things we had not even imagined. But they appear at the present time on behalf of the new people's government. From all these policies, we suffered damage, humiliation and insult. Are these causes of indignity, insult or damage for others that they involve us in their net? Besides this, we have borne with other hardships with patience and we have been crying under those hardships. Were those cries and lamentations of ours in those moments of suffering and embarrassment the voice of others? Undoubtedly we are simple people. Will this mean that we do not have those feelings, those sentiments, and those aspirations, which are in other people? Although we had not expressed our difficulties so far, that does not mean that we will remain dumb forever. Like little children we were unfamiliar with the big world; we kept playing the role of the dumb. But as and when in this connection we grow into adulthood, our thoughts and sentiments cannot remain unexpressed in writing and speech. Even a worm crawls in anguish if it is trampled upon. Our problems got aggravated day by day and it is not unusual to express these aspirations and sentiments in our writings and speeches. When a few years ago under the leadership of Jenab Sheikh Abdullah, Kashmiris launched their freedom movement, did not those at the helms of the Government say that they were being instigated by foreigners and their voice was not their own voice, but that of others? So far the people of Ladakh have remained suppressed under the burden of restrictions and they kept repressed their sorrow and feelings. But at this present critical juncture of the world when the movements for freedom and self-determination are echoing in the skies and have got assimilated among people everywhere, and when 'New Kashmir' and 'New China' in particular are found taking new turns, it will be unfair to expect that the people of Ladakh would remain unconcerned with these movements, and on the lines of the past would remain dumb in the expression of their feelings and sentiments. The world has completely awakened and is fully giving expression to its individuality. Then why is it being hoped that the people of Ladakh will go on sleeping and be dumb ? When for other people self-expression and aspiration for progress are considered virtues, why then is the awakening of Ladakh looked upon with eye of suspicion ? Why is this being said that the people of Ladakh do not take in their own welfare such interest, as other people take ? At the end, my request is that this accusation, this allegation that we are talking the talk of others like a gramophone is a hallucination, is a deception and we do not have the patience for the repetition thereof for the second time. I am grateful to the honourable members for their giving patient hearing to my speech and I hope that the members of the government and hon'ble members would give the attention, which my words deserve. Thank you.

□

परिशिष्ट-2

TOUR REPORT OF KUSHOK BAKULA, MEMBER, MINORITIES COMMISSION, ON HIS VISIT TO LEH FROM AUGUST 24–31, 1989

On my return from tour of the Soviet Union recently, I learnt with deep anguish about the traumatic happenings in Ladakh which, not only rocked the proverbially peaceful region, but also smeared its fair face with almost indelible stains. An account of the cataclysmic incidents and the trail of bitterness they left behind is given below. To my mind, it seems to be a calculated affair to serve some ulterior purpose—most probably it being political in nature. CAUSES OF THE TURMOIL 1. Kashmiri Muslims, based at Leh, had been instigating the local Muslims against the Buddhists for quite some time past, resulting in occasional minor clashes. A Buddhist youth leader, who was going for shopping on July 7, 1989 in the main market of Leh was, without any provocation, given a rough beating by four Muslim youths, which resulted in his sustaining some injuries. It is significant that the day happened to be a Friday and the victim a Buddhist youth leader. While Muslim boys were arrested by the police, their victim was removed to the Civil Hospital for treatment. 2. Never before in the history of Ladakh has there been a Buddhist Muslim problem, more so of such aggressive nature. However, if there was any, it was with the handful of Muslims from Kashmir and some locals. 3. On hearing about the detention of four youths, Muslims went to the Police Station to see them and, perhaps, to try for their release. By this time, the situation had already got tense. Tension, however, aggravated when at the Police Station, someone wrongly reported that stones had been pelted at the local mosque and, surprisingly enough, his identity is still shrouded in mystery. Muslims, however, rescued the detained youths from the Police Station, any by that time tension had mounted very high. 4. In the meanwhile, Buddhist youths had gone around the town calling shopkeepers to close their shops as mark of protest for beating the Buddhist youth and the Police inaction towards the culprits. On the other hand, some people from the Muslim crowd after it left the Police Station and during its march towards the market, pelted stones on a building of the famous Hemis Monastery property in Leh resulting in damage to its glass-panes etc. While marching, this crowd shouted 'anti-India' and 'pro-Pakistani' slogans. Anti-Buddhist slogans were also heard in Leh for the first time—a sad reflection on the age-old communal harmony of the region. As the slogan shouting mob was advancing towards the main market, a clash ensured between it and the Buddhists advancing from the opposite direction. The District Magistrate imposed an indefinite curfew in the area, thus bringing the situation under control. 5. The Buddhist leadership had announced 'Ladakh Bandh' on August 7, 1989—the day disturbances completed one month. The unruly Buddhist mob set on fire some Government buildings which prompted the Police to fire about 30 rounds on the demonstrators who had gathered around a hillock near Leh. Fortunately, there was no casualty. Besides imposition of Section 144, the town was under round the clock curfew from July 7, 1989 itself, which was later relaxed in a phased manner. 6. The sequence of events convinced the Ladakh Buddhist Association that it was a pre-planned attack on the Buddhists and demanded appointment of a Commission of Inquiry to go into the matter. This demand was made by the Ladakh Buddhist Association on July 10, 1989 to the Divisional Commissioner and the D.I.G. of Police, who had flown into Leh, in the presence of Shri P. Namgyal, Union Minister of State for Chemicals, Petro Chemicals and Parliamentary Affairs. It was re-iterated by Shri Namgyal when he subsequently met the Chief Minister at Srinagar. The demand of the Ladakh Buddhist Association, it may be mentioned, was in the nature of an ultimatum, failing which the Association would embark upon an indefinite agitation demanding Union Territory Status for Ladakh. 7. As the State Govt. did not appoint the Commission of Inquiry, the Ladakh Buddhist Association announced launching of an agitation to ventilate their grievances and to expose the apathetic attitude of the State Govt. towards Ladakh. The theme of the agitation centred around demand for a Union Territory status for their homeland. It would be recalled that it is an old demand of the Ladakhis which is being pressed again to protect their vital interests and identity which they are convinced are not possible under the present dispensation. They feel, and, perhaps, rightly so, that Ladakh's salvation does not lie with the State of J&K. 8. If the State Govt. had conceded the demand of Ladakh Buddhist Association for appointment of a Commission of Inquiry, the course of events would have shaped differently and peace would have prevailed in the sensitive region. Above all, those responsible for fomenting trouble would have been exposed and brought to book. As the State Govt. did not concede the demand for appointment of a Commission of Inquiry, the Buddhists in keeping with their ultimatum took unfortunately to a violent agitation. 9. Some Kashmiri Muslims who are allegedly associates of the outlawed Kashmir Liberation Front and are stationed at Leh as traders have been instigating the local Argons and

Sunni Muslims against the Buddhists. This instigation was simmering for a long time resulting in minor clashes between the two communities. Such instigation with the connivance of the State Govt. authorities has infused a sense of insecurity among the Buddhists, despite their being in a majority in the district. It is unfortunate that communal clashes took place for the first time in the sensitive region resulting in damage to some Muslim properties. 10. The allegations and counter allegations by the two communities helped perpetuate the trouble and misgivings they nursed against each other. However, the situation could have improved and normalcy been restored if the State Govt. authorities had willed so. I am sorry to record that the State govt. did not feel interested in resolving the tangle. Certain quarters, whom I would not like to mention, are blaming the Buddhists for the unfortunate happenings in the region. While both the communities are to be blamed for all that happened, it is totally unfounded to blame the Buddhists exclusively for the violent turn which the developments took. If my memory serves me well and if we cast a glance over the history of the region, the our amicable relation between the Buddhists and the Muslims would be more than testified. It has, unfortunately, been an unseen third hand which has wrought havoc in the proverbially fraternal and peaceful region. 11. As stated above, I was in the Soviet Union when the trouble started on July 7, 1989. On my return to India and on learning about the disturbances, I flew to Leh on August 24, 1989 where I immediately held discussions with District Officials, representatives of Ladakh Buddhist Association, Ladakh Muslim Association, the Merchant's Association etc. As a result of the discussions and my personal appeal for harmony to the two communities, peace seemed to be round the corner. But, unfortunately, the local police (JKP) and CRP were withdrawn from Bazar patrolling duty and instead Armed Police from Kashmir (JKAP) were deployed for such sensitive duty with obviously some ulterior motive. 12. It is unfortunate that when on my intervention peace was gradually returning to the area, the JKAP was unnecessarily inducted into the area to create trouble and disturb peace. Though the two communities professed to renounce violence against each other, the Buddhists peacefully continued to violate Section 144 to court arrests. But on August 27, 1989 the district authorities appeared to have decided to come down on the Buddhists with lathis and bullets and silence them by force. This is testified by the fact that the market area outside the Chokhang from where the Buddhists procession was coming out and were about to leave the temple for courting arrests by defying Section 144, was cleared. As soon as the people started coming out of Chokhang, the police lathi charged them without any provocation and in order to provoke the Buddhists for retaliation. The people started pelting stones on the police and later set one bus on fire. The police opened fire without the usual warning instantly killing three innocent persons and injuring many. 13. When I asked the Superintendent of Police about the gravity of the provocation which promoted opening of fire on peaceful demonstration, he told me that bombs were hurled from the temple on the police. When I further asked him as to what the impact of such alleged bombs was, he had no answer. The JKAP did not even spare the sacred temple with their bullets but fortunately there was no damage or loss of life. The same day viz. August 27, 1989 the police entered the precincts of the Chokhang Temple and arrested hundreds of people who had gathered there for a routine Puja, those who had taken shelter after the Police opened indiscriminate fire on the people in the street outside the Temple, and also those who had assembled to court arrest in violation of Section 144. The arrests included, among others, the President of the Ladakh Buddhist Association. The District Magistrate imposed indefinite curfew in the town and the rural areas were handed over to the Army. An unprecedented happening took place during curfew hours. The JKAF intruded into Buddhists houses, beat their inmates indiscriminately, desecrated the objects of worship and made good their escape with whatever fell into their hands. 14. The next morning, i.e. August 28, 1989 the President, Ladakh Buddhist Association and some others were taken to Srinagar for detention in the Central Jail there. For two reasons I tried to impress upon the District Magistrate the desirability of detaining the leaders of Leh itself. Firstly, because no negotiations could ever take place in the absence of the President, and secondly, such a move could be counterproductive as people would not relish their leader to be detained in distant Srinagar. He did not agree to my suggestion and, as expected, unpleasant reactions followed at Leh. 15. I continued to appeal for peace and amity through statements and A.I.R. Leh. While this had an impact on the people, the police atrocities continued unabated as the JKAP whose numbers had by now swelled up were anxious to justify their presence in the region. It is unfortunate that the peaceful town of Leh had turned into a virtual Police camp. 16. In support of the agitation and to protest against the arrests of the President, Ladakh Buddhist Association and others and indiscriminate Police atrocities, all Buddhist State Government employees went on an indefinite strike from September 2, 1989 paralyzing even the essential services. The strike has since been called off on the appeal of Ladakh Buddhist Association in the larger interest of the people. The long standing demands of the Buddhists (i) There has been a systematic endeavour of various elements to reduce the Buddhists into a minority in their own land through their conversions to other communities, namely, Islam and Christianity. (ii) There is no denying that the Buddhists are being discriminated against in every sphere of life and developmental programmes. (iii) District Leh is discriminated against in Plan funds, Services, provision of educational facilities (no College in the entire district),

Power generation, Land distribution etc., etc. (iv) The agriculture, which is the main source of sustenance of Buddhists, is gravely neglected. (v) Rampant corruption in Government Offices, particularly in PWD, and a sense of general apathy on the part of higher echelons of administration. (vi) False and unfounded allegations against Buddhist monks and the Jawans of the renowned Ladakh Scouts of the Indian Army and motives attributed to malign them have caused great resentment amongst the Buddhists. (vii) The misuse of the State legislatures against the Buddhists, and irresponsible and baseless remarks against the Buddhists by Muslim MLA's and MLC's have gravely hurt the sentiments of Buddhists of Ladakh. (viii) The Ladakh Affairs Department in the State Cabinet, which was set up through the good offices of Pandit Nehru to save the interests of Buddhists of Ladakh and to play a meaningful role for the benefit of Ladakhis, has been reduced to a mere farce. (ix) Even in the all-time largest J&K Council of Ministers comprising 30 Ministers, Ladakh has no representative therein. What could be more discriminating than this ? (x) Out of four seats for the Ladakh region in the State Legislature, the Buddhists share is just one. Points for Action (i) The Ladakh Buddhist Association's demand for a tripartite talk namely comprising of representatives of the Government of India, the State Government and the Ladakh Buddhist Association has not so far been conceded by the State Government as it apprehends that is might become a precedent for future. But, in view of Ladakhi Buddhists' past experience in talks with the State Government, the Ladakh Buddhist Association is not prepared to hold talks unless Government of India is also represented therein. (ii) Creation of congenial atmosphere for a dialogue for which unconditional release of the President, Ladakh Buddhist Association and others is essential. (iii) A Commission of Inquiry be appointed to go into the violent incidents in Leh. (iv) Leh being under indefinite curfew and winter being round the corner, the essential stocks be rushed to the region before the Zojila Pass closes in November to save people from starvation. (v) Despite the tragedy which befell Leh, it is unfortunate that no State Minister or Central Minister has visited the area to boost the sagging morale of the people. As such our attitude of neglect and alienation could prove detrimental to national interests. It is high time that at least a Central Minister visited the area. It is, however, gratifying that the long-standing and just demand of the people of Ladakh for conferment of Scheduled Tribe status on them has just been finally conceded. People are now looking forward to its speedy implementation.

□□□